국세청은 정의로운가

국세청은 정의로운가

초판 1쇄 펴낸날 2017년 9월 11일
초판 3쇄 펴낸날 2017년 9월 28일

지은이 안원구·구영식
펴낸이 이상규
편집인 김훈태
디자인 엄혜리
마케팅 김선곤

펴낸곳 이상미디어
등록번호 209-06-98501
등록일자 2008. 09. 30
주소 서울시 성북구 정릉동 667-1 4층
대표전화 02-913-8888
팩스 02-913-7711
e-mail leesangbooks@gmail.com

ISBN 979-11-5893-039-4 03300

국세청___은
정의__로운가

안원구 · 구영식 지음

이상

《잃어버린 퍼즐》을 출간하면서 국세행정에 대한 나의 오랜 생각을 정리하리라 마음먹었던 것이 어느덧 5년 전 일이다. 마침 평소에 알고 지내던 오마이뉴스 구영식 기자로부터 새 정부 출범을 앞두고 국세청 개혁과제에 대한 인터뷰를 요청받았다. 구영식 기자는, 내가 도곡동 땅 실소유주를 알고 있다는 사실 때문에 MB정권으로부터 누명을 쓰고 핍박을 받을 때부터 변함없는 기자정신으로 진실을 추적해온 기자이며 나는 그를 신뢰한다. 세금을 모르는 국민들은 없지만 정확히 알고 있는 국민들도 없다는 구기자의 말이 나의 결심을 재촉하였다.

국세청 비전에 대한 나의 소신을 어려운 환경에서 근무하는 후배들과 공유하고 싶었고, 더 나은 방안이 제시되고 새로운 의견을 끌어내는 밀알이 되겠다는 심정으로 인터뷰에 응하였다.

세무행정은 고도의 전문성이 요구되는 특수한 행정 분야이다. 정권이 바뀌거나 청장이 바뀐다고 해서 세무공무원은 그 본연의 자세가 흔들려서는 안 된다. 그러나 국세청은 조직이나 운영에 대한 정보가 베일에 가려져 있다. 나는 오랜 시간 밀폐되어 있던 옛 집의 창문을 활짝 열어 먼지를 털어내고 환기시키는 심정으로 이 인터뷰를 마쳤다. 국세청 내부를 잘 알고 문제점 해결을 고민한 사람이 나뿐만은 아닐 것이다. 그러나 침묵하는 반성은 의미가 없다. 국세청 내부개혁에 대한 나의 제언을 계기로 국세청이 진정으로 국민을 위한 기관으로 바로 서기를 희망한다. 바로 선 국세청에서, 나의 후배들이, 국세공무원임을 자랑스러워하며 근무하는 날이 오기를 고대한다. 그리하여 국민과 더불어 함께하는 친근한 국세청으로 거듭나기를 바란다.

인터뷰가 진행되는 동안 우리 국민들은 촛불 시민혁명을 통해 부패한 정부를 탄핵했고 새로운 정부를 탄생시켰다. 나는, 촛불 광장에서 분출한 국민들의 분노가 단지 최순실의 국정농단 때문이라기보다는 복합적인 적폐가 그 배경이 되었다고 생각했다.

우리 역사에서 민중봉기의 도화선이 된 사건들의 배경에는 세금 문제가 깔려 있는 경우가 많다. 조선의 건국도 따지고 보면 공정하지 못한 토지세(제도)가 그 배경이었다. 조선말의 동학혁명 역시 신분제뿐만 아니라 조세에 대한 불만도 봉기의 원인이었다. 가깝게는 부마항쟁 역시 부가세 도입에 따른 반발심이 민중의 분노에 불을 붙였다. 이렇듯 조세에 대한 불만이 누적되어 국민들을 분노케 하는 많은 사례를 우리는 역사 속에서 쉽게 찾을 수 있다. 지난 겨울의 촛불광장은 내가 국세청 개혁에 대해 다시 한 번 생각하는 계기를 마련해준 셈이다. 작은 촛불이 거대한 불꽃이 되어 이루어낸 평화로운 시민혁명의 의미를 위정자와 공직자들은 잊지 말아야 할 것이다.

2017년 8월 북악산 기슭에서
안원구

'비운悲運'.

안원구 전 대구지방국세청장을 볼 때마다 생각나는 단어다. 이 단어의 사전적 의미에는 '순조롭지 못하다'는 뜻이 포함돼 있는데 실제로 그의 공직자 생활은 순조롭지 않게 끝났다.

안 전 청장은 행정고시 재경직 1회다. 당시 14명의 재경직 합격자 가운데 유일한 지방대(경북대) 출신이어서 자부심이 컸다. 1983년 국세청에 들어간 이후 국세청 총무과장과 국제조세관리관, 서울지방국세청 조사1국장, 대구지방국세청장 등의 요직을 거쳤다. 게다가 대구 출신으로는 드물게 김대중·노무현 정부의 청와대 민정수석실과 정책수석실에 근무하며 국정운영 경험까지 쌓았다.

그런데 '비운'은 이명박 정부 출범과 함께 찾아왔다. 그는 2009년 11월 18일 자정에 긴급체포됐다. 국세청 국장이라는 직위를 이용해 기업들에게 세무조사를 무마해주는 대가로 아내의 화랑에서 그림을 사도록 강요했다는 혐의였다. 이것이 사실이라면 그는 '부패한 국세청 간부'라는 지탄을 받아야 마땅했다. 하지만 1심부터 3심까지 '그림 강매 혐의'는 무죄였다. 국세청 고위공무원이라는 지위를 이용해 기업들에게 미술품을 강매해 막대한 이득을 얻었다는 검찰의 주요 공소사실은 인정받지 못했다. 다만 아내를 위해 친구에게 빌린 돈이 '뇌물'로 둔갑했고, 알선 대가로 그에게 1억 원을 줬다는 한 세무사의 거짓진술이 범죄사실로 인정됐다. 아내의 갤러리가 조형물 설치계약을 한 것도 '알선수재'로 판단했다. 결국 그는 생애 처음으로 감방에서 2년의 시간을 보내야 했다.

그렇다면 그는 왜 그런 비운을 겪어야 했을까? 먼저 김대중·노무현 정부의 청와대에서 근무한 것이 한 가지 이유였다. 이명박 정권과 코드를 맞추고 있던 한상률 국세청장, 이현동 서울지방국세청장, 허병익 국세청장 대행 등은 '지난 정부에서 잘 나갔으니 사표를 내라'고 압박했다. 그는 일종의 '국세청 블랙리스트'였던 셈이다. 사퇴를 거부하자 뒷조사, 협박, 감금, 회유 등이 뒤따랐다. 그런 과정에서 한 가지 이유가 더 추가됐다. 이번에는 이명박 대통령의 뒷조사를 했던 사람이기 때문에 나가야 한다고 했다. 그가 대구지방국세청장 시절 포스코건설 세무조사 과정에서 강남 도곡동 땅 실소유주가 이명박 대통령이라고 적혀 있던 문건을 보고받은 적이 있었는데 이것이 'MB 뒷조사'로 둔갑한 것이다.

필자는 그가 구속된 직후부터 오랫동안 이 사건을 취재해 여러 건의 기사를 내보냈다. 그 과정에서 그가 겪은 비운은 이명박 정부 모든 분야에서 횡행했던 '정치적 기획'에서 비롯됐음을 확신하게 됐다. 권력 욕망의 소용돌이 속에서 그는 권력의 희생양이 됐다. 그가 2012년에 펴낸 《잃어버린 퍼즐》의 서문에서 "MB정권이 들어서면서 나는 영문도 모르고 정쟁의 소용돌이 속으로 휩쓸려 들어갔고, '살아 있는 권력'

의 거대한 힘에 맞서 지난한 싸움이 시작되었다"라고 토로한 것도 그런 의미로 읽힌다.

그렇게 청와대와 국세청, 검찰 등 '살아 있는 권력'에 맞서 지난한 싸움을 벌였던 그에게 최근 '최순실 재산 추적자'라는 이름이 붙었다. 현재 그는 안민석 더불어민주당 의원과 함께 독일 등을 오가며 박근혜 정부의 비선실세로 국정을 농단했던 최순실 씨 일가의 재산을 추적하고 있다. 이 작업은 무너지지 않은 한국사회의 우상 '박정희 신화'를 해체할 수 있다는 점에서 그 역사적 의미가 아주 크다. 그도 "최순실 일가의 자금이 박정희 정권에서 형성된 것이라는 의혹이 사실로 밝혀지면 대한민국 현대사를 새로 써야 하고, 국가경제를 재건하고 성장했다는 박정희의 상징성도 역사적으로 재평가받아야 한다"라고 말했다. 그는 여전히 권력과의 싸움을 놓지 않고 있었다.

그는 그렇게 바쁜 일정 속에서도 틈틈이 국세청의 과거와 현재, 미래를 주제로 한 필자의 인터뷰에 응해왔고, 이 책은 그 일곱 차례에 걸친 인터뷰의 결과물이다. 전직 국세청 간부가 국세청을 주제로 책을 펴낸 것이 뭐 그리 특별한 일이겠냐고 생각할지 모른다. 하지만 그에게는 특별한 의미가 있다. 권력의 기획에 따라 국세청에서 물러나기 직전에 국세청이 몇 사람의 사익을 위한 조직으로 전락한 모습을 보면서 국세청을 다시 되돌아보고 국세청의 개혁과 비전을 꿈꾸었기 때문이다. 완벽하지는 않지만 이 책에는 30년 가까이 국세청에서 근무한 그의 성찰과 개혁, 비전 등이 담겨 있다. 특히 공익법인 해부와 해외재산 추적, 전산실 활용 등과 관련한 내용은 반드시 정책과 제도에 반영해야 할 의미 있는 내용이다.

그는 2012년 9월 3일 필자에게 자신의 저서 《잃어버린 퍼즐》을 건네주면서 책 안쪽에다 "우리 모두 제자리에 설 수 있기를 희망합니다"라고 적었다. "기회는 평등하고 과정은 공정하고 결과는 정의로워야"(문재인 대통령의 취임 연설 중) 우리 모두가 제자리에 설 수 있다. 필자는 그의 풍부한 국정운영 경험과 정책적 식견, 탁월한 분석력과 균형 잡힌 시각이 '우리 모두가 제자리에 설 수 있는 사회'를 만드는 과정에서 의미 있게 쓰여지기를 바란다. 이제 '비운'은 가고, '행운'이 그를 찾아올 것이라고 믿는다.

2017년 8월 화곡동 '여문당如聞堂'에서

구영식

수차례 인터뷰에 참석하고, 녹취록을 풀어준 〈오마이뉴스〉 신나리 기자에게 고마움을 전합니다.

1부

2부

3 부

4부

1부

국세청 불신의 역사
: 부마항쟁

구영식 단도직입적으로 묻겠다. 국세청이 국민들로부터 불신받고 있는 '가장 큰 이유'는 무엇인가?

안원구 1966년 국세청 개청 이전에는 재무부 내에 현재 국세청의 기능을 하는 사세국司稅局이라는 부서가 있었다. 그때부터 국세청은 수탈행정기관으로 인식되어 왔다. 옛날에는 국세청을 수탈행정기관이라고 부르기도 했는데 이는 조장助長행정기관에 대응하는 개념으로 여겨졌기 때문이다. 국세청은 재정조달을 위한 세금을 징수하는 기관이다 보니 빼앗는다는 의미의 수탈 이미지가 형성되었고, 지금의 지방자치단체처럼 예산을 집행하는 기관이 주는 이미지 때문에 조장행정기관으로 인식했던 것이다. 예나 지금이나 세금을 내는 사람들 처지에서는 항상 수입에 비해 많은 세금을 징수해 간다고 느끼기 때문에 국세청에 대한 인식이 나쁠 수밖에 없다. 국세청이 어떤 시스템으로 세금을 매기는지, 세금 징수 외에 국세청이 어떤 일을 하는지 등은 베일에 싸여 있기 때문에 국세청을 불신하는 경향이 있다고 생각한다.

구영식 그동안 국세청이 정권 유지의 수단으로 전락했다는 비판이 끊이지 않았다.

안원구 어느 정권이든 원활한 재정 수입이 뒷받침되지 않으면 국가를 경영할 수 없고, 정권도 유지하기가 어렵다. 그런데 정상적인 세금 징수와 별개로 정권 유지를 위해서, 또는 집권세력의 사적인 목적에 부합하기 위해서 세무조사권을 남용하기 때문에 국세청이 특정 정권 유지를 위한 수단으로 전락했다는 비판이 끊이지 않는 것이다. 세무조사 과정에서 '정치적 의미'가 개입되면 '표적 세무조사'라는 비판을 받게 되어 있다. 사실 국세청은 세무조사권을 제외하면 정권유지 도구로 이용될 기능은 별로 없다.

구영식 세무조사 과정에 '정치적 의미'가 반영된다는 측면에서 국세청을 정권 유지 수단이라고 한다.

안원구 정권을 잡은 사람들이 정권 유지와 국가 경영을 동일한 개념으로 인식할 때 문제가 생긴다. 세금이 없으면 국가를 운영하는 데 필요한 사회기간망 구축과 국민복지 등 국민들의 삶에 필요한 환경을 제공할 수 없다. 여기에 필요한 재원財源을 확보하기 위해서 세무조사를 하는 건 국민들 모두가 공감할 것이다. 그런데 정치적 지향점이 다른 사람들과 관련된 기업들을 집중적으로 강도 높게 세무조사를 했다면 그것은 정치적 의도가 있는 세무조사라고 볼 수밖에 없다. 누구에게나 똑같은 잣대로 세무조사를 해야 하는데 정치적 탄압이나 재갈을 물리는 용도로 이용된다면 그것은 정권 유지의 도구이다. 군사정권 이후로는 이명박 정권에서 이러한 세무조사가 가장 많았다. 반면 박근혜 정부에서는 초기에 '지하경제 양성화를 통한 세수확보' 수치를 부풀려 발표한 것 때문에 오히려 무리한 세무조사가 이루어진 경우다.

구영식　정권 유지가 국가 경영과 같다고 하는데, 국세청은 정권 유지와 국가 경영 중 어느 쪽에 더 비중을 두는가?

안원구　굳이 구분하자면 국세청 리더들(고위 간부들)은 정권에 더 비중을 둔다고 할 수 있고, 그 밑에서 일하는 대부분의 국세청 직원은 정권과 무관하게 국가 경영을 위해 일한다. 국가 차원이 아니라 정권 차원에서 일하는 건 자신의 입신양명을 도모하기 위함이다. 대다수 국세청 직원은 정권 유지와 무관하다.

구영식　정권은 '왜' 국세청을 정권 유지 수단으로 활용하나?

안원구　쉽게 말하면 국세청은 '잘 드는 칼', '날이 선 칼'과 같다. 자본주의 국가에서 기업 또는 부자들은 사회지도층으로서 사회적 여론을 형성하는 사람들이다. 정권을 잡은 이들은 이러한 역학관계를 이용하려 한다. 가진 것이 많은 사회지도층들은 인신구속보다 재산보전을 더 중요하게 생각하다 보니 정권 차원에서 국세청을 도구로 이용하려는 욕구가 생길 수밖에 없다. 경제경찰이라고 하는 공정거래위원회가 있긴 하지만 주로 재벌 등의 대기업들에게 해당되는 기관이고, 국세청은 가진 자들에게 직접적으로 영향을 미친다. 이렇게 국세청이 실질적으로 영향력이 있는 기관이다 보니 국세청을 자기들의 손아귀에 넣어서 다양하게 이용하려고 한다. 정권에 따라 국세청장 등 고위직 인사를 수단으로 국세청을 장악하기도 했다.

구영식　정권 등은 '어떤 방식'으로 국세청을 활용하나?

안원구　정권이 국세청을 이용한 사례들은 많지만 몇 가지만 예로 들겠다. 김대중 정부처럼 정권의 국가 정책에 대해 틈만 나면 태클을 거는 보수언론을 길들이기 위해 언론사를 상대로 세무조사를 벌이기도 하고, 재벌들이 투자는 하지 않으면서 사내에 유보금을 쌓아두고 있으면 세무조사라는 수단을 통해서 유보금을 투자로 전환하도록 유도하기도 한다. 또 이명박 정부 초기의 대표적인 국세청 악용사례인 태광실업 세무조사처럼 정적 제거 수단으로 국세청의 세무조사권이 악용되기도 했다. 박근혜 정부에서는 비선 측근의 사익을 채워주기 위해 세무조사권으로 중소기업을 협박하는 일도 있었다. 이렇게 정권이 국세청의 세무조사를 통해 언론이나 재벌을 길들이기도 하고, 정치인들에게 정치자금을 후원하는 기업이나 재력가들을 상대로 세무조사를 실시해 정치인들을 압박하기도 한다. 기업을 통제하거나 정치인들을 길들이기 위해 표적 세무조사를 하는 경우는 늘 있어왔다.

구영식 투명한 금융거래, 공정한 세무, 공정거래 등이 기업의 아킬레스건이라는 것을 정권 쪽에서 적극 활용하는 것으로 보인다.

안원구 국세청만 활용한다기보다는 국세청은 그런 기능을 하는 여러 기관 중 하나다. 금융감독원과 공정거래위원회도 기업에 영향을 미치는 부처이기 때문에 정권 유지 수단으로 이용될 수 있다. 내부거래, 일감 몰아주기, 산업자본과 금융자본 분리 등 공정거래위가 동원할 수 있는 수단도 꽤 많다. 금융감독원은 금융회사의 감독, 자본시장 감독, 회계감독 등을 통해서 정권 유지에 이용할 수 있다. 그에 비해 국세청이 가진 수단은 세무조사 정도다. 그러나 세무조사권은 모든 납세자에게 광범위하게 영향을 미치는 수단이다 보니 매우 효율적인 도구가 되기도 한다.

구영식 기업이나 일반인들이 가장 두려워할 기관은 어디인가?

안원구 대기업이나 재벌 등에는 공정거래위가 가장 두려운 기관일 것이다. 금산분리, 내부거래, 일감 몰아주기 등이 공정거래위의 소관이기 때문이다. 반면에 중소기업들은 금감원 쪽이 상당히 큰 부담이 될 것이다. 중소기업은 금융권의 자금지원이나 융통이 대기업에 비해 어렵기 때문에 돈줄이 막히면 회사의 존폐가 갈린다. 한편, 일감 몰아주기, 내부거래, 금융기관, 금감원의 회계감독 등은 국세청의 업무와 연관되므로 국세청의 영향력은 금융감독원과 공정거래위가 갖고 있는 기능에도 걸쳐 있다. 더구나 대기업이든 중소기업이든 모두 납세자이기도 하기 때문에 일반인들이 국세청의 광범위한 영향력을 두려워하는 것 같다.

구영식 세금정책은 어느 기관에서 관장하나?

안원구 기획재정부 산하에 세제실이 있다. 그곳에서 세법을 만들고, 세율을 조정하고, 세제, 세금 등과 관련된 제도와 정책을 법제화한다. 국세청은 그렇게 만들어진 법과 정책을 집행하는 기관이다. 국세청은 그 정책을 집행하는 과정에서 경중과 우선순위 등을 판단해 운용함으로써 국가 정책목표에 영향을 미칠 수 있다.

구영식 세금정책과 정권 유지 간에는 어떤 상관관계가 있나?

안원구 상당한 상관관계가 있는데, 대표적인 것이 부가가치세다. 1979년에 일어난 부마사태를 기억할 것이다. 1977년 세수증대가 한계에 달하자 박정희 정권에서는 조세저항이 적고 비교적 세수확보가 용이한 제도로써 부가가치세를 도입했다. 그러자 불만이 팽배한 국민들이 유신정권에 반대하는 학생들과 함께 서부산세무서에 불을 지르면서 부마항쟁이 촉발되었다. 역사적으로도 세금정책으로 인한 국민들의 불만이 계속 쌓이면 이것은 정권을 무너뜨리는 파괴력으로 작용한다.

구영식　부가가치세가 부마항쟁의 원인으로 작용했다는 얘기인가?

안원구　중요한 원인 중의 하나라고 생각한다. 동서고금을 막론하고 역사적으로도 세금을 부당하게 많이 물리거나 잘못된 조세정책으로 인해 국민들의 불만이 누적되면 정권이 무너지는 결과를 초래할 수 있다. 세계 3대 혁명으로 손꼽히는 프랑스 대혁명, 영국 청교도 혁명, 미국 독립전쟁의 공통점이 모두 과도한 세금에서 비롯된 혁명이라는 점을 상기해야 한다.

부마항쟁은 겉으로는 유신정권에 의한 김영삼 신민당 총재의 의원직 박탈사건에서 촉발된 유신반대 시위로 알려져 있다. 그러나 속을 들여다보면 그 배경에는 부가가치세 시행이 있었다. 부가가치세를 시행하자 세금정책에 국민들의 불만이 쌓였고 유신반대 시위를 계기로 그 불만들이 터져 나온 것이다. 박정희 정권에서는 유신체제로 장기집권의 틀을 마련한 후 세수증대가 한계에 봉착하자 세제선진화라는 명분으로 영업세, 물품세, 직물류세織物類稅, 전기세, 가스세, 석유류세, 통행세, 전화세(이상 국세)와 유흥음식세(지방세) 등 9개 세목을 하나로 묶어서 부가가치세를 도입했다. 정치권은 물론이고 전국경제인연합회의 반대에도 불구하고 유신정권은 부가가치세 시행을 밀어붙였다. 가뜩이나 공공요금 인상으로 물가가 두 자릿수로 뛰었는데 상인들이 10% 세율만큼 가격을 올리는 통에 물가가 전반적으로 크게 올랐고, 부동산은 더욱 요동쳤다. 결국 국민들의 경제와 세금정책에 대한 불만이 때마침 유신정권에 반대하는 학생들의 시위와 조응하면서 박정희의 18년 장기집권이 막을 내리게 된 것이다.

구영식　실제로 1979년 부마항쟁 때 시민과 학생들이 거리에서 유신 철폐와 함께 외친 주요 구호 중 하나가 '부가세 폐지'였다. 부마항쟁의 역사적 교훈은 무엇인가?

안원구　위정자들은 일반 시민들과 상인들이 합세한 시위대가 서부산 세무서에 불을 지르는 것으로 부마항쟁의 서막이 열리게 되었다는 역사적 사실의 의미를 생각해봐야 한다. 최근의 촛불집회도 이명박근혜 정권 내내 이어져온 불경기로 인한 국민들의 절망감이 박근혜-최순실 게이트와 화학작용을 일으키며 결국 대통령을 탄핵했고, 박근혜 정권을 몰락시킨 것이라고 진단한다.

풍風, 풍風, 세풍사건

구영식   1997년 대선 당시 일어난 '세풍사건'을 기억하나?

안원구   그 당시에는 안풍, 세풍, 총풍이라는 세 종류의 '풍風' 사건이 있었다. '풍'이 유행이었다(웃음). 1997년 대선을 앞두고 이회창 신한국당 후보 측근들이 국세청을 동원해서 24개 기업으로부터 166억여 원의 대선자금을 불법 모금했는데, 이것이 세풍사건이다. 그 덕분에 국세청의 신뢰도가 바닥에 떨어졌다. 참으로 부끄러운 일이었다.

구영식   방금 얘기했듯 세풍사건은 1997년 대선 당시 이회창 신한국당 후보의 친동생(이회성)과 최측근들(서정우 변호사, 서상목 의원 등)이 국세청을 동원해 이회창 후보의 대선자금을 모금한 사건이다. 이 사건이 터졌을 때 국세청 내부 분위기는 어땠나?

안원구   김대중 정부 초기부터 세풍사건 수사가 시작되어 2003년까지 이어졌지만, 국민들로부터 부실수사라는 비난을 샀다. 국세청 차장과 조사국장이 권한을 이용해서 대선후보 측근들과 공모한 일이고, 국세청이 조직적으로 움직이지 않았다는 수사 결과를 발표했기 때문이다. 아무튼 국세청 내부에서는 충격적인 사건임이 분명했지만 예상했던 것과는 달리 그 여파는 크지 않았다.

구영식   그런데 이 사건에는 국세청의 1인자(임채주 국세청장)와 2인자(이석희 차장)가 깊숙하게 연루된 것으로 드러나 상당한 충격을 주었다. 특정 후보를 위해 국세청의 권한을 가장 나쁘게 사용한 전무후무한 사례다.

안원구   그렇다. 수사결과는 국세청 고위간부의 개인적인 일탈로 마무리되긴 했지만 국세청이 생긴 이래 가장 큰 사건이다. 국세청이 특정 대선후보를 위해 세금을 거둔다는 것이 말이 되나? 하지만 국세청이 나서면 기업들은 울며 겨자 먹기로 따를 수밖에 없다. 권한을 가진 기관이라면 정말 잘 처신해야 한다.

구영식   세풍사건에서 우리가 얻어야 할 교훈은 무엇인가?

안원구   세풍사건의 역사적 의미는 정치권이 선거중립을 지켜야 할 국가기관을 앞세워서 기업들로부터 정치자금을 불법적으로 모금한 최초의 사건이라는 데 있다. 국가기관의 수장급이 개인의 영달을 위해 산하조직을 동원해서 권력에 부역하는 것은 그 어떠한 비리보다 엄히 다스려야 할 범죄행위이다. 세풍사건은 공직사회가 대선의 유력후보에게 줄을 서는 선례를 남긴 부끄러운 사건이다. 제대로 단죄하고 교훈을 얻어야 한다고 생각한다. 하지만 당시 5년 넘게 수사가 장기화되었음에도 법원은 불법모금을 주도한 이석희, 서상목, 이회성 씨에게 사건의 심각성에 비해 낮은 형량을 선고해 국민의 단죄 의지를 무색케 했다. 공무원이 특정 개인을 위해 일하는 것은 국세청에만 한정된 것은 아니다. 불법행위에 국가기관이 개입하면 사회적으로 큰 후유증을 남긴다. 앞으로 대선을 전후해 공무원이 유력 후보에 줄을 대거나 충성 경쟁을 벌이는 일이 재발하지 않도록 정치권에서부터 대선자금 모금이 더욱 투명해져야 한다. 다행스럽게도 실제로 이 사건 이후 대선자금 모금이 많이 투명해진 것 같다.

언론사 세무조사

구영식   김대중 정권은 2001년 23개 언론사들을 대상으로 세무조사를 실시했다. 이것을 기획한 곳은 국세청이었나, 청와대였나?

안원구   2001년이면 내가 청와대에 있을 때라 국세청 내에서 일어난 일은 구체적으로 파악하지 못한다. 당시 김대중 정부가 '언론개혁'의 일환으로 세무조사를 실시한 것으로 알려져 있다. 1994년 김영삼 전 대통령 시절 세무조사 이후 7년 만에 받는 세무조사였다. 야당과 언론사들은 김대중 정부의 '언론사 길들이기'라며 크게 반발했지만 그동안 언론사를 일반 영리기업과는 다른 관점에서 대우했던 것은 사실이니 언론개혁에 해당한다고 봐야 한다.

구영식   보수언론들은 '기획사정에 의한 언론말살 정책'이라고 반발했다.

안원구　언론사 세무조사가 정권에도 상당히 많이 부담됐던 걸로 기억한다. 당시 국세청은 보수나 진보를 구별하지 않고 모든 언론사를 대상으로 세무조사를 실시했다. 언론사 세무조사를 정상화한다는 명분에도 불구하고, 대대적으로 거의 모든 언론사를 동시에 세무조사 하는 바람에 언론 길들이기라는 반발이 강하게 일어났다. 일부 언론사 기자들이 국세청 간부 뒤를 따라다니기도 했다. 당시 사회적 파장은 컸지만 결과적으로는 언론사도 기업이므로 당연히 세무조사 대상이 된다는 사회적 공감대가 형성되었다. 언론사가 아무리 공적인 기능이 큰 특수한 기업이라고 해도 언론으로서의 역할과는 별개로, 기업이라는 점에서 세금도 성실하게 신고해야 한다는 인식이 생겨나는 계기가 됐다고 본다.

구영식　하지만 정권 입맛에 맞추었다는 점에서 비판받을 여지가 충분했다.

안원구　당시의 비판은 세무조사 대상이었던 언론사들로부터 이루어진 것이지 국민들로부터 비판받진 않았다. 설사 비판을 받더라도 해야만 하는 일이었다면 해야 하지 않겠나. 언론사라고 해서 세무조사를 면제받아야 할 이유가 없다. 대한민국 국민이라면 개인이든 법인이든, 언론사든 다른 업종이든 소득이 있는 사업자는 모두 세무조사 대상이다.

구영식　근무하는 동안 국세청이 언론사 세무조사를 몇 번이나 했나?

안원구 　종전에는 언론사 정기 세무조사가 잡혀 있어도 인력이 부족해 정기조사도 못하고 넘어가는 경우도 있었다. 하지만 내가 서울청 조사 1국장으로 있던 2006년도에는 모 언론사가 정기조사 대상에 포함되어 있어서 미루지 않고 조사했다. 특별대접도 하지 않았고, 일부러 심층(특별)조사도 하지 않았다.

구영식 　당시 국세청은 총 탈루소득액(1조 3,594억 원)과 탈루 법인세(5,056억 원) 등 조사결과의 일부만 공개해서 시민단체들의 반발을 샀다. 게다가 〈조선〉, 〈중앙〉, 〈동아〉, 〈국민〉, 〈대한매일〉, 〈한국〉 등 6개 언론사의 누락금액과 추징액만 공개하고, 나머지 17대 언론사의 추징액은 공개하지 않았다.

안원구 　국세기본법에 따르면 개별기업과 관련된 조사내용은 공표하지 않도록 되어 있다. 특정 언론사들의 추징금 등을 발표한 것은 이례적이다. 아마도 조사결과 일부를 발표해 6개 언론사들의 문제점과 부도덕성을 부각시키고자 한 것이 아닐까. 그런 점에서 특정 언론사에 도덕적인 흠집을 내는 길들이기 아니냐는 지적은 할 수 있다고 본다.

구영식 　김대중 정권의 언론사 세무조사를 어떻게 평가하나?

안원구 　긍정적인 측면과 부정적인 측면이 동시에 존재한다. 언론권력이라고 해서 세무조사 면제 혜택을 줘서는 안 된다. 성역 없는 세무조사를 선언했다는 점에서 긍정적인 메시지를 주었다고 생각한다. 다만 국세청이 몇 개의 보수언론을 추려서 조사결과 일부를 공표함으로써 세무조사에 정치적 의도를 드러냈다는 점에서 비판받아 마땅하다. 국가의 권력기관과 언론권력의 대립으로 비쳐진 사건이라는 점에서 부정적인 인상을 남겼다.

노무현 정부의 권력기관

구영식   노무현 대통령이 국세청을 비롯한 4대 권력기관(검찰, 경찰, 국정원)의 통제권을 놓아버린 것이 패착이었다는 지적이 적지 않다.

안원구   그런 측면이 있다고 생각한다. 이전의 정권들은 4대 권력기관을 통제 하에 두고 정권 유지의 틀을 잡고자 했다. 그러나 노무현 전 대통령은 '상식과 원칙이 통하는 나라'를 구현하고 싶어 했고, 4대 권력기관을 장악하지 않는 것으로 그것을 실천했다. 노무현 대통령의 이같은 국정운영 방향은 바람직한 민주주의 국가상이긴 했으나 현실에서 그 바람은 이상에 가까웠다. 수십 년간 정권 유지의 도구로 활용되어왔던 4대 권력기관에게 갑자기 법과 원칙의 테두리 안에서 자율적으로 운영하라고 하니 어떻게 할지 모르는 상황이 펼쳐진 것이다. 노무현 전 대통령은 실제로 검찰을 통해 4대 권력기관 제자리 찾기를 이루고 싶었던 것 같다. '검사와의 대화'가 상징적인 일화가 아닌가. 성공하진 못했지만….

구영식 영화 〈더 킹〉을 보면 검찰은 사건파일을 축적해놓고 사건이 숙성되면 해당 파일을 까서 수사하더라.

안원구 나는 〈더 킹〉을 안 봐서…(웃음). 많은 사람들이 우리나라를 '검찰공화국'이라고 하지 않나. 검찰이 우리나라 전체를 주무르는 사건을 접할 때가 적지 않다. 노무현 정권 때를 보면 초기부터 대통령 측근들을 많이 구속했다. 청와대 총무비서관부터 노무현 대통령의 정치적 동지라고 불리던 안희정 현 충남도지사까지도 구속했다. 다른 정권에서 집권 초기에 대통령의 측근들을 줄줄이 구속시켰던 적이 있었나? 이런 것만 보더라도 이전 정부에 비해 노무현 정권이 검찰을 통제하거나 적극적으로 개입하지 않았음을 말해준다.

그렇다고 다른 정권이 노무현 정권보다 더 깨끗했냐 하면 그런 것도 아니다. 대통령의 측근들이 사법적 처벌을 받는 것은 주로 정권 말기에 권력누수 현상으로 벌어지는데, 노무현 정부는 정권 초기부터 이런 문제가 생겼다. 이러한 현상은 노무현 전 대통령이 '문제가 있으면 수사해라, 우리도 잘못한 게 있으면 벌 받겠다'고 천명한 것과도 무관치 않다. 노 전 대통령의 '상식과 원칙이 통하는 대한민국'은 당시 우리나라 현실에선 너무 이상적이지 않았나 싶다.

태광실업 세무조사의 진실

구영식　이명박 정권에서 시작된 태광실업(박연차 회장) 세무조사는 어떻게 시작됐나?

안원구　어떻게 시작된 것인지 내가 자세히 알 수는 없다. 다만 내가 직접 경험한 일련의 일들로 짐작할 뿐이다. 워낙 길고 복잡한 사연이라 지금 이 자리에서 풀어놓는 것이 맞을지 모르겠다.

구영식　그 사건을 몇 년 전에 출간했던 《잃어버린 퍼즐》에서 읽었다.

안원구　그 책에서 당시 상황을 자세히 기록했으니 간단하게 설명하겠다. 2008년 여름휴가 때, 당시 한상률 청장이 나를 청장실로 부르고는 '노무현 대통령의 자금줄인 태광실업을 조사하는데, 박연차(태광실업) 회장의 베트남 신발공장 계좌를 까야 한다. 안 국장이 베트남 국세청장과 친분이 있으니 협조를 얻어내라. 이 일로 공을 세우면 VIP에게 얘기해서 명예를 회복시켜주겠다'는 요지의 얘기를 했다. 한상률은 내가 국제조세관리관을 역임한 사실을 거론하며 베트남 청장과 친분이 있을 거라고 짐작한 것이다. 또 '명예회복을 시켜주겠다'는 제안은 나를 대구청장에서 서울청 세원관리국장으로 좌천시켰던 것을 보상해주겠다는 것이었다. 그러나 지방청 국장 인사권은 국세청장의 권한이니 한상률 청장 자신이 나를 인사이동을 명하면 될 것을 대통령에게까지 부탁할 사안은 아니지 않은가. 더구나 나는 당시 서울청 세원관리 국장이었기 때문에 태광실업 세무조사에 투입할 명분도 부족했고, 서울청장의 지휘를 받아야 하는 나를 공식적으로 투입시키는 것은 절차에 맞지도 않았다. 그러나 어찌 됐든 한상률 청장은 나를 이용해서 박연차 회장의 태광실업 베트남 계좌내역을 확보하기 위해 때마침 한국을 방문한 베트남 청장을 접대하는 역할을 맡기고자 했고, 생각만큼 내가 베트남 청장과 가까워 보이지 않아서 나를 투입시키는 것을 포기했노라 했다. 한상률 청장이 미국으로 도망갔다가 귀국한 2011년 3월, 한상률 수사 과정에서 나는 참고인 신분으로 그와 대질신문을 했는데 그때 한상률 청장이 스스로 자백했던 내용을 듣고 당시의 속사정을 알게 되었다.

구영식   그럼 이명박 전 대통령의 지시로 태광실업 세무조사가 시작되었다는 말인가?

안원구   태광실업 세무조사가 2008년 7월부터 시작된 것으로 알고 있다. 2008년 봄, 미국과의 FTA 타결과 광우병 소고기 파동으로 대대적인 촛불집회가 이어진 사태를 기억할 것이다. 이명박 전 대통령은 촛불집회에 자발적으로 참여하는 국민들을 노무현 전 대통령이 배후에서 조종하는 '세력'으로 규정하고, 촛불 국면을 타개하기 위한 방편으로 노무현 전 대통령을 겨냥한 지인들의 세무조사를 벌였다. 박연차 회장의 태광실업 세무조사도 그 연장선상에서 이루어진 것으로 알려져 있다. 이명박 전 대통령이 국세청을 통해 노무현 전 대통령의 지인들을 세무조사로 압박하라고 당시 한상률 청장에게 지시한 것인지, 한상률 청장이 국세청에서 세무조사를 통해 어떻게 기업인을 압박할 수 있는지를 이명박 전 대통령에게 귀띔한 것인지는 모르겠다.

구영식   한상률 청장이 임기를 보장받기 위해서 기획한 세무조사였나?

안원구   한상률 청장은 노무현 정권의 마지막 청장이었다. 역대 정권에서는 대통령이 바뀌면 4대 권력기관을 포함한 각 부처의 장을 새로운 사람으로 교체하는 것이 관례였다. 한상률 청장은 노무현 정부 말기에 국세청장으로 임명된 터라 새 정부에서 유임을 예상하는 사람은 아무도 없었고, 충청도 출신이었기 때문에 이명박 당선자와 지역적 연고도 없었다. 그래서였는지 대통령직 인수위 시절 한상률 청장은 당시 신성해운에서 돈을 받았다고 소문이 무성했던 사건과 자기는 아무 관련이 없다는 것을 이상득 의원에게 해명해 달라고 나에게 부탁하기도 했다. 아무튼 한상률 청장은 이례적으로 바뀐 정권에서도 국세청장에 유임된 최초의 국세청장이 되었고, 이명박 전 대통령이 취임하자 태광실업 세무조사가 시작되었다. 이쯤 되면 한상률 청장이 청와대의 지시를 받았든 스스로 조사해서 갖다 바쳤든, 태광실업 세무조사를 기획했다고 의심하는 것이 합리적이지 않겠나.

구영식   국세청은 태광실업뿐만 아니라 노 전 대통령과 가까운 제피로스, 우리들병원, 토속촌 등을 세무조사해 압박했다. 제피로스는 노무현 전 대통령이 즐겨 찾는 골프장으로 부산상고 동창인 정화삼 씨가 대표였고, 우리들병원은 노무현 전 대통령의 허리를 수술한 곳으로 이상호 대표가 노 대통령의 후원자였다. 토속촌은 노무현 전 대통령 단골 음식점으로 정명호 사장이 노 대통령의 후원자였다.

안원구   이들 세무조사는 순수한 세무조사라기보다는 노무현 대통령을 향한 표적 세무조사였다고 생각한다. 세무조사는 기업이 이익을 냈는데도 이익을 제대로 신고하지 않고 세금을 적게 내는 것을 조사하는 데 그 목적이 있다. 그런데 한상률 청장은 앞서 언급한 업체들을 상대로 주로 이익이 난 돈을 '어디'에 썼는지를 찾았다. 국세청이 세무조사에서 용처를 찾는다는 것은 조사의 본래 목적과 거리가 있다. 통상 돈이 정치권으로 흘러들어갔는지를 보거나, 비자금으로 은닉되었는지를 보는 것은 검찰에서나 수사할 만한 일이다. 그런데 한상률 청장이 조사를 직접 지휘한 노무현 전 대통령 관련 기업들의 경우에는 정상적인 세무조사와 다르게 자금의 용처를 파악하는 데 주력했다고 들었다. 세무조사를 하다 보면 누구에게 돈을 줬다는 게 장부상에 나타나는 경우도 있는데, 그런 경우에는 검찰에 통보하지 국세청이 돈의 용처를 파악하기 위해 세무조사를 하지는 않는다.

구영식 한상률 청장은 왜 그런 일들을 벌인 건가?

안원구 그 당시에 한상률 청장은 나에게 이명박 정권과 지연, 학연, 혈연이 하나도 닿지 않는다고 자주 하소연했다. "정권과 연결고리가 없어서 국세청을 이끄는 데 한계가 있다. TK 출신인 안 국장이 MB쪽에 아는 사람이 많을 테니까 나를 도와 달라"고 했다.

구영식 태광실업 세무조사는 결국 노무현 전 대통령의 서거로 이어졌다.

안원구 전직 대통령이 스스로 목숨을 끊는 것은 우리나라뿐만 아니라 세계에서도 유례가 없다. 그것도 본인이 임명한 국세청장과 검찰총장이 조사하고 수사하는 과정에서 벌어졌다. 국민들은 수사나 조사내용이 무엇이든 간에 이 사건을 반인륜적인 사건으로 이해할 수밖에 없다.

구영식 세풍사건 때와 달리 태광실업 세무조사 때에는 국세청 조직 자체가 움직였다.

안원구 태광실업 조사는 일반 세무조사가 아니었다. 세풍사건은 조직의 수장들이 정치권과 결탁했다는 점에서 개인적인 차원의 일로 볼 수 있지만, 태광실업 조사는 조직의 수장이 자기의 영달을 위해 전직 대통령에게 치명상을 입힐 의도로 국세청의 조사권을 휘두르고, 조사국 조직을 동원한 것이다. 한마디로 국세청장의 권한을 악용한 사건이다.

구영식 이명박 정권의 태광실업 세무조사는 가장 비극적인 정치적 세무조사로 기록될 것 같다.

안원구 국가기관의 수장이 어떤 생각을 갖느냐에 따라서 그 조직과 역할의 정당성 여부가 정해진다. 그런 의미에서 이명박 정부의 국세청은 참으로 부끄러운 역사를 만들었다. 그 결과 전임 대통령의 자살이라는 비극을 이끈 셈이다. 한상률은 자기를 청장으로 임명한 전직 대통령을 죽음으로 내몬 것이나 다름없었다. 평생을 국세청 공무원으로 살아왔던 한 사람으로서 나는 안타까운 마음을 이루 표현할 수 없다. 공무원은 어떤 자리든 국민으로부터 권한을 위임받아 한시적으로 임무를 수행한다는 생각으로 일해야 한다. 말단이든 장관이든 국민을 대리하는 자리임을 잊으면 안 된다. 기업에서 월급을 받는 회사원들이 그 기업의 이익과 발전을 위해 최선을 다하는 것처럼, 국민의 세금으로 봉급을 받는 공무원들이 국민만을 보고 충성한다면 또다시 그러한 비극은 생기지 않을 것이다.

검찰과의 특수관계

구영식 검찰이 국세청의 세무조사권을 악용하는 경우가 많다.

안원구 그 말에는 어폐가 있다. 검찰이 국세청의 세무조사권을 활용한다는 표현이 맞을 것 같다. 국세청이 세무조사를 통해 알게 된 형사범 관련 자료를 검찰에 넘기면 그걸 기초로 수사에 활용하는 것이다. 그러한 방식 중 하나는 검찰이 수사하다가 기업의 세무와 관련된 내용이 나오면 국세청에 조사를 의뢰하고 그 결과를 수사에 활용하는 것이고, 다른 하나는 조세범칙조사다. 사기 등 부정한 방법으로 조세를 회피한 경우에는 국세청이 검찰에 고발해 세금과 별개로 형사처벌을 받게 할 수 있다.

구영식 그런데 검찰이 별건수사에서 국세청을 활용하는 경우가 많다.

안원구 별건수사는 본사건의 수사에서 성과가 없을 경우 다른 사건을 수사해 실패한 수사를 가리고 정당성을 얻고자 할 때 하는 수사다. 이 별건수사로 국세청의 세무조사 자료를 활용한다는 것을 질문한 것 같다. 그런 경우도 많이 있을 것이다. 국세청에는 조세범 처벌법에 의한 전속 고발권이 부여되어 있다. 이런 경우 세무조사와 연계해 형사사건을 만들 수 있다. 국세청이 고발해야만 검찰이 처벌할 수 있다.

구영식 검찰이 원하는 수사결과를 얻기 위해 국세청에 세무조사를 시키는데, 검찰이 요청하면 무조건 응해야 하나?

안원구 검찰이 국세청에 세무조사를 시킬 권한이 있는 것은 아니다. 세무조사권은 국세청의 고유권한이기 때문이다. 그러나 국세청과 검찰이 협조하는 것이 관례다. '기관협조 사항'으로 검찰이 요청하면 국세청은 대부분 응한다. 검찰이 세무조사 혐의를 가지고 요청하기 때문에 혐의내용이 명백한 거짓이 아니라면 거부하기 어렵다. 법에 규정된 것은 아니지만 협조사항이라는 명분으로 그런 것들이 암묵적으로 이루어진다.

구영식 검찰도 국세청 없이 대기업 등을 수사하기는 어렵겠다.

안원구 검찰이 대기업을 수사할 때는 인지조사를 하는 경우가 별로 많지 않다. 검찰이 단독으로 대기업을 조사한다는 것은 불가능에 가깝다. 검찰은 국세청의 세무조사 결과와 공정거래위, 금감원 등에서 확보한 자료를 근거로 대기업을 수사한다. 검찰이 박연차 게이트를 수사할 때도 국세청의 태광실업 세무조사 자료를 근거로 한 것이다. 검찰에는 대기업의 장부조작이나 회계처리 내용을 조사할 수 있는 능력을 갖춘 인력이 많지 않다. 국세청과 협조하거나 국세청에 먼저 세무조사를 의뢰해서 증거를 가지고 접근할 수밖에 없는 이유다.

구영식 그렇다면 기업 관련 검찰 조사에서 국세청이 미치는 영향은 상당히 크다고 봐야겠다.

안원구 검찰이 기업을 수사할 때는 국세청의 협조를 받기도 하고, 국세청의 세무조사 결과를 바탕으로 수사하기 때문에 상당 부분을 국세청에 의존한다. 또는 국세청 직원이 검찰수사에 동원되기도 한다. 그러나 기본적으로 국세청과 검찰의 관점은 서로 다르다. 예를 들어, 기업의 직원이 회사 자금을 횡령하면 검찰은 횡령죄로 처벌하지만, 국세청은 횡령한 사람한테 소득이 주어진 것으로 보고 상여처분한다. 우리 회사 직원이 돈을 가져가면 횡령인데, 국세청은 그것을 범죄행위(횡령죄)로 판단하지 않고, 소득을 얻은 것으로 보아 원천징수를 하지 않은 법인에 세금을 물린다. 횡령한 직원이 회사 돈을 훔쳐갔다는 것이 수사로 입증되기 전까지는 원천징수 의무만 부여한다. 그러나 그 직원이 형사범으로 확정되면 기업을 피해자로 보고 과세하지는 않는다.

구영식 국세청과 검찰 두 기관이 밀접한 이유는 무엇인가?

안원구 사정기관으로 사회질서를 바로잡는 기관이라는 공통점이 있다. 경제범죄 수사 시 검찰은 국세청의 도움이 필요하고, 국세청은 세무조사에서 발견된 형사범을 검찰에 고발해야 처벌할 수 있다. 또 대부분의 경제범죄들이 기업, 경제 등과 관련돼 있다 보니 두 기관이 밀접할 수밖에 없다.

구영식 국세청에 수사권을 위임하면 어떨까?

안원구 국세청은 수사권과 유사한 조사권을 가지고 있다. 국세청은 세금을 징수하는 기관이므로 세무조사권으로 본래의 역할을 다할 수 있다. 세금 징수를 위해 사법경찰권으로 인신까지 구속해야 할 필요는 없다. 국세청은 조세범 처벌법에 의해 조세범 전속고발권을 가지고 있기 때문에 세금 추징과는 별도로 검찰을 통해 형사처벌까지 가능하다.

구영식 다른 부처는 검찰이 파견을 나오는데 오히려 국세청은 국세청 인력을 검찰에 파견한다.

안원구 경제규모가 커지고 국제거래도 빈번해지고 있다. 범죄 유형도 형사범죄에서 경제범죄로 비중이 커지고 있다. 검찰 인력만으로는 다양화하고 있는 경제범죄에 적응하기는 쉽지 않다. 경제경찰이라고 할 수 있는 국세청의 인력이 필요한 것은 어떻게 보면 자연스럽다. 검찰이 국세청에 파견을 나오지 않는 것은 국세청 업무의 특수성 때문일 것이다.

구영식　법무부, 국세청, 관세청, 한국은행, 금융위, 금감원에서 FIU(금융정보분석원)에 인력을 파견하는데 이것은 근거가 있나?

안원구　FIU는 2001년 11월 재정경제부의 소속기관으로 발족했다가 2008년 2월 정부조직법 개편으로 금융위원회의 소속기관으로 변경됐다. 금융거래정보의 보고 및 이용에 관한 법률에 의거해 파견한다.

구영식　FIU는 구체적으로 무엇을 하는 기관인가?

안원구　FIU는 금융기관으로부터의 자금세탁을 예방하고 외화의 불법 유출입에 대처하는 자금세탁방지기구이다. 불법자금 흐름을 미리 확인해서 차단하자는 취지에서 만들어진 조직이다. 금융과 관련된 기관이 주도적으로 금융 흐름을 분석한 후에 불법거래 정황이 있으면 검찰이나 국세청, 관세청 등에 통보한다. 범죄행위는 검찰에서 판단해야겠지만, 탈세로 인한 자금인지, 불법 자금이동인지에 따라 해당 부처에 통보한다.

구영식　FIU가 형식적으로는 금융위원회 산하기관이지만 실제로는 검찰 산하기관이나 검찰의 수족 같다.

안원구　형식적으로는 금융위원회 산하 준정부기관으로 알고 있다. 금융위원회에 소속되어 있긴 하지만 출범 초부터 검찰이 중심이 되어 FIU를 만든 것으로 알고 있다. 검찰은 청와대, 공정거래위 등 정부 부처에 검사들을 많이 파견하고 있다.

친대기업적 국세청

구영식　국세청은 대체로 '친기업적'이라는 눈총을 받고 있다.

안원구　친기업적이라기보다는 '친대기업적'라고 얘기하는 게 맞다. 수출 등 국제경쟁력을 갖추기 위해 대기업을 지원하는 세제가 있기 때문이다. 대기업 중심의 세제나 감면이 많이 이루어지고 있어 친기업 적이라기보다는 친대기업적이라고 평가하는 게 적절하다.

구영식　개발경제 시기에는 그렇게 대기업을 지원할 수 있었지만 세계 10대 경제대국이 되었는데도 대기업에 그런 혜택을 주는 것이 적절한 지 의문이다.

안원구　좋은 지적이다. 이미 우리는 OECD 가입국으로 경제규모가 세계 10위권인데도 불구하고 아직도 개발경제시대의 지원혜택을 대기업에 주는 것은 맞지 않다. 오히려 현실에서는 재벌들이 국제경쟁력을 갖추는 게 아니라 국내 중소기업들의 기술을 잠식해서 빼앗아 가는 등 애초 목표했던 대로 가지 않고 있다. 대기업 세금감면 혜택은 해외기업들과의 경쟁을 독려하기 위해 주는 것이지, 국내 기업들과 경쟁하라는 취지로 주는 것이 아니다. 원래 세금감면 혜택 제도는 일몰법 sunset law으로 한시적으로 시행하도록 돼 있다. 그런데 일몰법이 끝날 때마다 대기업에서는 경제연구소 등을 통해 자신들에게 유리한 논리를 개발하여 결과적으로 국회에서 세금감면 혜택을 연장하도록 조치한다. 말이 일몰법이지 법이나 제도가 한번 만들어지면 일몰이 안 된다. 대기업들은 그렇게 지속적으로 세금감면 혜택을 활용하고 있다. 그래서 '친대기업적'이라는 평가가 나오는 거다.

구영식 그럴 정도로 대기업의 국회나 정부 부처 로비력이 강하다는 얘기인가?

안원구 그걸 단지 로비라고 할 수는 없다. 대기업들 처지에선 세금정책이 중요하기 때문에 전략적으로 대응할 수밖에 없고, 자체 경제연구소 등에서 자기들의 논리를 개발하고 공청회나 언론 등을 통해서 적극적으로 의견을 개진한다.

구영식 대기업들은 연구·인력개발비 세액공제, 에너지절약시설투자 세액공제, 고용창출투자 세액공제, 국제금융거래에 따른 이자소득, 법인세 면제 등을 통해 광범위한 세금감면 혜택을 받고 있다.

안원구 지금 말한 공제나 감면 분야는 대부분 대기업만 할 수 있다. 감면받을 수 있는 연구개발 활동 등은 중소기업이 할 수 있는 영역이 아니다. 대기업이 할 수 있는 것들만 감면받는 제도이다 보니 그 혜택이 대기업에 집중될 수밖에 없다. 그렇게 해서 세 부담이 줄었으면 국내에 재투자해야 선순환 구조가 만들어진다. 그런데 대기업들이 국내에 재투자해서 새로운 사업영역을 개척하거나 새로운 기술을 개발하는 것이 아니라 국내에서 문어발식으로 기업을 늘려서 중소기업 영역이나 골목 상권까지 침범하고 있어 사회문제가 되고 있지 않나? 국가가 주는 공제나 감면 혜택은 다 누리면서, 국내 중소기업들을 인수합병하거나 납품을 빌미로 기술이나 빼앗아 가니까 재벌을 해체해야 한다는 얘기까지 나온다.

구영식 2014년 기준 대기업 집단이 부담한 총세액은 약 14조 1,810억 원이고, 이는 6년 전인 2008년에 부담한 총세액(14조 1,518억 원)과 비슷하다. 하지만 지난해 대기업 집단은 4조 9,700억여 원의 세금감면 혜택을 받았고, 이는 6년 전(2008년)에 비해 40%나 늘어난 규모다.

안원구 원래는 세 부담이 많아야 감면이 늘어난다. 세 부담에 비례해 감면이 이루어지기 때문이다. 그런데 세 부담은 비슷한데 감면만 늘어났다면 세율변동 때문일 것이다. 이명박 정부 들어서 종전에 25%이던 법인세율이 22%로 낮아졌다. 외국자본을 국내로 유입시킨다는 명분으로 법인세율을 낮춘 거다. 세율이 높으면 외국기업이 국내에 들어오지 않을 것이라는 논리다.

구영식 세율이 줄어서 세금부담이 적어졌다면 기업에 유보금이 많다는 뜻인가?

안원구 세율을 22%로 낮추어서 기업에는 유보금이 많이 쌓여 있다. 하지만 이것이 국내 재투자로 이어지지 않고 있다. 중소기업은 투자할 돈이 없어서 투자를 못하고, 대기업은 유보금이 많은데도 투자를 안 하고, 투자하라고 하면 외국으로 돈을 빼돌린다. 그러니 경제성장률이 떨어질 수밖에 없다. 이러한 현실에서 대기업의 유보금을 투자로 전환하기 위해서는 정부가 다시 법인세율을 원래대로 환원하고, 국가가 주도하는 투자를 통해 경제성장을 견인하는 것이 바람직하다.

구영식 최경환 경제부총리는 2015년 '비과세 감면혜택을 정비하고 대기업이 세금을 더 내야 한다'고 말했고, 후임인 유일호 경제부총리도 2016년 '대기업 위주의 세금감면 제도를 고쳐 나가겠다'고 말했을 정도다. 그만큼 대기업 위주의 세금감면 혜택이 세수 확충에 부정적 영향을 끼치고 있음을 정부조차도 인정하고 있다.

안원구 그렇다. 정부도 인정하면서 대기업의 저항에 부딪혀서 진전이 없는 것이 현실이다.

구영식　하지만 대기업들은 세제 혜택이 줄어들면 투자가 줄어든다고 반박한다.

안원구　일견, 논리적으로는 맞는 말이다. 하지만 2008년부터 세율을 낮추었는데 대기업들의 투자가 늘어났나? 사실 대기업의 투자 결정은 세제혜택과 연관되어 있다기보다는 투자로 인한 수익과 더 직결되어 있다고 보는 것이 맞을 것이다. 대기업이 감면혜택으로 인해 경쟁력이 생기고 그로 인한 낙수효과로 우리 경제에 도움이 된다고 해서 대기업에 감면혜택을 주는 것이다. 그런데 감면혜택으로 인해 유보금이 쌓여도 투자를 하지 않고, 투자를 하지 않으니 유보금은 더 쌓인다. 그렇다고 정부가 대기업에 이익이 났으니 무조건 투자하라고 강제할 수도 없다. 대기업이 유보금으로 기술도 개발하고, 창의적인 결과물을 만들면 다시 정부가 공제해주는 선순환 구조로 가야 하는데 그런 일들은 하지 않으면서 혜택만 보고 있으니 문제다.

구영식　국세청과 재벌기업의 유착은 필수불가결한 것인가?

안원구　국세청과 재벌기업의 유착이 있을 것이라는 전제는 동의할 수 없다. 본질적으로 재벌기업은 그 규모 때문에 조세정책에 따라 세 부담이 크다. 그래서 세제 방향에 촉각을 곤두세울 수밖에 없다. 정부도 재벌기업들의 세 부담이 얼마나 되느냐에 따라 세수 규모에 영향을 받는다. 예를 들면 삼성전자의 분기 이익에 따라 우리나라 법인세 규모가 휘청거린다. 삼성전자뿐만 아니라 현대자동차가 차지하는 세수 비중도 어마어마하다. 그러다 보니 대기업의 세 부담이 국가 예산에 큰 영향을 미친다.

구영식　세무조사권과 징세권 등을 가지고 있다는 점에서 국세청은 대기업들의 중요한 로비기관일 수밖에 없지 않나?

안원구 반복적으로 얘기하지만, 국세청의 세무조사권과 징세권 행사로 인한 세 부담의 범위는 조세제도로 인한 세 부담 범위에 비하면 미미하다. 그렇기 때문에 대기업이 국세청을 상대로 로비를 할 이유가 없다. 조세제도는 기획재정부 세제실에서 만들고, 그 법을 통과시키는 곳은 국회다.

구영식 각 그룹별로 국세청 대관對官업무에 적지 않은 인력과 시간을 투자하고 있는 것으로 안다.

안원구 국세청, 공정거래위, 금감원 등이 기업들에게 직접적으로 영향력을 미치는 기관이다. 그중에서 대기업 집단, 즉 재벌이 가장 많이 신경을 쓰는 기관은 공정거래위다. 공정위에서는 대기업 집단에 포함되느냐 안 되느냐에 따라 계열사간 상호출자나 금산분리 등을 결정한다. 또한 일감 몰아주기 등에 대해서도 제재를 가한다. 그런 점에서 대기업들의 주 관심기관은 공정거래위라고 봐야 한다. 반면에 중소기업들은 자금이 중요한 화두다. 금융기관으로부터 자금 수혈이 되지 않으면 사람의 몸에 피가 돌지 않는 것과 같다. 따라서 주거래 은행이 제대로 금융을 공급해주지 않으면 고사하는 경우가 많다. 이런 이유로 중소기업은 은행과 금감원에 신경을 많이 쓴다.

한편 대기업은 계열사들을 가지고 있다. 각 계열사는 기업군과는 별개로 공정거래위나 금감원의 기준과는 달리 세무회계 측면에서의 사안이 존재한다. 예를 들어 계열사의 탈세가 재벌그룹 전체에 영향을 미칠 수 있지 않겠나. 그러니 그룹사 측면에서도 국세청의 세무조사 과정에 대응하는 것이다. 개인이든 법인이든 세무조사 과정에서 납세자가 자기에게 유리하게 대응하는 것은 납세자의 권리이다. 기업도 세무조사를 받게 되면 기업 차원에서 대응하는데 그걸 로비나 무마행위와 동일시하면 안 된다.

중소기업이라면 한번의 세무조사로 큰 충격을 받을 여지가 있다. 만약 문제가 누적되어 있는 중소기업이라면 대기업 회계팀처럼 오랫동안 치밀하게 대응할 수 있는 능력도 없다. 그러다 보니 세무조사를 제대로 한번 받으면 도산할 수도 있다. 그래서 대기업이든 중소기업이든 기업들이 광범위하게 국세청에 신경을 쓸 수밖에 없다.

구영식　각 그룹별로 국세청 대관업무 스타일이 좀 다른가?

안원구　모든 기업을 파악할 수는 없다. 대표적인 재벌기업인 삼성, 현대, 엘지의 경우에 이 세 그룹의 대관업무 스타일이 다르긴 하다. 삼성은 당장 필요성이 없어도 학연, 지연 등 여러 가지 인맥을 총동원해서 오랫동안 관계를 맺는다. 그렇다고 사안이 생길 때마다 그 사람들을 통해 문제를 해결하는 것도 아니다. 그러나 오랜 기간 이렇게 알고 지내다보면 어떠한 사안이 생겨서 하소연할 때 아무래도 별 거부감 없이 기업 처지를 이해하게 된다. 삼성은 그런 식이다. 국세청만이 아니라 다른 부처 대관업무도 같은 스타일로 한다고 들었다. '관리의 삼성'

이라고 하는 이유가 다 있다.

현대는 사안이 생기면 그제서야 인맥을 찾는다고 한다. 전혀 모르고 지내다가 어떤 일이 생기면 그때 모든 인맥을 동원해서 필요한 문제를 해결한다고 한다. 엘지는 삼성과 현대의 중간 정도의 스타일로 평소에 적당하게 관리하고, 문제가 생기면 그 인맥을 통해 도움을 받으려고 한다.

구영식 특히 삼성이 다른 그룹과 다른 점이 있다면 무엇인가? 선제적 대응인가?

안원구 기본적으로 세무조사는 조사자료를 분석한 후 법 적용의 해석에 따라 세금의 범위가 결정된다. 단, 그 범위는 조사자의 해석에 따라 달라진다. 정상적인 세무조사라면 문제가 있는 걸 없앤다거나 없는 문제를 만들어서 부과하는 일은 없다. 그렇기 때문에 삼성의 스타일은 선제적 대응이라고 봐야 한다. 어떤 특정 사안만을 가지고 대응하는 스타일이 아니다. '관리의 삼성'으로 소문나 있지 않나? 당면한 사안과 무관하게 관계를 형성하는 스타일이기 때문에 의식하지 못하는 가운데 관리 대상이 되는 경우가 허다하다.

구영식 〈뉴스타파〉 보도를 보면 삼성은 부처 관료들 성향까지 파악해서 참고하고 있더라.

안원구 〈뉴스타파〉 보도는 이해관계 부처의 관료들을 체계적이고 집중적으로 관리한다는 것이다. 삼성은 일대일 대응이 아니라 관리대상 주변을 전방위적으로 관리한다. 종교 성향, 취미생활, 가족은 물론이고 가족의 인맥까지도 분석하고 관리한다는 것이니 청와대의 소위 '존안자료' 수준이다(웃음). 삼성의 협력업체가 수천 개나 되고, 공무원의 가족이나 지인이 직원이나 거래상대자 등으로 그 협력업체와 관련을 맺고 있는 경우가 얼마나 많겠나. 그래서 웬만한 사람들은 다 삼성과 관련되어 있다고 해도 과언이 아니다. 아까도 얘기했지만, 삼성은 돈을 싸들고 로비하지 않는다. 운동(골프)을 하거나 식사를 하는 등 친분을 쌓는 일반적인 과정과 다르지 않게 관계를 형성해간다. 오랫동안 그렇게 하다 보면 부지불식간에 좋은 이미지를 갖게 된다. 그런 과정을 통해 성향도 분석해서 맞춤형으로 관리하는데, 관리대상자들은 그런 줄도 모르고 관리를 당한다.

구영식　국세청에 근무할 때 삼성 쪽 대관업무자와 만난 적이 있나?

안원구　대관업무자는 아니지만 청와대 민정비서실에 근무하고 있었을 때 업무상 삼성 구조본에 소속된 정보팀들을 만난 적이 있었다. 당시 그 정보팀을 보니까 청와대 비서실보다 더 넓은 인적 네트워크를 가지고 있었다. '삼성공화국'이라는 말이 그냥 헛말이 아님을 실감했다. 청와대 민정비서실이 민심과 정보를 파악하는 부서다 보니 삼성의 정보팀도 우리의 정보 취득원 중 하나였다.

구영식 삼성은 청와대 비서실을 능가한다고 봐야 하나? '작은 정부' 수준인가?

안원구 그들이 파악하고 있는 정보의 규모가 그랬다는 얘기다. 당시 삼성 IO(정보수집 실무자)를 만났을 때 삼성 구조본 밑에서 움직이는 팀들이 정부 부처를 관리하면서 광범위하게 움직이고 있다는 느낌을 받았다. 당시 삼성 구조본 책임자는 이학수 부회장이었고, 정보팀 책임자가 장충기 전무였던 것으로 기억한다. 삼성 구조본은 미래전략실로 그 명칭이 바뀌었다가 이재용 부회장이 해체를 선언하였으나 구속 이후에도 아직은 존치되고 있다.

구영식 삼성이 국정원 정보력을 능가한다는 평가도 있다.

안원구 우리가 그것까지는 알 수 없지만 최근 삼성의 미래전략실 차장에게 청탁한 핸드폰 문자에 언론과 국가기관 공무원의 청탁내용으로 짐작해보면 대관 영향력과 정보력은 인정해야만 하지 않겠나.

공익법인의 비밀

구영식　정확한 명칭이 '공익법인'인가 '공익재단'인가?

안원구　'비영리 공익법인'이다.

구영식　법적인 용어인가?

안원구　그렇다. 일반적으로 법인은 영리법인과 비영리법인으로 나뉜다. 대표적인 영리법인은 주식회사이고, 비영리법인은 말 그대로 주식회사와 달리 영리를 목적으로 하지 않는 법인이다. 그중 비영리 공익법인은 영리를 추구하지 않으면서 공익을 목적으로 설립된 특수목적법인을 가리킨다. 공익법인에는 사단법인과 재단법인이 있다. 사단법인은 사람의 결사체, 재단법인은 자금, 재산이 주체인 법인이다.

구영식　이번 인터뷰에서는 '비영리 공익법인'을 공익법인('공익재단'으로도 불린다)으로 부르겠다. 대기업(재벌)은 왜 공익법인을 만드는가?

안원구　대기업뿐만 아니라 재력가들이 공익법인을 많이 만든다. 공익법인은 본래 독지가들이 사재를 풀어서 장학재단, 사립학교재단, 문화재단, 복지재단, 의료재단 등을 만들어 많은 사람들이 그 혜택을 볼 수 있도록 한 것이다. 공익법인은 고유목적사업이 있는데 그 일을 하기 위해서는 재원이 필요하다. 처음에는 대기업이나 재력가들이 필요한 재원을 출연해 공익법인을 설립·운영하지만 계속 운영자금이 들어가는 경우 고유목적사업을 위해 공익법인에서도 수익사업체를 운영할 수 있다. 그런데 수익사업 자체는 영리사업의 영역이므로 영리사업 부분은 세금을 내야 하지만 수익사업의 이익금을 공익법인에 기부하면 세금을 부과하지 않는다.

그러나 사실상 사회문제가 되는 공익법인은 공익사업을 가장해서 세금없이 부를 변칙적으로 세습하는 경우다. 재벌이나 재력가가 재산을 출연해 공익법인을 설립하고 재단 이사장이 된 후 재단 이사장 자리를 자녀에게 물려주면 상속세나 증여세를 내지 않고도 재산을 물려줄 수 있다. 일반적으로 부모가 자녀에게 재산을 물려주면 상속세(혹은 증여세)를 내야 하는데 공익법인의 재단 이사장 자리를 물려주면 상속세를 내지 않는다. 그래서 의료재단, 장학재단, 문화재단 등의 이사장 자리를 자녀들에게 물려주는 경우가 많다.

공익법인이 고유목적사업을 할 수 없게 되면 청산절차를 거쳐서 법인의 재산은 국가가 환수한다. 그러나 고유목적사업을 계속 하는 동안은 법인에서 운영과 재산에 대한 권리를 계속 갖는다. 대대손손 자식들에게 재단 이사장을 물려주면 상속세 없이 계속 부를 물려줄 수 있게 된다는 뜻이다. 한마디로 공익법인을 변칙적인 부의 세습 수단으로 이용하는 재벌이나 재산가들이 많다는 말이다.

구영식　관련법 규정은 어떻게 돼 있나?

안원구　공익법인마다 소관 부처가 있다. 예를 들면, 의료법인은 보건복지부, 문화재단은 문화체육관광부, 장학재단은 교육부에서 담당한다. 고유목적사업에 따라 그 소관 부처에 공익법인 설립을 신고하고 허가받는다. 보통 공익법인 설립을 허가받기까지 몇 달이 걸리는데 최순실과 관련돼 있는 K스포츠재단과 미르재단은 문화체육관광부에서 하루 만에 법인 설립을 허가했다. 특혜를 준 것이라고 볼 수밖에 없다. 공익법인의 재산은 기본재산과 보통재산으로 나뉜다. 기본재산은 팔수 없고, 움직일 수도 없는 반면 보통재산은 재단을 운용하면서 쓸 수 있는 재산이다. K스포츠재단과 미르재단의 경우 기본재산과 보통재산의 비율이 처음에는 9 대 1로 돼 있었는데 이것을 8 대 2로 바꾸었다. 움직일 수 없는 기본재산을 줄이고 운용이 가능한 보통재산을 늘려서 빼먹으려고 한 건 아닐까?(웃음)

구영식　공익법인은 어떤 법의 적용을 받고 있나?

안원구 비영리법인은 민법의 규정을 따르고, 공익법인은 공익법인 설립에 관한 법률에 따른다. 그리고 공익법인의 운영유지에 필요한 재원을 만드는 수익사업체는 영리법인으로 세법의 적용을 받는다. 이렇듯 공익법인 밑에서 수익사업체를 운영할 수 있되 수익사업체는 국세청 관리소관이고 재단법인의 관리주체는 해당 부처이다. 수익사업체에서 나온 이익금을 전부 공익법인에서 쓰면 국세청이 관리할 필요가 없다. 기부금으로 인정하기 때문이다.

구영식 그렇다면 제도를 악용하는 경우도 있겠다.

안원구 공익법인 관리부서가 일원화되어 있지 않다 보니 이러한 제도적 책임범위를 악용하는 사례가 적지 않다. 비영리 공익법인으로 허가를 내고 공익법인 운영을 위한 수익사업을 한다는 명분으로 영리사업을 하는 A공익법인이 있다고 하자. A가 관리주관부처에 영리사업의 수익금 전부를 공익법인 운영에 썼다고 보고하면 국세청은 A가 운영하는 영리사업체를 비영리사업으로 인식해서 현실적으로는 제대로 과세하지 않는다. 수익사업체의 이익금은 모두 공익법인에 기부된다고 보기 때문에 국세청 관리의 사각지대가 발생한다. 소관 부처에서는 고유목적사업에 쓰는 돈이 들어왔으니까 고유목적사업을 소홀하게 관리한다. 수익을 관리하는 부처는 국세청, 수익을 목적사업에 쓰는지 여부를 관리하는 것은 주무부처로 이원화돼있다 보니 생기는 문제다. 국세청에서는 '소관 부처에서 잘하겠지' 하고, 소관 부처에서는 '국세청에서 잘 보겠지' 하는 동안 돈은 빠져 나간다.

구영식 좀 더 구체적 사례가 있나?

안원구 대표적인 유형은 공익재단에 돈을 출연한 설립자나 출연금을 기부한 사람에게 재단 이사장 권한을 주는 것이다. 그런 다음 재단 이사장을 자식이나 가족에게 계속 물려주면 대대손손 재단을 실질적으로 소유하고 관리할 수 있다. 또 다른 유형은 매매의 대상이 될 수 없는 재단을 편법으로 매매하는 경우이다. 공익재단은 주식매매를 통해서 소유권과 경영권을 넘길 수 있는 주식회사와는 달리 매매할 수 없도록 되어 있다. 재단은 고유목적사업이 끝나면 국가로 귀속된다. 그런데 재단이사장을 교체하는 방식으로 이사장 자리를 넘기고 뒤로 매매대금을 받는 식의 불법거래가 이루어진다.

재단이사장에게는 이사 구성권이 주어지기 때문에 뜻이 맞고 말이 통하는 사람을 재단 이사로 임명해 재단을 좌지우지할 수 있다. 공익법인의 이사는 5명 이상 15명 이하로 주무관청의 허가를 받아서 정할 수 있다. 특수 관계자들도 몇 명 넣을 수 있는 이사 구성권을 행사해 재단을 자기 손아귀에 넣는다. 공익재단의 이러한 거래는 국세청의 관리범위 밖이다. 특히 사학재단에는 국가예산도 지원되는데 그 예산의 적정 사용 여부는 교육부 감사대상이다. 하지만 전반적인 문제를 총괄해서 감사하는 정부기구가 없다 보니 관리에서 상당한 사각지대가 존재한다. 재단의 비리는 이외에도 너무 많아 열거하기 힘들 정도다.

구영식 공익법인에 출연된 자산에 상속세나 증여세를 부과하지 않는데 왜 그런가?

안원구 공공의 이익을 위한 사업에 쓰일 목적으로 출연하는 자산이니까 상속세나 증여세를 부과하지 않는다. 법적으로 자식에게 주는 것은 아니지 않나? 그래서 세금 부과 대상에서 빠진다. 이러한 제도적 특성을 상속세(증여세)를 회피하는 수단으로 악용하는 것이 문제다. 삼성에도 문화재단 등 여러 재단이 있고, 이명박·박근혜 전 대통령도 각각 재단을 만들었다. 박근혜의 재단은 성격을 달리하므로 다시 설명하기로 하고, 일단 재단이 만들어지면 관리의 사각지대에 놓이니까 그것을 이용해서 대를 이어 상속한다. 이는 재벌이 주로 이용하는 방법이기도 하다. 재단이 상속세 회피수단이 된 거다. 카네기재단, 록펠러재단 등 외국도 크게 다르진 않다.

구영식 공익법인과 공익법인에서 운영하는 영리법인 간에는 필연적인 법적 연결고리가 있나?

안원구 수익사업체를 재단의 정관에 명시해두고 사업자등록을 하면 수익사업체로 등록된다. 수익사업을 통해 얻은 수익 전부를 고유목적사업에 사용하면 수익사업체의 이익 전부를 비과세로 처리할 수 있다. 공익법인과 비영리 재단법인은 비영리법인이기 때문에 통상 세금 부과가 없다고 생각하는데, 그렇지 않다. 공익법인의 수익사업체라고 하더라도 그 수익금이 공익목적에 사용되지 않는다면 과세 대상이다.

구영식 '비영리 공익법인' 하면 일반적으로 장학재단을 생각한다.

안원구 제대로 된 공익법인으로서의 장학재단 기준에 맞추려면 불특정 다수에게 장학금을 줘야 한다. 그러나 대부분의 공익법인 장학재단을 자세히 들여다보면 장학금을 주는 대상에 조건을 달고 있다. 퇴직 경찰관들의 모임인 '경우회'가 장학재단을 만들었는데 경우회 산하에 수익사업체가 있어서 수익이 나면 그 수익의 일부를 장학재단에 준다. 그런데 경우회 회원 자녀들에게만 장학금을 준다. 경우회 장학재단은 공익법인이므로 불특정 다수를 대상으로 장학금을 지급해야 하는데 대상을 특정해 장학금을 지급한 것은 엄밀하게 보면 공익법인의 요건에 맞지 않는다. 만약 경우회 산하 수익사업체에 과세해 그 세금을 정부가 쓴다면 불특정 다수에게 혜택이 가지 않겠나. 이렇듯 특정집단에 혜택을 주기 위해 세금을 내지 않아도 된다고 하면 원래의 목적에 부합하지 않는다. 실제로 이런 사례가 많다.

구영식 다른 사례도 있나?

안원구 문화재단을 만들어놓고 기업을 홍보하는 목적으로 활용하는 데도 세금 부과 대상에서 빠지는 경우다. 재벌기업들 중 사회공헌을 명분으로 공익재단을 만들어놓고 광고를 매개로 언론을 쥐락펴락하는 사례도 있다. 재벌기업의 공익재단이 언론에 기업광고를 내다가 그 언론사와 이해가 충돌하면 광고를 끊어버리는 것으로 압박해 언론을 통제하기도 한다. 또는 기업에 불리한 기사를 빼는 조건으로 광고와 맞바꾸기도 한다. 이렇게 무늬만 공익법인인 재벌기업의 공익법인 악용 때문에 재단법인에서 누수되는 세수가 많다.

새 정부에서 제대로 된 공익법인을 만들고 운영될 수 있도록 공익법인제도를 재정비해야 한다. 고유목적사업에 맞게 운영되는지, 수익사업에서 나온 이익이 다른 데로 누수되지는 않는지 등을 제대로 관리해야 한다. 소관 부처와 국세청으로 이원화되어 관리되다 보니 어느 쪽에서도 제대로 관리하지 않는다. 노무현 정부 때 국세청에서 관리하는 방안을 검토했지만 미완성으로 끝난 것으로 알고 있다.

재벌의 변칙 세습

구영식　대기업이 공익법인의 본래 취지를 악용하고 있는데 이를 막을 방법은 없나?

안원구　새로운 정부에서 공익법인 관리체제 전반을 재정비하고 관리 부서도 신설해서 제대로 관리해야 한다. 그러면 세수 누수뿐만 아니라 예산 절감의 효과도 얻을 수 있다.

구영식　법적인 소유권만 없을 뿐이지 공익법인에 출연된 자산은 결국은 재벌 2, 3세들의 재산 아닌가?

안원구　공익법인의 법적인 소유권은 사실상 국가다. 공익법인으로 운영되는 동안은 재단의 소유이지만 궁극적으로 청산 단계에 가면 국가가 환수하도록 법으로 규정되어 있다. 그러니까 재단은 운영권만 갖고 있는 셈이다. 처음에는 공익법인을 만들 때 원래 취지대로 운영하라고 공익법인 설립에 기여한 사람들에게 운영권을 준다. 그런데 현재 국내에 설립된 공익법인 설립자들과 그 자손들은 대부분 그것을 마치 자기 재산처럼 생각하고 운영한다. 웬만한 공익법인 하나 없는 재벌은 없을 정도다. 공익법인을 허가해주는 원래의 취지에 어긋나게 운영되는 재단이 부지기수인 현실이 심각하다.

구영식 재벌들이 공익법인에 재산을 기부·출연하거나 공익법인이 계열사 주식을 취득하는 등의 방법으로 부를 물려주는 사례도 많다.

안원구 알려진 것으로는 대표적이다. 이재용 부회장이 삼성생명재단, 삼성문화재단의 이사장으로 취임해 두 재단이 보유한 삼성생명 주식을 보유하면서 삼성경영권 승계 작업이 시작되었다고 볼 수 있다. 이재용이 금융지주회사격인 삼성생명의 최대주주가 되고, 산업부문의 지주회사격인 삼성전자의 최대주주가 되기 위해 국민연금을 이용하려다가 생긴 사건이 최근 대통령 탄핵사태까지 몰고 오지 않았나. 결국 재단을 이용하여 경영권을 승계하고 금산분리 문제까지 폼 나게 해결하려고 금융지주와 산업지주로 분리해 그룹 지배권을 가지려다가 생긴 사건이다. 공익재단이면 국가재산인데 관리권(운영권)을 주니까 자기 소유라고 생각하고 무리하게 경영권 승계 작업을 진행하다가 벌어진 일이다.

구영식　공익법인 자산은 대기업이나 재력가 재산이 아니라 국가 재산이라고 생각하고 운영해야 한다?

안원구　그렇다. 당장 상속(증여)세를 내지 않아도 되니까 부유층 사람들이 재단을 만드는 데 급급한다. 재력가가 자식에게 재산을 물려주면 최대 50%의 정도의 상속(증여)세를 내야 하지만 재단을 설립해서 재단이사장 자리를 물려주면 세금도 내지 않고 실질적으로 재단을 운영할 수 있으니까. 새 정부에서는 공익재단을 관리하는 체계를 새롭게 정립해야 한다. 지금까지 설립된 공익법인들도 문제가 많고, 새롭게 공익법인을 만들 때도 원래 법 취지에 맞게 유지되도록 해야 한다. 편법 상속, 변칙 상속을 통한 부의 대물림을 완전히 단절해야 한다.

구영식　돈을 낸 주체들로 이사장 등 재단 이사진을 구성하니까 그런 것 아닌가?

안원구　재단 이사장과 이사진을 특수 관계자들로 모두 다 구성하지는 못하도록 규정하고 있다. 하지만 법에 규정된 '특수관계인'의 범위 밖에 있지만 출연자가 원하는 대로 움직여줄 사람들이 이사진으로 들어갈 수 있다. 사적 운영이 가능하게 하는 방식이다. 구속 위기를 벗어나기 위해 이건희 회장이나 정몽구 회장이 사회공헌기금으로 공익법인에 출연한 적이 있다. 이 경우에도 재단의 이사장을 아들에게 물려주면 사회환원이라는 명분은 퇴색한다. 실제로는 증여세를 내지 않고도 아들에게 상속하는 셈이다.

구영식　계열사 주식을 공익법인이 취득하기도 하고 재벌 총수가 해당 기업의 공익법인에 기부하기도 하는데 이것도 변칙적인 부의 세습으로 볼 수 있지 않나?

안원구　그렇다. 삼성 이재용 부회장이 이건희 회장 유고 후에 가장 먼저 삼성생명공익재단과 삼성문화재단의 이사장 자리를 승계했다. 이 말은 삼성생명이 삼성그룹의 금융지주사가 될 것에 대비해 삼성생명의 주식을 보유하고 있는 두 공익재단의 이사장 자리를 급히 확보한 것이다. 이건희 회장의 재산이 2016년 기준 약 20조 원이라고 공개되었는데 이재용 부회장에게 상속 또는 증여하면 최고 50%를 세금으로 내야 한다. 그런데 이재용 부회장이 두 공익재단의 이사장으로 승계된 시점이 2016년 이전인 것을 감안하면 20조 원보다 훨씬 더 많은 재산을 이건희 회장으로부터 상속받는다는 의미이다. 이건희 회장의 재산은 공개된 20조 원 외에 각 재단에 주식 등 다양한 종류의 재산으로 구성되어 있다. 각 재단의 재산이 얼마인지 평가할 수는 없지만 한 때 삼성전자 주식의 시가총액보다 많다는 설도 있었다. 이렇듯 공익법인이 계열사 주식을 가지고 의결권 행사를 통해 경영권을 승계할 수 있기 때문에 재단 이사장을 누가 맡느냐는 중요한 문제이다.

구영식　부를 변칙적으로 물려주는 방식이 기업지배구조를 만드는 방식으로 활용되기도 하겠다.

안원구　기업의 지배구조를 만들기 위해 다양한 방법이 동원된다. 삼성의 경우 이병철 선대회장에서 이건희 회장으로 넘어갈 때 실권주를 이용했다. 그런데 이건희 회장에서 이재용 부회장으로 넘어가는 과정에서는 재단법인을 이용하고 합병(제일모직-삼성물산) 등 금산분리된 지주회사를 통해 그룹 지배구조를 만들려고 시도했다. 결국 합병을 시도하는 과정에 국민연금이 개입했고, 뇌물제공 혐의로 검찰수사가 진행되면서 현재는 답보 상태이다. 이런 문제가 불거지면서 재단법인이 가지고 있는 계열사 주식은 의결권을 행사할 수 없도록 국회에서 법제화하려는 움직임이 있다. 그러면 재단 이사장은 재단이 보유한 계열사 주식 의결권을 마음대로 행사할 수 없게 된다.

구영식 결국 공익법인이 변칙상속과 변칙증여 등 불법의 온상인가?

안원구 현실에서는 대부분 공익법인이 변칙적으로 부를 대물림하겠다는 설립 목적을 가지고 시작됐다고 해도 과언이 아니다. 최순실 일가의 재산을 추적하는 과정에서 재단법인을 설립해 자금은닉 창구로 활용한다고 의심되는 경우도 있었다. 공익재단에 자금을 넣어놓고 고유목적사업에 사용하는 것처럼 포장하여 자금을 은닉하는 것이다. 하지만 국세청이나 소관 부처에서는 공익법인이라는 이유로 엄정하게 보지 않는 것도 현실이다. 이러한 현실 때문에 공익법인을 자금세탁 창구로 활용할 수 있는 것이다. 공익법인 관리를 이원화해 놓은 상황에서는 관리의 사각지대가 존재할 수밖에 없고 불법과 탈법의 온상이 된다.

구영식 공익법인 내부에 감사기능이 있지 않나?

안원구 물론 감사제도가 있다. 그러나 감사도 재단 이사장이 임명하기 때문에 감사제도는 형식에 그치고 사실상 한통속인 경우가 많다. 그러므로 목적이 공익에 있지 않은 공익법인은 실질적인 내부감시 기능이 없는 것과 마찬가지다.

구영식 최근 박근혜 전 대통령이 재단을 만들려고 한 시도도 재벌의 행태와 같나?

안원구 한마디로 얘기한다면 박근혜·최순실이 권력을 동원해 대기업 출연금으로 미르재단, K스포츠재단을 설립해서 재단 이사장 권한을 가지려고 한 것이다. 일반적으로 재벌이나 재력가들이 재단을 설립하는 것은 상속세(또는 증여세)를 회피하기 위한 목적인데 박근혜·최순실은 이들 재단을 설립하기 위해 대기업의 돈을 출연받았으니 탈세를 목적으로 한 것은 아니다. 그러나 재단 이사장 자리를 확보할 목적으로 그 기업들이 요구한 것을 해결해주고 돈을 출연하게 한 것으로 봐야 한다. 자연스럽게 전두환 전 대통령 시절에 만들어진 일해재단이 연상된다. 재단의 아이템이 무엇이냐는 차이만 있을 뿐 그 수법은 매우 유사하다. 당시에 일해재단 사건이 얼마나 시끄러웠나. 그런데도 그 수법을 답습하려 한 점이 놀랍다.

물론 대기업은 공익사업에 돈을 기부할 수 있다. 그러나 대통령에게 대가를 바라면서 재단에 돈을 출연했다면 뇌물로 규정할 수 있다. 재단에 출연된 760억 원을 출연 기업에서 어떤 형식으로 회계처리를 했는지, 그 돈의 출처가 어디인지도 봐야 한다. 대기업 입장에서는 강요에 의해 출연했다고 주장하지만 실상은 '대가성 기부금'이라는 합리적 의심이 불가피하다. 기부금으로 처리했는데 뇌물죄가 인정되면 그것은 자기 이익을 위해 뇌물을 공여한 것이니까 비용으로 처리할 수 없다. 예를 들어서 롯데그룹의 경우 면세점 허가를 얻어내기 위해 돈을 출연한 것으로 밝혀지면 기부금으로 인정할 수 없기 때문에 비용으로 인정받을 수 없다는 뜻이다. 특검으로서는 최선의 수사를 했지만 인원과 시간의 제약 때문에 수사가 심도 있게 이루어질 수 없었을 것이다. 따라서 박근혜·최순실 국정농단 사건은 현실적인 방안을 찾아서 추가적인 심층 수사가 더 이루어져야 한다.

삼성생명공익재단

구영식　삼성을 사례로 공익법인 문제를 더 얘기해보자. 삼성의 공익법인으로는 삼성생명공익재단과 삼성문화재단, 삼성복지재단이 있고, 그 가운데 삼성생명공익재단의 규모(약 1조 원)가 가장 크다. 그런데 삼성생명공익재단 이사장이 이건희 회장의 장남 이재용 부회장이다. 이것은 어떤 의미인가?

안원구　재단 이사장 자리를 물려받는 것은 사실상 재단이 소유하고 있는 다른 계열사의 지분도 다 승계받는 것과 같다. 상속재산 목록에는 빠져 있지만 재단 이사장 승계를 통해 상속세를 내지 않고 아버지의 부를 상속받은 것이다.

구영식　민법에 공익법인 관련 조항이 생긴 이후로 거의 모든 대기업들이 이런 방법을 쓰고 있다고 보면 되나?

안원구 대부분의 재벌기업은 이런 방법으로 승계받고 있다. 사회 문제로 부각된 경우가 삼성이고, 아직 이슈가 되지 않았을 뿐 다른 재벌도 이런 방식으로 대물림해오고 있다. 중소기업도 세금을 내지 않고 재산을 자식들에게 물려주기 위해 같은 방법을 종종 쓴다. 듣기로는 호암미술관과 리움미술관을 운영하는 삼성문화재단은 국보급 문화재나 골동품, 미술품 등을 잔뜩 보유하고 있는데 그것들의 평가금액은 짐작이 어렵다. 골동품이나 미술품도 상속재산으로 신고하면 가격 평가를 거치기 때문에 상속재산 규모를 파악할 수 있지만, 문화재단의 소장품으로 자산화되어 있으면 규모를 노출하지 않고도 재단 이사장만 물려받음으로써 조용히 상속받게 되는 것이다. 그래서 공익재단을 이용해서 사실상 상속받는 편법이 재벌들에게 인기가 있다.

구영식 공익재단 이사장이 공익법인의 자산을 마음대로 쓸 수 있나?

안원구 원칙적으로는 재단 이사장이라고 해서 재산을 자기 돈처럼 쓸 수는 없다. 재단의 기본재산은 고유목적사업에 직접 공여되기 때문에 매각할 수도 없다. 다만 보통재산은 운영비로 쓸 수 있는 재산에 해당한다. 그러나 제도의 맹점 때문에 관리가 잘 안 되고 있다. 공익법인의 회계처리 방식은 일정한 기준이 없는 데다가 공시의무나 감사기능도 느슨하다. 그나마 기본재산은 엄격하게 관리하지만 보통재산의 경우는 관리가 느슨해 상당한 누수 가능성이 있다.

구영식 삼성생명공익재단이 삼성물산 주식을 취득했는데 재단의 자산을 이용해 계열사 주식을 취득했기 때문에 증여세를 부과해야 한다는 지적이 많았다. 이렇게 삼성이 공익재단에 옮겨놓은 주식만 3조 원어치나 된다.

안원구 증여세는 기본적으로 증여자(주는 사람)와 수증자(받는 사람)의 의사가 일치해야 부과할 수 있다. 삼성생명공익재단의 삼성물산 주식은 증여받은 게 아니라 공익법인의 재산으로 취득한 것이다. 그러므로 삼성생명공익재단의 삼성물산 주식취득은 증여세 부과 사안은 아니다. 그러나 공익법인이 소유하고 있는 주식의 의결권을 재단 이사장이 행사하는 것이 문제다. 이사장이 재단 보유주식을 관리하는 권한을 갖고 있고, 이를 통해 경영권을 방어하는 데 쓸 수도 있기 때문에 재단 보유 주식에 대해 의결권을 제한하자는 논의가 있다.

박근혜·최순실 사태에서 밝혀진 것처럼, 삼성물산이 보유하고 있는 삼성전자 주식으로 삼성전자를 지배하기 위해 제일모직과 삼성물산을 합병했다. 즉 이재용 부회장이 제일모직 주식을 보유하고 있으나 삼성물산 주식은 없었기 때문에 삼성전자의 지배주주가 되려면 삼성전자 주식을 보유하고 있는 삼성물산을 제일모직과 합병해야 했다. 이 부회장이 재단 이사장인 삼성생명공익법인에서 삼성물산 주식의 일부를 갖고 있긴 하지만 공익법인의 삼성물산 지분만으로는 삼성전자를 지배할 수 없기 때문에 제일모직과 삼성물산을 무리하게 합병하려다가 문제가 생긴 것이다. 더구나 합병과정에서 제일모직 주식은 높게 평가하고 삼성물산 주식은 낮게 평가해 최소한의 제일모직 주식으로 최대치의 삼성물산 주식을 취득하려는 꼼수까지 썼다는 것이다. 국회에서 공익법인 보유주식의 의결권을 제한하려는 움직임이 있으니까 마음이 급했던 것으로 짐작된다.

구영식 삼성그룹이 삼성생명공익재단에 옮겨놓은 주식만 3조 원어치라고 하는데 이렇게 공익법인이 기업 주식도 취득할 수 있나?

안원구 공익법인도 기업의 주식을 취득할 수는 있다. 다만 취득비율의 제한은 있다. 공익법인이 계열사 주식을 취득하면 보유주식에 대한 배당수익이 발생하는데 그 수익을 고유목적사업에 쓰면 된다. 이명박 전 대통령의 청계재단도 다스 주식을 보유하고 있다. 청계재단도 수익금이 과연 제대로 쓰이고 있는지 들여다봐야 한다.

공익재단 사용 설명서

구영식 우리나라 대기업 총수들은 왜 그렇게 하나 같이 상속세를 내기 싫어 할까?

안원구 모르겠다.(웃음) 북한의 독재자 김정은의 3대째 세습은 이해할 수 없다고 하면서 재벌들의 3대 세습에는 왜 말이 없는지 모르겠다. 우리나라의 상속세율은 최고 50%로 매우 높은 편이다. 물론 공제제도가 있긴 하지만 상속재산이 큰 자산가들에게는 '세금 반, 상속 반'이라는 뜻이다. 그러니 제대로 상속세를 낸다면 자식들에게 상속하는 의미가 없다고 생각하는 것 아니겠나. 상속세율이 이렇게 높은 민주주의 국가에서 재벌들이 3대째 부를 세습하고 있다는 것은 상식적으로 이해하기 어려운 일이다. 한마디로 이런 인식을 가진 재벌들은 상속의 개념이 아니라 세습의 개념으로 재산을 자식에게 물려주는 것이므로 그 인식이 후진적인 사람들이다. 지금처럼 부의 세습에 관대한 인식을 가진다면 4대, 5대 부의 세습이 이루어지지 않는다는 보장이 있겠나? 부끄러운 일이다. 제도가 있어도 지켜지지 않으면 무용지물이다.

구영식 지난 2001년 빌 게이츠, 워렌 버핏, 조지 소로스, 록펠러 주니어 등 120명의 기업가와 투자가들이 '책임 있는 부자Responsible Wealth'라는 단체를 결성해 조시 부시 대통령이 추진했던 '상속세 인하'에 반대한다는 광고를 〈뉴욕타임스〉 등 일간지에 게재했다. 우리나라 재벌 총수들과는 완전히 대비되는 모습이다.

안원구 그러한 태도는 결국 그 사람들의 인식에서 비롯되는 것이다. 리더의 가치는 사회적 책임의식으로 발현될 때 빛난다. 그 사람들은 사회의 리더라는 자부심을 가지고 경제활동을 하기 때문에 그렇게 할 수 있다. 그런데 우리나라 재벌은 국민들의 희생, 정부의 전폭적인 지원 속에서 탄생한 '사회적 소산물'임에도 사회적 책임의식이 없다. 인식이 선진화되지 못했다고 생각한다. 재벌은 주로 수출로 성장한 기업들이다. 수출 기업들의 성장을 돕기 위해 여러 가지 제도적 지원이 있었다. 기업이 재화를 수출하면 부가가치세에 영세율을 적용해 매입 부가가치세를 돌려주는 제도를 통해 성장을 견인하는 혜택을 줬다(반면에 수출을 안 하는 기업은 부가가치세를 모두 낸다). 또 감면 혜택도 있다. 재벌들이 감면받아 내지 않는 세금을 국민들이 대신 냈다. '국산품 애용'이라는 슬로건을 내세워 모든 국민들이 한마음으로 국산품을 썼다.

그렇게 국민이 낸 세금을 자양분으로 삼아 쑥쑥 커서 지금의 재벌이 되었다. 그런데도 재벌들은 자기들이 잘해서 기업을 키웠다고 생각한다. 우리나라에서 재벌의 '노블리스 오블리제'를 바라는 건 아직 무리다.

구영식   10조 원의 자산가로 평가받고 있는 이재용 부회장이 지금까지 자발적으로 낸 증여세는 16억 원에 불과하다. 국세청이 왜 이런 비상식적인 상황을 용납하는지 이해하기 어렵다.

안원구   법은 모든 현상이 일어난 뒤에 사후적으로 따라간다. 경제현상이 먼저 생기고 법은 그 현상을 뒤쫓기 마련이다. 삼성은 법의 속성을 이용해 사전에 대비하는 등 지능적으로 대처한다. 간단히 살펴보자. 처음 종자돈을 만들 때는 세금을 낸다. 이재용 부회장이 냈다는 16억 원은 최초 이건희 회장으로부터 받은 60억 원에 대한 증여세액이다. 이 종자돈으로 신주인수권부 사채를 취득하고, 차명주식을 가진 삼성 직원들의 실권주를 취득하는 방법으로 주식 지분을 늘리고, 기업들의 상호출자 방식으로 그룹을 지배했다. 또 승계받을 사람 명의 회사에 이익을 공여하기 위해 일감을 몰아줘 회사를 키우기도 한다. 그리고 그 비상장 주식을 상장하면 한 번의 상장차익으로 자산을 증식할 수 있다. 삼성의 경우는 특검도 받았지만 결국 법원에서 면죄부를 주는 것으로 마무리되지 않았나. 한편 일감 몰아주기의 경우에는 증여세를 부과하는 것으로 사후약방문 처방을 내렸다.

국민이 분노하는 이유는 이재용 부회장이 세금을 얼마나 냈는지에 있지 않다. 이런 편법을 총동원해 3대에 걸쳐 부를 세습하면서도 백혈병 노동자들에게는 인색하고, 편법 등 온갖 법망을 요리조리 피해가면서 부를 형성하고, 공익법인으로 포장해 부를 세습함으로써 재벌 총수라는 자리까지 오르지 않았나. 그러한 비도덕적 과정에 국민들이 분노했고, 탄핵 촛불집회 때 '이재용 구속'을 촉구한 것이다. 재벌총수 구속에 대한 국민들의 요구에는 그동안 재벌들의 행태에 누적된 분노와 불만이 포함돼 있다. 국민들이 구구절절이 설명하지 못하고 있을 뿐이다. 하지만 법으로 모든 것을 제재할 방법이 없으니 답답한 현실임을 인정하지 않을 수 없다.

구영식　비정상을 정상화해야 하는 것이기 때문에 국세청이 선제적으로 관련법 개정 등을 제안할 수 있지 않나?

안원구　물론 법을 제안할 수 있지만 기본적으로 국세청은 집행기관이다. 그리고 이 문제는 국세청만 알고 있는 사안이 아니라 많은 시민사회단체를 통해서 이미 여러 번 제기되었다. 국회에서 법을 만들고 통과하지 않으면 이 문제를 해결할 방법이 없다. 지키는 사람 열 명이 도둑 하나 못 잡는다고 하지 않나? 도둑질을 하려는 사람들은 법이 만들어지면 그 법을 어떻게 빠져 나갈지 연구한다. 자신의 이익을 도모하기 위한 편법과 불법은 끊임없이 진화한다. 그리고 자본의 힘이 그것을 뒷받침한다. 이번 박근혜·최순실 국정농단 사건에서 국가가 운영하는 국민연금이 삼성물산과 제일모직의 합병에 동의했기 때문에 경영권 승계가 가능했던 것이다. 국세청이 꼭 나서지 않더라도 모든 기관이 정상적인 판단을 하고 편법을 허용하지 않으면 충분히 막을 수 있다.

구영식　삼성은 공익법인에서 어떤 공익사업을 벌이고 있는지조차 제대로 언론에 공개하지 않고 있다.

안원구　공익법인의 정관을 보면 고유목적사업을 명시하고 있다. 그러나 일반 시민단체나 민간 감시단체에서 공익법인의 정관이나 이사구성 등을 열람할 수 없는 것이 현실이다. 공익법인들이 어떤 공익사업(고유목적사업)을 벌이고 있는지를 열람할 수 있어야 한다. 홈택스를 통해 결산서류는 열람할 수 있으나 결산공시 내용만으로는 이들의 편법이나 불법행위를 제대로 파악하기 어렵다. 공익법인의 재무상태 공개기준이 명확히 마련되어 있지 않기 때문이다.

구영식　심지어 삼성 임직원 어린이집 운영, 삼성노블카운티(고급 노인 거주지) 등이 공익사업이라고 주장하는데 과연 이것을 공익사업이라고 부를 수 있는가?

안원구　공익사업이라면 그 혜택이 불특정 다수에게 가야 한다. 공익법인은 국가에 세금을 내지 않고 만들어진 단체다. 하지만 삼성 등 대부분의 기업들은 공익법인사업을 회사 홍보, 직원 복지에 이용하고 있다. 공익사업이라고 포장해 회사를 홍보하고 자기 직원들에게 복지혜택을 주는 것이다. 이것은 엄밀히 말하면 공익이 아니라 사익을 위한 행위이다. 예를 들어 공익사업의 혜택을 삼성 임직원들만 누리면서 이를 위한 세금을 내지 않았다면 탈세행위로 봐야 하지 않겠나. 공익법인의 고유목적사업이 공익이 되려면 어떤 특정 그룹에 한정하지 않고 불특정 다수에게 골고루 혜택이 가야 한다. 공익법인의 고유목적사업을 제대로 검토하고 목적에 맞게 사용되는지 조사해서 바로잡는 일이 시급하다.

구영식 장학, 문화, 복지, 의료, 교육 등의 공익법인들이 본래의 목적사업에 맞도록 자산을 쓴다면 정부에서 관련 분야에 예산을 덜 투입해도 되는 장점이 있겠다.

안원구 그렇게만 된다면 정부가 해야 할 몫을 상당히 줄일 수 있다. 예산 절약뿐만 아니라 세금 누수도 막을 수 있다.

구영식 학교를 운영하는 법인도 학교법인이 아니라 종교법인으로 돼 있는 경우가 많다. 왜 그런가?

안원구 실제로 학교법인의 상당수가 고유목적사업을 종교 교화로 표방하고 있다. 종교공익법인이 대학을 보유하고 있는 경우가 많다. 서강대, 동국대, 카톨릭대 등의 대학은 학교법인이 아니라 종교공익법인으로 되어 있을 것이다. 학교법인이 아니라 종교 교화를 목적으로 한 공익법인이 대학을 운영하고 있는 경우이다. 또 대구의 매일신문사는 카톨릭재단에서 운영하고 있다. 이 종교재단의 수익사업체가 〈매일신문〉이라는 언론사다. 이렇듯 '종교재단=학교재단'인 사립학교가 유독 많은 것도 눈여겨 볼 대목이다.

구영식 　대학들이 운영하는 의료법인은 돈벌이에 혈안이 돼 있다.

안원구 　대학이 병원을 가지고 있는 경우가 많다. ○○대학병원이라고 불리는 병원은 대부분 특별법에 의해서 설립되므로 비영리 의료법인 이다. 아마도 대학병원에서 돈벌이에 혈안이 되어 있다고 보는 시각은 진료비 부담이 크다고 느끼기 때문일 것이다. 비영리 학교법인에 속한 병원도 비영리법인이기 때문에 영리를 목적으로 한다고 할 수는 없다. 그러나 병원을 확장하고 규모를 키우려는 욕심에 의료수입 증대에 힘 을 쓴다든가, 그 외 재단의 영리 자체에 목적을 둔 수익사업에 치중하 는 것이 현실이다. 통상 환자들은 병을 고쳐주는 곳이라는 신뢰를 가 지고 병원을 찾아가는데 최근 들어 병원들이 과잉 검사나 수술 등을 권유해 환자를 담보로 돈벌이를 하고 있다고 비춰지고 있다.

구영식 　공익법인을 활용해 편법적으로 탈루한 세금이 상당할 것 같다.

안원구 　우선 설립하면서 국가재정 수입의 한 축인 상속세나 증여세 가 누수된다. 예를 들어 상속 재산이 1조 원이면 최대 5000억 원의 상 속세로 세수가 늘어나야 하는데 세금이 들어오지 않는다. 뿐만 아니라 공익으로 포장해 실질적인 사익을 채우는 방법으로 탈루되는 세금도 수치화할 순 없지만 상당할 것이다.

국정농단 재산환수

구영식   특검과 야당 등에서 최순실 재산을 추적하고 있고, 거기에 직접 참여하고 있는 것으로 안다. 최순실 일가가 해외로 빼돌린 재산은 어느 정도인가?

안원구   아직까지 최순실 일가의 재산 규모가 얼마인지 확정지을 수는 없다. 다만 최씨 일가의 기업 대부분이 위장기업인 페이퍼 컴퍼니이고, 차명 부동산을 비롯해 국내외에 은닉하고 있는 재산까지 합치면 상상을 초월할 만큼 많을 것이다. 내가 현재까지 파악한 바로는 국내와 해외에 위장기업을 설립해 두고 자금을 세탁해서 해외로 빼낸 다음에 차명으로 부동산을 취득해서 관리하고 있는 것으로 추정된다. 국내에서는 조력인들을 통해 위장기업이나 펀드형태로 사업을 확장하고 있어서 조사를 통해 금융자료를 확보하기 전에는 재산규모를 확정할 수 없다. 일부는 해외에서 국내로 다시 자금이 유입되는 정황도 있는데 이는 국내에 들어온 검은머리 외국인 자금(외투자금)으로 바뀌어 있는 것으로 의심된다. 조사권과 수사권 없이 정보와 자료를 근거로 추적할 수밖에 없는 상황이기 때문에 현재로서는 정확하게 금액으로 환산하기는 어렵다.

구영식 최순실 일가의 재산은 최소한 3000억 원에 이르는 것으로 알려졌다.

안원구 지난 3월 초 박영수 특검이 발표한 최순실 일가의 재산이 그렇다. 사실 특검이 최씨 일가 재산까지 파악하기에는 수사의 범위에 비해 시간적, 인적 조건이 너무 제한되어 있었다. 특검이 밝힌 최순실 일가 재산 규모는 국세청에 신고된 신고가 기준의 부동산과 금융자산을 합해 총 2,730억 원 정도라는 것이다. 최씨 일가가 국세청에 신고한 개인 명의의 부동산과 금융자산이 그렇다는 것이지 법인이 소유하고 있는 재산이나 차명으로 되어 있는 부동산과 현금은 아직 파악도 못했다.

구영식 그래서 최순실 일가의 재산이 10조 원 대에 이른다는 이야기도 나왔다.

안원구 그 이상일 수도 있다고 생각한다. 통칭 최순실 일가 재산이라고 부르지만 사실 그 재산의 연원은 박정희 전 대통령 시절로 거슬러 올라가야 한다. 미국 의회 하원의 국제관계소위에서 한국 정부 로비스트인 박동선 씨 의회로비 사건(일명 '코리아게이트') 청문회가 1978년에 열렸다. 청문회에서 박정희 정권의 비자금 형성과 은닉실태를 보고서 형태로 남겼는데, 그 보고서가 '프레이저 보고서Fraser Report'라고 불린다. 이 보고서에 따르면, 현재가치로 환산하면 몇백 조 원에 달하는 엄청난 규모의 비자금이 스위스 계좌에 은닉되어 관리되고 있었다. 또 최태민 씨가 관리하던 비자금만 해도 그 당시 3000~4000억 원 규모라고 한다. 또 특정 종교단체를 통해 은닉되고 관리되는 있는 것으로 의심되는 자금까지 합하면 그 규모는 상상을 초월한다.

'프레이저보고서'에 적시된 것 외에 월남전 참전용사의 참전수당까지 해외로 빼돌렸다는 것인데 그 모든 것을 포함하면 현재 가치로는 천문학적인 숫자에 이를 것이다. 또 일부 종교단체에서 그 자금을 관리하고 있는 정황도 보인다. 오랜 기간에 걸쳐 재산이 은닉되고 형성되는 과정에는 일부 재벌들이 연결돼 있는 정황도 있다. 내게 조사권이 주어진다는 가정 하에 현 시점에 스위스은행에서 관리되고 있던 소위 통치자금의 흐름을 확인해볼 수 있다면 규모의 일단을 파악할 수가 있을 것 같다. 외국은행을 통해 움직이고 있는 자금들은 수사권이나 조사권 없이는 실상을 파악하기 어렵다.

구영식　최순실 일가는 어떤 방법으로 해외에 재산을 빼돌려 은닉하고 있나?

안원구 　처음 은닉재산 찾기에 집중했던 곳은 독일이다. 독일에는 진보언론이 만든 '머니하우스'라는 기업정보 사이트가 있는데 그 사이트를 통해 최순실 일가의 해외재산 정보를 많이 수집할 수 있었다. 또한 독일 교포들의 제보도 많은 도움이 되었다. 특히 최순실 차명재산 의혹을 확인할 수 있도록 결정적인 정보와 자료를 제공해 준 독일 현지 사업가 교포 A씨의 도움이 컸다. 최순실은 독일에 1992년도부터 유벨이라는 회사를 시작으로 유한회사GmbH를 수백 개 만들어 놓았다. 한국 회사에서 주로 그 회사들로 자금이 나간 것으로 보이는데, 한국 회사와의 무역거래로 위장한 정황도 있고, 한국 법인이 독일에 투자해서 독일 법인을 만들기도 했다. 투자금 혹은 거래대금 명목으로 돈을 보낸다. 그렇게 독일에 자금이 모이면 외형상으로는 호텔, 식당, 액세서리 등 다양한 업종으로 위장 운영하면서 실제로는 부동산을 은닉하고 있다고 추정된다. 어떤 경우는 식판을 만드는 플라스틱 회사로 위장해 놓기도 했다. 이 회사는 제조업으로 등록되어 있는데 실제로는 임대업을 하는 회사로 의심된다. 이렇듯 독일에서 내가 확인한 최순실의 차명 의혹 부동산들은 대부분 호텔, 부동산 임대, 식당 등이었다.

1990년대 초에 본격적으로 자금이 나가고 들어온 정황도 파악했다. 해외에서 자금이 들어 온 사례 중 하나로 크레딧스위스은행에서 국내로 자금이 유입된 사례가 있다. 1994년에 'D정밀' 이라는 기업이 스위스로부터 해외전환사채 발행에 성공한다. 전환사채는 나중에 일정한 조건에 주식으로 전환할 수 있는 채권이다. 'D정밀'은 중소기업이며

정일권 국무총리의 사위가 회사 대표를 맡고 있었다. 해외에 많이 알려진 기업도 아닌 한국의 중소기업이 1990년대 초반에, 세계 2위 규모의 거대 투자은행으로부터 500억 원이나 되는 해외전환사채 발행에 성공했다는 것은 이례적인 일이다. 여러 정황상 이 500억 원의 자금원천에 의심이 가는 부분은 조사를 통해 확인해야 할 사안이다.

또 다른 갈래는 부동산인데, 부동산 역시 1990년대 초부터 독일에 본격적으로 은닉한 것으로 의심된다. 1990년 베를린 장벽 붕괴로 시작된 독일통일이 계기가 아닐까 추정해본다. 통일 전 동독의 땅값이 통일된 이후에 대폭 오를 것으로 예측할 수 있었기 때문이다.

국내에서도 별반 다르지 않다. 1998~1999년 한국에 IMF 환란이 왔을 때 외환이 부족해 '전 국민 금 모으기 운동'을 벌인 적이 있었다. 그 시기엔 외환이 부족해서 외환가치가 엄청 높았었는데 그때 돈이 국내로 대거 유입된 정황이 있다. 외환가치는 높고 그때까지 천정부지로 오르던 부동산은 폭락했다. 1970년대 이후 우리나라에서는 처음으로 경험하는 부동산 폭락이었을 것이다. 소위 IMF 시절엔 원화가치가 매우 낮아서 외화를 국내로 들여와서 가격이 폭락한 부동산을 구입해두면 시간이 지나 몇 배의 수익을 올릴 수 있었다. 국민들에게는 위기의 시기였지만 외국인들에게는 기회의 시기였다. 이 시기에 많은 해외 은닉 자금들이 검은머리 외국인 자금으로 둔갑해 국내의 부동산을 사냥했다.

또 환란 직후의 기업들 중에는 유동성은 부족하지만 알찬 곳이 많았다. 국가적인 경제위기 속에서 일시적인 자금난을 해소할 방법이 막혀서 시장에 쏟아져 나오는 기업들도 사냥의 대상이었다. 2000년대 중반부터 최순실 일가의 움직임을 보면 주가조작, 기업사냥에 그들의 조력인으로 보이는 사람들이 등장한다. 최근에는 최순실의 형부인 장모 씨가 홈캐스트 사건에 연루된 원모 씨와 채모 씨 등의 뒤에 있다는 언론보도가 있었다. 또 장씨의 회사로 추정되는 회사는 한때 세간을 떠들썩하게 했던 불법대출 비리사건에 연루된 'ㅂ' 저축은행의 대출자 명단에 들어 있었는데도 처벌받지 않았다. '저축은행 불법대출 비리사건' 수사는 저축은행과 짜고 불법으로 대출을 받아간 기업들을 수사해 대출금의 원천인 개인예금주들의 자금을 회수할 수 있도록 불법대출 기업들을 처벌해야 함에도 불구하고, 저축은행 몇몇 직원들만 처벌하는 것으로 끝났다.

이뿐만 아니라 최순실 일가는 국내에서 자기 주식을 사거나 소각하면서 자금을 빼내는 수법을 쓴 정황도 파악된다. 대부분 자금을 세탁하기 위한 페이퍼 컴퍼니로서, 사실 회사라고 부르기도 민망하다. 최씨 일가 자제가 베트남 쪽에 투자했다 실패한 경우가 있는데 비슷한 시기에 국내의 회사 주식을 감자해서 실패한 베트남 회사에 그 돈이 들어간 것으로 의심되는 정황도 있다.

구영식 왜 독일인가? 독일은 대체로 자금거래가 투명한 곳 아닌가?

안원구 그렇다. 독일은 금융으로 자금을 은닉하기는 쉽지 않다. 그러나 부동산이라면 경우가 달라진다. 독일에서는 유한회사를 설립하기 쉽고, 청산하기도 쉽다. 유한회사는 주식회사처럼 기업 내용을 공개해야 할 의무도 없다. 인원 3명과 3000만 원만 있으면 언제든지 회사를 세울 수 있다. 재독교포 중에는 박정희 정권에 우호적인 사람들이 많아 회사 설립에 어려움이 없었을 것이다. 독일에서는 유한회사를 설립해 합법적으로 업종과 무관하게 부동산 임대업을 해도 된다. 우리는 본점과 지점의 업종이 동일해야 하지만, 독일에서는 예컨대 본점이 음식점이어도 지점에서 부동산 임대업을 하는 것이 합법이다. 다만 금융을 숨기기가 제도적으로 어렵기 때문에 자금 은닉은 어렵다. 그런데 독일에 '머니하우스'라는 사이트가 있다는 사실을 간과한 점은 그들의 실수다. 머니하우스가 없었으면 조사권이 없는 우리가 이렇게 실체에 가깝게 접근하는 것이 불가능했을 것이다.

최순실 일가 재산은 몰수 가능한가?

구영식 최순실 일가의 재산은 아버지 최태민이나 박정희, 박근혜 전
대통령으로부터 왔다고 보나?

안원구 최순실 일가 재산은 결국 박정희 재산이라고 보면 크게 틀리
지 않을 것이다. '프레이저 보고서'에 따르면 소위 박정희 정권의 통
치자금은 석유 수입금 관련, 농산물 수입금 관련, 차관자금 사용 관련,
정치자금, 각종 원조자금 등과 월남참전 수당 일부 등을 바탕으로 형
성되어 엄청난 규모가 해외에 은닉·관리됐다. 그런데 최순실과 최태
민은 공개적으로 사업을 하거나 합법적으로 자금을 형성한 이력은 없
다. 그리고 박근혜 정권 출범 이후 최순실이 불법으로 자금을 형성한
방법도 국가예산을 빼내거나 공기업 등에 압력을 행사해 펀딩을 받아
내는 등 박정희 시절의 방식과 유사하다.

또 지금까지 여러 경로를 통해 드러난 내용으로 보면 박정희 비밀금고가 하나 더 있었다는 주장에 무게가 실린다. 전두환 대통령 시절 1톤 트럭의 절반에 해당하는 자금을 당시 노태우 보안사령관 비서실장이 박근혜 전 대통령으로부터 찾아갔다는 당사자의 진술도 있지 않았나. 최태민에게서 최순실로 넘어오는 자금과 관련한 진술도 합리적 의심을 하기에 충분히 구체적이다. 2000년대부터는 독일에 있는 최순실 조력자들이 한국과 독일에 회사를 몇 개씩 세웠다. 그 조력자들은 그런 회사를 세울 수 있는 사람이 아니어서 의심스럽다. 회계법인 출신, 상사주재원 등을 이용해 한국에서 회사를 만들고, 독일에 투자했다가 실패 형식을 취하기도 하면서 돈이 독일과 한국에 옮겨 다니는 정황이 아주 많다.

구영식   의심한 대로 최태민, 박정희한테 증여받거나 상속받은 재산이라면 증여세나 상속세를 부과할 수 있는 기간은 지나지 않았나? 세무조사도 불가능할 것 같다.

안원구   물론 공소시효가 다 지났다. 징수기간도 지났고, 세무조사도 할 수 없다. 그래서 특별법을 만들지 않으면 조사는 말할 것도 없고 사실에 접근하는 것 자체가 불가능하다. 외국에서 은닉됐기 때문에 우리나라 법이 미치지도 못한다. 국제적 공조를 통해야만 은닉재산을 찾을 수 있다.

구영식 원래 증여받거나 상속받은 재산이 불어나면 그 재산까지 세금을 부과할 수 있나?

안원구 세금 부과 측면에서 보면 원래는 최초에 증여나 상속된 재산에만 세금을 부과할 수 있다. 그런데 '친일반민족행위자 재산환수에 대한 특별법'(친일반민족행위자재산환수법)을 보면 원천재산에서 증식된 재산(혼화재산)까지도 환수대상이다. 원천재산을 운용해서 불어난 혼화재산까지도 국가가 환수할 수 있다는 것이다. 그래서 지금 더불어민주당에서 국민재산찾기특위를 발족하여 국민운동으로 '최순실일가의 부정축재재산 몰수를 위한 특별법'을 추진하고 '혼화재산'까지 환수대상에 넣자는 쪽으로 논의되고 있다.

구영식 최순실 일가의 재산을 함께 쫓고 있는 안민석 의원은 '최순실은 자신의 부정한 재산을 국외로 빼돌리기 위해서 변호사, 회계사 등 전문가부터 외국인, 교포까지 동원했다'라고 주장했다.

안원구 최순실이 아무리 능력이 출중하다고 해도 혼자서 추진할 수 있는 범위가 아니기 때문에 그렇게 얘기하는 것이다. 전문가뿐만이 아니라 실제로는 더 많은 사람이 동원됐다고 봐야 한다. 종교인까지 포함시켜야 한다.

구영식 통일교 쪽 인사인가?

안원구 특정 종교라고 못을 박지는 말자. 아무리 합리적으로 의심하기에 충분한 정황적 근거가 있다고 해도 조사과정을 거치지 않은 상태에서는 억울한 사정을 만들 소지가 있다. 시간이 좀 더 지나면 밝혀질 것이다. 국내의 다른 종교단체가 관련된 정황도 있다.

구영식 지금으로서는 최순실 재산을 국가가 몰수할 수는 없지 않나?

안원구 현행법으로 접근할 수 있는 것부터 시작해야 한다. 공소시효가 남아 있고 증거가 분명한 것부터 접근할 필요가 있다. 접근 가능한 사항부터 조사하고 재산에 보전조치를 취하고 시효가 지나서 불가능한 것은 특별법 제정부터 해야 한다. 가장 시급하게 검토하고 환수해야 할 재산은 박근혜가 실질적으로 운영하는 육영재단, 정수장학재단, 영남대학재단이다. 이 재단들은 재단 이사장이 운영권을 행사하는 공익법인이므로 소유권 조사시효는 지났다고 해도 운영권을 조사해 문제가 밝혀지면 국가가 운영권을 환수하면 된다. 원래 기부금 출연자가 헌납했다면 국가로 귀속되어 국가가 관리해야 하고, 강탈을 당했다면 사실여부를 밝혀서 처리되어야 할 일이다.

또 최순실의 조력자들이 개입한 회사로 강한 의심을 받고 있는 스포츠토토도 공익사업체인 만큼 이를 조속히 조사해서 의혹의 실체를 밝히고 조사결과에 따라 조치해야 한다. 그리고 최순실이 베트남, 미얀마, 그 외의 해외공관에 조력자들을 배치해서 벌이고 있다는 각종 사업들을 둘러싼 의혹들도 공식적인 조사권이 부여된 별도 조사위원회를 만들어서 조사해야 한다. 지금 언급한 최순실·박근혜 재산들은 현행법만으로도 추적이 가능하므로 이 의혹들을 조사하여 따라가다 보면 '자금 원천'이 나올 것이다. 공소시효가 지난 시점으로 거슬러 올라가야 하는 자금 원천에 대해서는 특별법을 제정해 끝까지 조사해서 반드시 환수해야 한다. 국민의 재산을 환수하는 일에 다름 없기 때문이다.

구영식 최순실은 일부 언론에서 수조 원대의 재산형성 의혹을 제기하자 '재산이 10조가 있다면 국가에 헌납하겠다, 원래 내 것이 아니니까 가질 게 없다'고 말했다. 이런 대응을 어떻게 보나?

안원구 그만큼 기간이 오래됐고, 재산이 차명으로 돼 있으며, 수없이 많은 형태 변화를 거쳤으니 '찾을 수 있으면 찾아봐라'는 자신감의 표현이 아닐까?

구영식 내 재산을 찾을 수 없으니 뺏을 수도 없을 것이다?

안원구 찾으면 다 가져 가라는 건 절대로 못 찾을 거라는 의도가 깔려 있지 않겠나. 실제로 최순실 재산을 추적해보니 수십 년의 세월 동안 차명으로 수없이 세탁을 거듭하고 국경을 넘나들었기 때문에 '숨은그림찾기' 수준으로 은닉해 놓은 것 같다. 최순실이 감옥 안에서 큰 소리 칠 만도 하다(웃음).

구영식 국세청, 금감원 등 국가기관이 동원되면 추적이 가능한가?

안원구 전체를 총괄할 수 있는 조사위원회가 꾸려지고 조사위에서 사안별로 국세청, 금감원, 외교부, 검찰의 협조를 받아서 조사한다면 가능하다. 국제적으로도 불법, 탈법 조사에 협조하도록 사법공조제도, 정보교환제도가 있다. 그것을 활용해서 해외기관들과 공조해서 추적하면 상당부분 찾을 수 있을 것이다. 현행법으로 할 수 없는 것은 특별법을 제정해서 추적해야 한다. 공소시효가 지난 것은 특별법을 제정하지 않으면 추적이나 재산 환수가 불가능하니까.

구영식 더불어민주당에서 최순실 일가 재산을 몰수하기 위한 특별법 제정을 준비하고 있는데, 그 특별법에는 어떤 내용이 담기는가?

안원구 기본적으로 국정농단으로 부정 축재한 재산을 찾는 조사위원회를 만들어서 재산환수 대상을 확정하려고 한다. 전부 차명으로 움직이기 때문에 실명으로만 찾아서는 나올 게 없다. 차명 재산, 법인 지분, 펀드 등 부정 축재한 재산을 환수대상으로 확정지어 재산을 보전하는 것이 중요하다. 그 다음은 환수를 위한 법적 조치를 취하는 것이다.

구영식 특정인의 재산을 환수하기 위한 특별법이 가능한가?

안원구 그 문제가 공청회에서 제기됐다. 법은 보편타당해야 하는데 특정인을 겨냥하는 것이 옳은가 하는 문제다. 그래서 특정인으로 한정하지 말자고 했다. 대통령은 국가원수로서 통치권을 갖는 사람이다. 그래서 최고의 도덕성을 요구받는다. 최고 권력을 갖고 있는 대통령과 연루되어 부정 축재했다면 그가 누구든 모든 부정 축재재산 환수대상으로 해야 한다고 생각한다. 일각에서는 특별법이라 특정인을 대상으로 해도 무방하다는 주장도 있었다.

조사하기 위해서는 압수수색, 영장청구 등의 문제가 나올 수 있다. 검찰, 국세청 직원을 위원회에 포함시킬 것이냐, 조사를 별도 기구만으로 갈 것이냐 하는 문제도 남아 있다. 특검처럼 세무조사와 금융추적 조사, 압수수색, 영장청구, 수사, 기소까지 할 수 있는 별도의 특별조사위원회를 구성해야 한다고 생각한다. 공소시효 문제는 소급 입법을 해서라도 해결해야 한다.

구영식 최순실 일가 재산을 몰수하기 위한 특별법도 생각할 수 있지만 범위를 좀 넓혀서 대통령직 등 권력을 이용해 부정 축재한 경우 재산을 국고로 환수할 수 있는 '권력을 이용한 부정축재환수법' 같은 일반법을 제정할 수도 있지 않나?

안원구 오히려 일반법으로 제정하는 것이 범위를 넓히는 것이기 때문에 국회에서 통과하기가 더 어렵다고 판단해 특별법 제정으로 방향을 잡은 것이다. 국민들은 '얼마나 많은 재산을 가지고 있느냐, 그걸 환수하지 않으면, 뿌리를 뽑지 않으면 언젠가 다시 이런 일이 생긴다'고 생각한다. 현행법 테두리 안에서만 찾으면 과거의 것들은 손을 댈 수 없다. 손을 못 대면 그 재산은 계속 움직인다. 이 순간에도 계속 움직이고 있을 것이다. 특별조사위원회 구성이 시급한 이유다.

구영식 그동안 권력을 이용해 부정하게 축재한 권력자들의 경우 얼마의 추징금을 내고 1~2년 복역한 뒤 사면받고 나와서 축적해놓은 재산을 다시 향유한다.

안원구 현재 그런 사례들이 많다. 재력만 있으면 권력을 만들 수도 있는 것이 작금의 현실이다. 박근혜를 대통령으로 만든 것도 결국 불법자금이라고 볼 수 있지 않겠나. 박근혜가 국회의원이 되는 과정에도 최태민이 관리하던 불법자금이 쓰였다고 하니 말이다. 부정 축재한 자금으로 권력을 얻고, 권력을 취득한 후에는 다시 부정한 축재를 했다. 단호하게 권력과 부정 축재의 고리를 끊지 않으면 이런 일이 대를 이어 계속될 것이다. 형사적 처벌뿐만 아니라 축재재산을 끝까지 파악해 환수해야 한다. 부정하게 축재한 권력은 돈이 남아 있는 한 다시 부활하여 탐욕의 뿌리를 계속 뻗어나갈 것이다. 법률전문가, 회계전문가, 하버드대 출신 등의 엘리트들이 최순실 일가의 부정한 축재를 도운 정황은 도처에서 발견된다. 쟁쟁한 엘리트들을 조력자로 부릴 수 있었던 힘은 '돈' 아니겠는가. 정말 국가적 차원에서 해결하지 않으면 안 되는 이유다.

구영식 최순실 일가의 부정축재를 확인하면 자금 원천을 확인할 수 있을까?

안원구 가능하다. 최순실 일가의 부정 축재로 보이지만 원천은 박정희 정권까지 거슬러 올라가는 정황이 곳곳에서 발견된다. 박정희까지 연결돼 있다면 그 부분까지 조사해야 한다. 최순실 일가 재산은 박정희 전 대통령이 대통령으로 장기집권 하는 동안 형성한 재산이 대부분인 것으로 추정된다. 박정희 정권에서 재벌이 태동하던 과정도 다시 살펴볼 필요가 있다. 그리고 최순실 일가 자금이 박정희 정권에서 형성된 것이라는 의혹이 사실로 밝혀지면 대한민국의 현대사를 새로 써야 한다. 박정희가 경제를 성장시키고 국가경제를 재건했다는 상징성도 역사적 재평가가 이루어지지 않겠나.

구영식 최순실 일가 재산 환수작업이 박정희의 낡은 유산을 청산하는 일일 수 있겠다.

안원구 박정희 전 대통령을 평가할 때 국가경제를 견인했다는 공이 그의 과에 비해 더 많이 부각되어 왔다. 박정희 정권에서 국가경쟁력을 키운다는 미명 하에 국가가 정책적으로 지원해 재벌이 탄생했는데, 끊임없이 제기되는 의혹처럼 재벌의 재산 속에 박정희 자금도 포함되어 있다면 박정희를 둘러싼 역사적 평가뿐만 아니라 재벌의 존재도 뿌리부터 흔들릴 수 있다. 일부 재벌들이 박정희의 자금을 관리해주고 있었다는 것까지 사실로 드러난다면 엄청난 역사적 사건이 아닌가. 나는 최순실 일가의 재산을 찾는 일이 권력자의 탐욕을 낱낱이 해부하는 일일 뿐만 아니라 강탈당한 국민의 재산을 찾아내고 역사적 의미를 바로잡는 것이라는 비장한 각오로 임하고 있다.

"Alcoholism," "Sex Mania"

Hidden Face Of Park Chung Hee

1976년 12월에 박정희의 3가지 문제를 지적한 주간지 〈버클리 밥〉 기사

구영식　박정희 신화 중에 근대화 신화, 부정 축재를 하지 않는 지도자 신화가 있다. 그러한 박정희 신화에 심각한 균열이 날 수밖에 없겠다.

안원구　미국의 〈버클리 밥Berkeley Barb〉이라는 한 주간신문이 1976년 12월 24~30일자 기사에서 박정희와 관련해 세 가지를 지적했다. 첫 번째는 박정희가 당시 알코올 중독으로 건강이 매우 나빴다는 사실이다. 술을 마시지 않고는 살 수 없을 정도였다고 한다. 두 번째는 육영수 여사가 살아 있을 때도 박정희는 병적으로 여색을 즐겼다고 한다. 여자 문제로 육영수 여사와 심각한 다툼이 잦았다고도 한다. 세 번째는 박정희가 통일교 신자였다는 주장이다. 돈이 곧 신이라고 생각했던 문선명이 박정희의 재산 축적을 도왔다는 내용이 나온다. 그 기사에 의하면 박정희와 통일교 재단이 불가분의 관계였다고 한다.

2부

세피아
: 전관 재취업

구영식 국세청 간부들이 사직하거나 퇴직하고 나서 대기업과 로펌, 회계법인 등에 재취업하고 있다.

안원구 재취업 자체가 문제는 아니라고 생각한다. 다만 '어떻게' 재취업해 '어떤 역할'을 하느냐가 중요하다. 국세청 출신이 국세청을 상대로 로비하는 역할로 재취업하는 것은 문제다. 각자 역량에 따라 전문성을 활용하는 재취업은 오히려 사회에 기여하는 행위일 수 있지만, 국세청 고위직 출신이기 때문에 전관예우를 한다거나 국세청에 로비하는 창구 역할을 하기 위해 재취업하는 것은 바람직하지 않다.

구영식 이러한 '전관 재취업'은 비리 커넥션을 형성할 여지가 커 보인다.

안원구　전관의 커넥션을 노리고 재취업을 권하는 경우에는 그러한 커넥션이 형성될 가능성이 높지 않겠나.

구영식　대기업과 로펌, 회계법인 등에서 국세청 간부들을 선호하는 '특별한 이유'가 있나?

안원구　기업이나 로펌이 국세청을 상대로 한 소송이 있을 수 있고, 그 외에도 규모가 어느 정도 되는 중소기업이나 대기업은 국세청을 상대해야 하는 사안이 많다. 그럴 때 국세청 네트워크를 가진 전관이 직원으로 있다면 도움이 될 것이다. 특히 고위직 출신 전관이라면 국세청에 선후배들이 이런저런 자리에 포진하고 있을 테니 그런 사람들과 인간적 관계를 활용할 목적으로 국세청 간부 출신들을 데려온다고 봐야 한다.

구영식　국세청 출신 고위직들이 다른 부처 고위직에 비해 재취업이 수월하다는 평가가 많다.

안원구　국세청 전관은 아무래도 다른 부처에 비해 그 전문성이 활용될 분야가 많아서일 것이다. 국세청은 세금을 다루는 기관이고 개인은 물론이고 대기업이든 중소기업이든 사업자라면 모두 세금과 무관하지 않다. 그만큼 기업은 기업대로, 로펌은 로펌대로 국세청과 관련된 일이 많다. 특히 로펌은 소송과 관련해 국세청을 상대해야 할 때 국세청 시스템을 아는 사람이 필요하다. 국세청 내부를 알아야 협력하거나 방어할 수 있지 않겠나. 또 세법 지식도 많으니 다목적으로 활용할 수 있다. 기업은 고문이나 사외이사로 국세청 출신 고위직을 많이 기용한다. 아무래도 세무조사 등에 대응해야 하고, 국세청 출신 고위직 인맥을 활용하고자 국세청 전관을 선호하는 것 같다.

구영식 회계법인 쪽 재취업은 어떤가?

안원구 회계법인은 직접적으로 국세청과 밀접한 관계다. 국세청 출신들이 국세청의 세무조사 기법을 잘 아니까 이들을 고용하면 효과적으로 방어할 수 있다고 보고 그들을 영입한다. 국세청 공무원은 국세공무원으로 10년 이상 근무한 사람 중에서, 5급 이상의 관리자로 5년 이상 근무하면 세무사 자격이 주어진다. 이 외에도 20년 이상 종사한 경력이 있는 사람(6급 이상이면 거의 해당됨) 중에서 직접세(소득세, 법인세, 상속세, 증여세, 토지초과소득세 등)에서만 5년 이상 종사한 경력이 있는 사람은 1, 2차로 나누어진 자격시험 중 1차 시험 전과목을 면제받고 2차 시험 중 세법학 1부와 2부 과목을 면제받는다.

구영식 세무법인에서 일하는 데 제한이 없어 퇴직 후 2~3년 동안은 세무법인에서 일하다가 결국 대기업이나 대형로펌으로 옮겨가는 경우가 많다.

안원구 재산등록 의무를 지녔던 모든 공무원은 퇴직 후에도 공직자윤리법을 준수해야 한다. 퇴직 전 5년 이내에 소속되었던 부서 업무와 밀접한 관련이 있는 기업과 일정 규모 이상의 법무법인, 회계법인, 세무법인에도 퇴직일로부터 2년 동안은 취업할 수 없다. 그래서 퇴직 후 2~3년 지나서 대기업이나 대형로펌으로 옮겨가는 것이다.

구영식 대기업과 로펌, 회계법인 등에서 가장 선호하는 직급은 무엇인가?

안원구 로펌에는 국세청 실무자 출신부터 고위직 출신까지 직급별로 전관을 영입한다. 의뢰인(납세자)들의 의뢰 내용에 따라 전관으로 접근해야 할 사안이 있고, 실무자로 접근해야 할 사안이 있기 때문이다. 로펌별로 성격이나 처지, 비용 등의 조건에 따라 선호하는 직급은 달라질 수밖에 없다. 그래서 딱히 로펌이 특정 직급을 선호한다고 단정 짓기는 어렵다.

전직 청장 재취업 브로커

구영식   지난 2015년 국감자료를 살펴보면, 국세청 고위공무원들은 대기업 사외이사로 가장 많이 진출했다. 2010년 이후부터 2015년 9월 현재까지 재취업에 나선 국세청 고위공무원은 총 12명으로 사외이사가 7명이었다. 이들의 직책은 사외이사나 감사, 고문이지만 실제로 하는 일은 '로비 창구' 아닌가?

안원구   사외이사는 기업경영에 필요한 의사결정에 참여하여 경영진에 대한 감시를 하는 게 목적인데 정말로 기업을 감시하는 사람이 들어오면 기업 처지에서는 불편할 것이다. 오히려 자리를 마련해줘 로비의 고리로 활용하려고 하는 경우도 많은 것 같다.

구영식   2016년 기업들 주총에서 국세청 출신의 사외이사 진출이 두 드러졌다.

안원구 사외이사에게는 기업 내부를 견제해서 건전한 기업이 되도록 하는 역할이 주어진다. 그런데 현실적으로는 기업이 전관을 챙겨주는 자리로 인식하고 있다. 물론 국세청 출신들은 전문성과 국세청 인맥을 갖고 있어서 사외이사로 가면 다양한 역할을 할 수 있다. 그래서 국세청 전관에게 기업 사외이사 자리가 많이 주어지는 것 같다.

구영식 게다가 사외이사 재선임에서도 국세청 출신들이 강세였다.

안원구 재선임에 강세를 보인다는 것은 두 가지로 해석할 수 있다. 하나는 이들을 아직도 챙겨줘야 하는 측면이고, 다른 하나는 이들이 아직도 활용할 여지가 많다는 뜻이다. 국세청과 기업의 관계가 밀접하다 보니 기업으로서는 다른 사외이사보다는 국세청 출신 사외이사가 직접적으로 도움이 될 수 있다. 그래서 높은 연봉을 주고 쓰는데, 이름만 걸어놓고 거수기 역할을 하는 사외이사도 적지 않다.

구영식 2016년 국세청 고위직 사외이사 재취업에서 가장 눈에 띄는 점은 전직 서울지방국세청장들의 약진이다. 33대 오대식(SK텔레콤), 34대 김갑순(CJ 제일제당), 36대 채경수(롯데칠성), 37대 조홍희(셀트리온) 전 청장이 모두 대기업 사외이사로 발탁됐다.

안원구 서울에 있는 기업들은 서울지방국세청에서 관리하니까 서울청장 출신들을 선호하는 것 같다.

구영식 이렇게 많이들 재취업하는데 본인은 왜 못했나?(웃음)

안원구 그러게. 그렇게 많이들 재취업하는데 나는 한 번도 못했네(웃음). 사실 그동안 회계법인의 재취업 제안이 없었던 것은 아니다. 그러나 나는 현직에 있을 때도 법무법인이나 회계법인에 재취업해 국세청을 상대로 로비하는 일은 하지 않겠다는 생각을 갖고 있었다. 그보다는 좀 더 총괄적인 국세청 개혁 방향을 제시하는 역할을 하고 싶었다. 지금 이 인터뷰도 국세청의 개혁 방향에 관한 내 생각을 제시하는 것이니 내가 평소에 하고자 했던 일을 하고 있는 셈이다(웃음).

구영식 2015년 국감자료를 살펴보면 2008년부터 2015년 9월 현재까지 기업에 진출한 국세청 공무원은 총 8명이었다. 주로 6급과 7급 직원들로 차장이나 과장으로 영입됐다. 6급이나 7급들이 이렇게 직장을 옮기는 이유는 무엇인가?

안원구 6급, 7급은 기업체에서 필요했을 거다. 세제 전문지식이 있고, 국세청에 근무했으면 국세행정의 메커니즘을 아니까 기업 입장에서는 매력적인 인재. 어차피 기업은 회계 관리에 밝은 직원이 필요한데 국세청 경험까지 있으면 금상첨화 아니겠나. 또 직원 처지에서도 기업에서 일하면 공무원 급여에 비해 월등히 높은 대우를 받으니 경제적으로 만족스러울 것이다. 기업이나 직원이나 서로 윈윈하는 경우다. 대체로 이런 경우는 전관예우에 해당한다기보다 실리적 상호관계다.

구영식 한상률 청장은 퇴직한 이후 미국에 체류하면서 대기업 등에서 7억 원의 고문료를 받았는데 그 과정에서 국세청 현직 간부들이 개입한 것으로 드러난 바 있다.

안원구 검찰이 기소했어야 하는데 기소조차 하지 않은 것은 봐주기 수사의 전형이다. 태광실업 세무조사로 노무현 전 대통령 서거의 원인을 제공한 후 '경주 골프 사건'으로 낙마하고 미국으로 도망간 한상률 청장이 MB정권 후반에 갑자기 귀국했다. 그리고 검찰은 자문료 의혹으로 한상률 청장을 수사하기 시작했다. 그때 내가 참고인으로 한상률 청장과 대질신문을 했었다. 의혹의 팩트는 한상률 청장이 미국에 체류하는 1년여 동안 7억 5900만 원의 자문료를 대기업들로부터 받았다는 것이다. 그러나 MB정부의 검찰은 주정업체 3곳에서 자문료 명목으로 6900만 원을 받은 부분만 뇌물수수 및 특정범죄가중처벌법상 뇌물의 공동정범 혐의를 적용해 불구속 기소했다. 나머지 6억 9000만 원 수수 혐의는 외국에 체류하면서 작성했다는 형식적인 사후보고서 하나를 자문의 증거물로 인정해 무혐의 처분했다. 검찰은 이렇게 한상률 청장에게 면죄부를 주었다.

이 인터뷰를 위해 당시의 참고인 조서들을 다시 읽어봤다. 국세청 참고인들을 향한 검찰의 질문은 한상률 비리수사 차원이 아니라 안원구의 허위사실유포를 찾아내는 것이었다. 물론 실패했지만 말이다(웃음). 2011년의 한상률 수사는 MB정권의 아킬레스건을 정리하는 차원의 '덮기수사'였다고 생각한다.

구영식　국세청 현직 간부들이 재취업의 알선책으로 나선 셈인데.

안원구　주정 생산량을 결정하는 권한을 가진 소비세과의 구○○ 과장이 주정업체에 압력을 넣어 도피 중인 한상률 청장에게 자문료 명목의 현금을 제공하도록 했다. 그러나 검찰은 구 과장이 병원에 입원해 있다는 것을 이유로 진술도 받지 않고 공동정범으로 불기소해서 한상률 청장이 재판에서 무죄를 받을 수 있도록 구성해 기소했다. 재취업 알선책이라기보다는 현직 과장이 전직 청장의 금품수수 브로커 역할을 한 셈이다(웃음).

전관예우

구영식 대형 로펌들이 국세청 간부 영입에 열을 올리는 이유는 무엇인가?

안원구 대형 로펌 의뢰인들 중에는 세금과 관련된 소송, 권리심사 청구 등 국세청 세무조사에 불복한 사람들이 많다. 그런 사람들은 사건을 의뢰할 때 로펌에 포진한 사람들의 면면을 본다. 변호사를 선임할 때 변호사와 판사의 관계를 보는 것과 같다. 그래서 로펌에서는 국세청 안에서 신망이 있었는지, 사건을 맡으면 국세청에 영향력을 미칠 만한 능력이 있는지 등을 고려해서 영입한다. 로펌계의 삼성인 김앤장에 국세청 고위직 출신들이 많이 가 있는 이유도 마찬가지다.

구영식 박원석 정의당 의원이 2015년 국감에서 공개한 자료에 따르면, 10대 로펌에 재취업한 국세청 고위직이 55명에 이른다.

안원구 로펌의 수임액을 보면 일반 형사사건보다 조세 관련 소송의 수임액이 더 크다. 실제로 조세 관련 소송이 로펌의 매출 구성에서 상당한 비중을 차지한다. 그러다 보니 큰 로펌에서 국세청 고위직을 많이 영입한다. 그들을 영입하는 것이 수입상승과 직결되니까 다른 공무원 출신보다 인기가 있다.

구영식 국세청에서의 직급이 그런 역할에 영향을 미치겠다.

안원구 조사국장을 지냈는지, 지방청장을 지냈는지, 심판청구를 담당했는지 등이 그런 역할분담의 중요한 기준이 된다.

구영식 결국 국세청 간부들이 대형 로펌으로 가면서 이들의 로비로 인해 대형 로펌과 국세청의 유착관계가 심화될 수 있겠다.

안원구 그럴 소지가 없는 것은 아니다. 전혀 모르는 사람보다는 과거의 상관이 이야기하면 일이 부드럽게 풀리지 않겠나.

구영식 연봉은 어느 정도 받나?

안원구 사실 그 부분은 나도 잘 모른다. 듣기로는 역할에 따라 연봉이 다른데 김앤장에서는 꽤 많이 준다고 한다. 연봉이 3~5억 원 정도 한다는 얘기도 있고 10억 원이 넘는 경우도 있다고 한다. 능력에 따라 편차가 심한 것 같다.

구영식 2010년부터 2015년 9월 현재까지 공직자윤리위원회 심사를 통과한 국세청 공무원은 총 63명이었다. 이들 가운데 13명이 은행에 재취업했고, 보험사 7명, 건설사 5명, 증권사 4명이었다. 은행과 보험, 증권 등 금융 분야에만 24명이 재취업했다. 은행권에서 이들을 선호하는 특별한 이유가 있나?

안원구 은행도 영리기업이고 세무조사를 받는다. 또 금융권도 회계 관련 유경험 직원이 필요하고, 세무관련 전문지식도 필요하다. 그러니 금융권에서 국세청 직원 출신 선호도가 매우 높은 편이다.

주류회사는 국세청의 봉

구영식　국세청 퇴직자들이 병마개 제조업체(삼화왕관, 세왕금속)에 감사나 이사, 부사장, 대표, 부회장 등으로 재취업하는 경우가 많다. 세왕금속은 하이트 등 주류업체들이 대주주로 있는 병마개 제조업체다.

안원구　원래 주류와 관련해서는 국세청이 모든 것을 관장한다. 주류 제조와 허가, 도매는 물론이고, 심지어 병에 라벨을 붙이는 것까지 국세청에서 관리한다. 병마개는 출고량을 측정하기 위한 거다. 주류와 관련된 모든 인허가권을 국세청이 가지고 있다. 도매 유통도 그렇다. 주류공업협회, 주류협회는 주류 업체들이 만든 산하기관이다. 그러다 보니 국세청에서 퇴직하는 사람들을 채용하는 것이 관행이다. 백용호 국세청장 시절에 국세청에서 나를 내보내기 위해서 삼화왕관 부회장 자리를 제안했는데 내가 거절하면서 결국 검찰까지 개입하지 않았나.

아무튼 주류 회사 인허가권을 가진 국세청의 전관이 주류회사에 재취업하는 것은 문제다. 이런 관행은 없어져야 한다. 국회에서 여러 번 지적했는데 아직도 바로잡히지 않고 있다.

구영식 국세청이 관장하고 있는 주류관련 단체는 대한주류공업협회, 대한주정판매, 서안주정(에탄올 제조업체), 한국알콜산업, 삼화왕관, 세왕금속공업, 한국음주문화연구센터 등이 있다.

안원구 주정의 생산량을 관리 감독하는 기관이 국세청이다. 주정에 물을 타면 소주가 된다. 국세청 직원들이 주정공장에 직접 가서 주정 생산과정을 체크한다. 한마디로 술과 관련해서는 국세청이 A부터 Z까지 관리·감독한다. 관련업체들에는 국세청이 '수퍼 울트라 갑'이다 (웃음).

구영식 주류업계의 한 관계자는 지난 2011년 한상률 전 국세청장 재판 법정에 제출한 진술서에서 '국세청으로부터 감시를 받기 때문에 민감할 수밖에 없다, 관련 협회 회장이나 전무 등의 임원은 대체로 국세청에서 내려온다'라고 증언했다.

안원구 그런 이유로 주류업체와 주세를 관장하는 소비세과장이 업체를 압박해 한상률 청장이 자문료를 받을 수 있었다. MB정부 검찰이 '덮기수사'로 한상률 전 청장에게 면죄부를 주었지만 말이다.

구영식 공직자윤리법을 대폭 강화해야 한다는 목소리가 많다. 일부 공직 유관단체와 협회 등은 재취업 심사대상에서 제외하고 있고, 재취업 심사에서 검토하는 업무 연관성을 소속기관이 아닌 부서로 한정하고 있다는 점은 어떻게 생각하나?

안원구 현행이 바람직하다고 생각한다. 재취업 기회를 넓히는 장점이 있다. 국세청에 근무했지만 업무 연관성이 없으면 재취업할 수 있어야 한다. 업무 연관성이 없는 부서에서 근무했는데도 불구하고 국세청 직원이었다는 이유로 재취업이 제한된다는 것은 불합리하다. 국세청 소비세과에서 근무하다 퇴직하는 직원이 업무 연관성이 있는 주류업체나 주정업체에 재취업하는 것은 제한해야 한다. 하지만 업무연관성이 없는 금융권에 재취업하면 그의 세무나 회계지식 능력을 활용해 회사에 기여할 수 있는 것 아닌가. 소속기관을 기준으로 뭉뚱그려 재취업을 제한하면 능력 있는 사람들이 사회에서 사장될 수도 있다.

구영식 이들이 국세동우회, 관세동우회 등을 만들어 이권에 개입하고 있다.

안원구 동우회가 이권에 개입한 사례를 들어보지는 못했다. 동우회는 친목단체이므로 비영리단체다. 국세청 퇴직 공무원들이 회원으로 있고, 회원들의 회비로 운영되는 단체인데 이권에 개입할 여지가 있겠나.

구영식 경우회랑 비슷하다고 보면 되지 않나?

안원구　경우회와는 경우가 다르다. 경우회는 100만 명이 넘는 전직 경찰공무원 출신들이 회원으로 있는 거대한 단체다. 경우회는 경찰병원, 기흥골프장, 경우상조 등의 자체 수익사업체를 운영하고 있다. 하지만 국세동우회는 약 8천여 명의 회원이 주로 봉사활동과 친목활동을 하고 있다.

세무조사 무풍지대, 김앤장

구영식　김앤장은 2000년 이후에 4차례에 걸쳐서 국세청으로부터 모범납세자 표창을 받아 세무조사 유예 혜택을 받고 1998년부터 2007년까지 10년간 세무조사를 한 번도 안 받았다. '전직 국세청장과 서울지방국세청장의 집합소'라고 불릴 정도로 김앤장에는 국세청 출신들이 많은데 김앤장이 모범납세자로 선정되는 과정에서 이런 인맥들이 영향을 미치지 않았을까?

안원구　지적한 대로 김앤장에는 국세청 출신이 많다. 그러나 고위직 출신들만 있는 게 아니라 실무자들도 있다. 오히려 실무자들이 그런 구도를 기획하는 데는 더 전문가가 아닐까(웃음). 나는 합법적인 제도를 활용해 자신에게 유리한 상황을 펴는 전술을 비난할 이유는 없다고 생각한다. 더 많은 납세자가 세무조사 유예 혜택을 받기 위해 성실납세를 통해 모범납세자가 된다면 국세청으로선 더 바랄 것이 없겠다 (웃음).

구영식 특히 김앤장은 법률상 '로펌'이 아니다. 복잡한 구조로 인해 복잡한 세금 문제가 발생할 수 있다.

안원구 김앤장은 법무법인(로펌)이 아니고, 개인변호사 법률사무소의 연합체로 알고 있다. '운현 합동법률사무소'로 등록되어 있다. 파트너들이 공동 운영하는 여타의 법무법인(세종, 태평양, 광장)들과 달리 김앤장의 변호사들은 사실상 김영무 대표변호사의 피고용 변호사들이라고 보면 된다. 대표 변호사가 고용된 변호사에게 연봉 형태로 보수를 지급하고 그 속에서 각자의 비용은 따로 지출해 세금을 정산하는 구조로 알고 있다. 형식은 합동으로 해두고 공동 사무실로 운영하되 수익은 대표로 귀속되었다가 월급형태로 지급하는 구조가 아닌가 싶다.

구영식 김앤장 소속 변호사들이 실제 받는 돈과 국세청에 신고하는 수입에는 엄청난 차이가 있다는 의혹도 있어서 세무조사를 받아야 마땅한데 모범납세자 표창제도를 활용해 세무조사를 받지 않는 특혜를 누렸다는 지적도 있다.

안원구 순수한 고용 형태라면 사무실 운영비용을 대표가 부담하는 것이 맞지만 김앤장은 합동과 고용의 중간 형태이다. 그리고 모범납세자 표창을 받았다고 해도 구체적인 탈세 사실이 드러나면 세무조사에 나

설 수 있다. 모범납세자 표창을 받으면 세무조사를 유예해주는 제도를 운영하고 있긴 하지만 합리적으로 의심할 만한 탈세 제보가 있다면 모범납세자라 하더라도 세무조사를 할 수 있다.

구영식 국세청은 2008년에서야 심층조사(특별조사)를 맡고 있는 서울지방국세청 조사4국을 투입해 김앤장을 세무조사했다. 하지만 김앤장의 반발에 밀려 현장조사는 못하고 자료만 제출받아 조사했다. 이런 식이면 봐주기 세무조사라고 볼 수밖에 없다.

안원구 내가 알기로는 당시 김앤장을 조사한 '목적'이 알려진 것과는 다르다. 원칙적으로 세무조사는 신고해야 할 소득금액을 제대로 신고했는지 살펴보는 것이다. 수익과 비용을 제대로 신고했는지를 본다는 뜻이다. 그러나 2008년도 김앤장 세무조사는 소득금액의 성실신고 여부를 확인하는 세무조사가 아니라 소득신고를 한 이후에 자금이 어디에 쓰였는지를 조사했던 것으로 알고 있다.

당시 김앤장을 조사하던 조사4국 과장이 나한테 와서 내가 서울청 조사1국장 때 다른 기업을 조사하면서 파생자료로 파악한 적이 있는 김앤장 대표 관련 금융조사 내용을 달라고 했다. 나는 '그걸 왜 보려고 하느냐'고 했더니, 어디에 쓰였는지를 보기 위해서 조사한다고 했다. 그러나 세금신고를 하고 세액을 납부한 후 소득자가 임의로 쓸 수 있는 돈은 세무조사의 영역이 아니다. 지출한 돈, 즉 사업과 관련한 지출 외의 자금이 어디에 쓰였는지는 국세청에서 조사할 사항이 아니라는 말이다. 그 자금이 범죄에 사용되었는지, 정치자금으로 들어갔는지, 해외로 불법유출이 되었는지는 검찰이나 경찰이 수사해야 할 일이다. 나중에 안 사실이지만, 당시 김앤장에는 이○○라는 이명박 전 대통령 후원회장이 있었다. 김앤장이 이회창 전 대통령후보 쪽에 후원금을 댄 사실을 조사한다는 명분을 내세워 실제로는 이명박 전 대통령의 후원회장을 조사한 것으로 알려져 있다. 이쪽(이회창) 조사한다고 해놓고 저쪽(이명박)을 조사하는 한상률다운 '성동격서聲東擊西' 수법이다.

구영식 2008년 김앤장 세무조사는 정기적인 세무조사가 아니라 정치적 목적이 있었다는 것인가?

안원구 조사4국이 동원된 데다가 소득이 아닌 자금의 용처를 조사했다는 것은 그렇게 의심하기에 충분하다. 2008년 김앤장 조사도 MB정부 초반에 전 정부에서 유임된 한상률 청장이 불순한 의도로 기획하고 진행한 세무조사 중 하나로 의심된다.

구영식 김앤장이 현장조사를 거부한 것도 그것 때문인가?

안원구 현장조사도 거부했나? 법률전문가 집단에서 이유없이 현장조사를 거부하진 않았을 텐데….

구영식 김앤장은 그로부터 8년 만인 2016년 5월에서야 다시 세무조사를 받았다. 그러니까 1998년부터 2016년까지 18년 동안 세무조사를 두 번만 받은 셈이다.

안원구　2008년에 그렇게 당해봤으니 김앤장이 철저하게 대응했지 않았겠나. 대체로 5년 내에 한 번 정도는 조사받게 되는데 8년 만에 처음 조사받았다면 성실하게 계속 신고해서 조사대상에서 제외되었거나 또 조사유예제도를 적극 활용했거나 둘 중 하나일 거다.

모범납세자 제도

구영식　성실·모범납세자(이하 모범납세자)는 어떤 제도인가?

안원구　성실·모범납세자는 납세의무를 성실히 수행해 성숙한 납세문화를 조성하고 납세를 통해 국가재정에 크게 기여하는 등 모범이 되는 사람을 선정해 표창하는 제도이다. 개인사업자와 법인사업자 모두에게 해당한다.

구영식　모범납세자 선정은 어떻게 하나?

안원구　국세청에서 정해놓은 성실도 지표 등 모범납세자 평가기준에 의거해 세무서에서 1차 선정한 뒤 지방청으로 올린다. 지방청에서는 각 세무서의 선정명단을 취합해서 2차 심사를 거쳐 모범납세자를 다시 선정하고 그 명단을 본청에 올린다. 본청에서 각 지방청별로 2차로 선정한 명단을 대상으로 3차 심사해 최종 대상자를 선정한다. 이렇게 3단계를 거쳐서 선정된 모범 납세자를 조세의 날에 표창한다.

1차 심사에서 선정된 대상자 중 2차 심사에서 탈락한 대상자는 세무서장·표창, 2차 심사에 선정되었으나 최종 심사에서 탈락한 대상자는 지방청장 표창, 그리고 최종 심사에서 선정된 표창 대상자들을 국세청장, 기획재정부장관, 국무총리, 대통령의 순으로 표창에 등급을 둔다. 모범납세자 표창을 받은 기업이나 개인에게는 세무조사를 연기하고 유예해준다. 국세청장, 기획재정부장관, 국무총리, 대통령 표창을 받으면 3년 동안, 지방청장과 세무서장 표창을 받으면 2년 동안 세무조사를 유예받는다. 노동부장관이 추천해 국무총리나 대통령 표창을 받아도 2년 동안 세무조사를 유예받는다. 면제해주는 것이 아니고 법에 정해진 일정기간을 세무조사를 미루어주는 제도다. 모범납세자는 세무조사 유예 외에도 징수유예, 공항출입, 공공기관출입, 금융대출 등 다양한 특전도 부여된다.

구영식 모범납세자 선정을 위한 심의위원회가 따로 있나?

안원구 지방청 총무과에서 본청으로 명단을 추천하면 취합된 명단을 가지고 국세청 내부 위원으로 구성된 상벌위원회에서 표창 대상자를 심의한다. 성실도에 따라 격을 달리하여 표창 대상자를 선정한다.

구영식 성실도 지표는 어떻게 구성되어 있나?

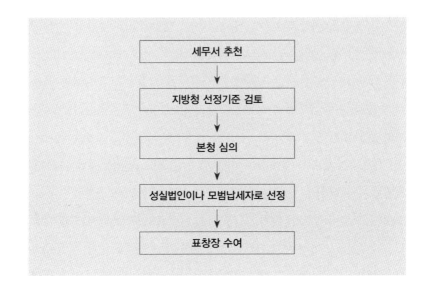

세무서 추천
↓
지방청 선정기준 검토
↓
본청 심의
↓
성실법인이나 모범납세자로 선정
↓
표창장 수여

안원구　국세청은 납세자의 성실성 정도를 평가하기 위해 자체 기준을 두고 있다. 예를 들어 사업의 계속성 판단 기준으로 3년 이상 사업을 계속했는지를 파악한다. 또 신고·납부 성실도를 판단하기 위해 3년간 계속 흑자를 냈는지와 체납 유무, 그리고 동종업종 성실신고도 평균 80% 이상에 해당하는지도 살핀다. 세무조사 결과인 국세추징비율과 조사적출비율, 위장·가공비율도 검토한다. 그뿐만 아니라 조세범처벌 이력과 금품·향응제공 사실, 외부감사 적정여부 등의 법령 준수성도 판단한다. 필요하면 사업장에 직접 나가서 관계자를 면담하고, 내부 세무통제시스템 구축·운영 현황을 확인한다.

구영식 세무조사 유예혜택은 언제든지 써먹을 수 있나?

안원구 모범납세자로 선정된 날부터 2~3년 동안만 세무조사를 유예받을 수 있지만 2~3년의 유예기간 동안 세무조사 대상이 아니라면 사실 소용이 없다. 그러니까 언제나 쓸 수 있는 것은 아니다. 그리고 상징적인 측면도 있다.

구영식 적립되는 포인트가 아니네(웃음).

안원구 그렇다(웃음). 적립되는 포인트가 아니다. 시간이 지나면 그냥 없어지는 한시적 포인트와 같다. 성실납세를 유도하는 제도라고 이해하면 된다. 세무조사가 '채찍'이라면 모범납세자 표창은 '당근'인 셈이다. 성실히 신고하니까 정부에서 표창도 주고 우대해주더라, 더 성실하게 신고해야지, 이런 거다(웃음).

구영식 연예인들이 모범(성실)납세자 표창을 많이 받더라.

안원구 그것은 국세청 홍보의 일환이다. 국세청으로서는 명성이 알려진 사람에게 표창을 줌으로써 그들이 국세청 홍보대사로 역할을 하도록 한다. 성실납세자 표창에 소득을 성실하게 신고하는 연예인들을 많이 선발하는데 국세청으로서는 연예인들에게 광고비를 주지 않고도 광고효과를 누릴 수 있다(웃음).

수상한 모범납세자 표창

구영식　모범납세자로 선정되면 세무조사를 유예받는데 이것을 악용할 수도 있지 않나? 세무조사 유예기간에 탈세하는 수단으로 말이다.

안원구　물론 이 제도를 악용하는 경우도 있을 수 있다. 세무조사는 통상 5년 만에 한 번씩 하고 부과제척기간이 5년이다. 이 기간이 지나면 원칙적으로 과세하지 못한다. 예를 들어서 어떤 회사가, 세무조사가 예견되는 시점에 모범납세자 기준을 충족하면 그 기간에는 세무조사가 유예된다. 세무조사 유예기간에는 세무조사가 없으니까 건너뛴다는 얘기다. 그래서 부과제척기간인 5년을 넘기면 조사없이 지나갈 수가 있다는 의미다. 납세자가 미리 계획을 짜서 대응한다면 어렵긴 하지만 불가능한 일은 아니다.

구영식 실제로 2014년 배우 송혜교 씨가 모범납세자로 선정된 이후 탈세해 모범납세자 혜택 중 하나인 세무조사 유예기간을 악용했다는 비난을 받았다.

안원구 영화배우 송혜교 세무조사에 한상률 청장의 개입의혹을 제기하는 기사를 본 적이 있다. 송혜교 측이 당초 수십억 원대의 업무상 비용 처리를 했으면서도 증빙서류를 제대로 제출하지 않는 등 아주 쉽게 드러나는 방법으로 탈세했다. 이런 점으로 미루어 볼 때, 송혜교 측의 변명대로 정말로 무지해서 증빙 자료 없이도 경비로 인정될 것이라고 생각했거나 아니면 세무조사를 전혀 받지 않을 것으로 기대했던 것이 아니냐는 지적이 나왔다. 그리고 '상식적으론 이해하기 힘든 사건'이라며 송혜교 세무조사를 진행한 서울 강남세무서가 사건을 축소한 것이 아니냐는 의혹도 제기됐다. 현행법상 탈세의 경우 5년 전까지 거슬러 올라가 조사·추징할 수 있는데도 서울 강남세무서가 3년간만 조사했다는 것이다.

당시 송혜교 측은 전문 세무대리인을 고용하고 있었고, 공교롭게도 송혜교가 고용한 전문 세무대리인은 2011년 한상률 자문료 뇌물수수 사건에서 위증해 한상률 청장의 무죄 판결에 결정적인 역할을 했다고 주변에 떠들고 다닌 사람이라고 한다. 박범계 의원도 2014년 임환수 국세청장 후보자 인사청문회에서 '송혜교에 대한 국세청의 봐주기식 세무조사 배후에는 한상률 전 국세청장이 있다'는 의혹을 제기한 적이 있다.

또 기사는 송혜교 측이 감사원의 지적이 나온 2014년 4월에 2008년도 귀속분을 추가 납부했다는 사실도 보도했다. 통상 이런 경우는 5년을 소급해서 조사하는 원칙을 무시하고 3년 동안만을 조사한 사실을 지적했다. 세무조사 과정에서 드러난 사실들을 근거로 송혜교의 2009년 모범납세자 수상이 기획된 것 아니냐는 의혹을 제기한 기사였다. 어떤 제도든지 악용하는 사람은 있기 마련이니 이 또한 제도의 한계 아니겠는가.

구영식 국정농단 주역 최순실의 여동생 최순천이 운영하는 서양인터내셔날이 지난 2013년 1월 모범납세자(기획재정부장관 표창)로 선정돼 3년간 세무조사가 유예됐다. 박근혜 정부 대통령직인수위가 출범한 직후여서 특혜를 의심받았다.

안원구 박근혜가 대통령에 당선된 시점이 2012년 12월이고 서양인터내셔날이 모범납세자 표창을 받은 시점이 2013년 3월 3일이다. 그렇게 3년 동안 세무조사를 유예받았는데, 그 기간 중에 70%에 해당하는 주식매각자금 2000억 원이 들어왔으므로 비단 최순실 가족 회사가 아니라 하더라도 합리적 의심이 가능하다.

구영식 서양인터내셔날은 모범납세자에 선정된 직후인 2013년 2월 홍콩기업 리앤펑(L&F Asia)에 주식 70%를 매각했다. 모범납세자 표창을 받아 지분매각과 관련한 세무조사 유예 혜택을 누리지 않았을까?

안원구 2013년, 2014년, 2015년까지 3차례에 걸쳐 최순천 부부에게 2000억 원의 돈이 홍콩으로부터 들어왔다. 서양인터내셔날의 주식 70%를 양도한 대금이었다. 자금은 네델란드의 퍼펙트 인베스트먼트라는 페이퍼컴퍼니에서 나왔는데 'AEA'라는 펀드가 펀딩한 것으로 추정된다. AEA펀드의 자금이 FH1937(유한회사)로 들어가고, 홍콩에 적을 둔 리앤펑 아시아를 통해 한국의 서양인터내셔날 주식을 취득한 것이다. 즉, 'AEA펀드'에서 서양인터내셔날에 자금이 들어오기까지 3단계를 거친 것이다. 일반 투자자라면 이렇게 복잡한 과정을 거쳐서 자금이 들어올 이유가 없다. 더구나 3년에 걸쳐 2000억 원의 주식매각 자금이 유입되었다가 2016년에 리앤펑 아시아가 다시 그 주식을 서양인터내셔날에 되팔 수 있도록 계약되어 있는 점도 석연치 않다.

과연 아동복을 제조하는 중소기업의 주식 가치가 그만큼 되는 것인지, 주식양수자금의 실제 소유자가 누구인지, 주식거래보다는 자금 이전의 목적이 있는 것은 아닌지 등이 확인되어야 한다. 이를 확인하기 위해서는 세무조사가 있어야 하는데 만약 사전에 계획하고 움직였다고 가정한다면, 모범납세자 표창과 연관지어 생각할 수 있다. 또 자금 이전을 위한 가공 매각도 의심되기 때문에 실제 매각된 것인지, 비상장 주식양도에 따른 양도소득세 신고를 했는지도 확인해야 한다. 만약 아직도 세무조사가 이루어지지 않았다면, 주식양도소득은 부과제척기간이 10년이라 아직 조사할 수 있는 기간은 남아 있다.

구영식 모범납세자 표창을 받은 직후 지분매각이 이루어진 점은 의심할 만한 대목이다. 최순실 씨의 영향력이 미쳤을 수도 있지 않나?

안원구 공교롭게도 모범납세자 표창으로 인한 세무조사 유예기간인 3년 동안 매각대금이 들어왔다면 우연으로 치부하기엔 석연치 않은 것은 사실이다. 일반적으로 해외의 자금이 우리나라 중소기업 주식을 취득하는 경우 주식을 매수하는 자금주가 매수할 주식을 보유한 기업의 현황을 잘 알고 있거나 그 외의 연결고리가 있기 마련이다. 또 아동복을 제조하는 중소기업의 주식평가액이 약 3000억 원(70%가 2000억 원이므로) 정도라면 주식이 과대평가되었을 가능성도 살펴봐야 한다. 그러한 이유로 이 자금의 뿌리가 최순실과 연계되어 있다고 합리적으로 의심할 수 있다.

구영식 그런데 서양인터내셔날은 2005년 10월에도 모범납세자 국세청장상 수상자로 선정된 적이 있다. 그때 박근혜 전 대통령이 한나라당 대표였다.

안원구 서양인터내셔날이 모범납세자 기준에 합당해서 모범납세자가 되었을 수도 있다. 또는 성실도 지표를 다 맞추어야 선정될 수 있는데 전문가의 사전 검토와 지원이 없으면 선정되기 어려운 것이 사실이므로 자금이 들어오기 전에 이 작업을 진행했다는 의심을 할 수도 있다. 최순실 일가 주변에는 변호사, 법조인, 정치인, 회계사, 금융인 등 다양한 경력의 사람들이 조력자로 있기 때문에 미리 기획해서 이런 일들을 벌이는 것이 가능했을 것이다. 그러므로 둘 다의 가능성을 열어두고 조사해 사실관계를 밝혀야 한다.

증세와 복지 수요

구영식　복지 수요가 증가하면서 증세해야 한다는 목소리가 높다. 증세가 필요하다고 보나?

안원구　방법이나 범위에서는 차이가 있지만 현재 여야가 모두 복지를 확대하겠다고 얘기한다. 원론적으로 들리겠지만 자본주의의 속성상 시장에 맡겨두면 가진 자와 못가진 자의 양극화가 계속 심화된다. 나는 정부가 적극 개입해서 약자를 보호해야 한다는 '적극적인 정부 역할론'에 동의하는 입장이다. 가진 자에게는 세금을 더 내게 하고, 없는 사람에게는 국가가 지원해야 양극화를 해소할 수 있다. 국가는 시장경제가 유지될 수 있도록 완충제 역할을 해야 한다.

인구가 고령화되면서 복지 수요가 더욱 늘어나고 있다. 이렇게 늘어나는 복지 수요를 채워주려면 증세 외에 별다른 방법이 없다. 증세 없는 복지는 허울 좋은 구호에 불과하다. 기본적으로 재원 없이 어떻게 복지를 할 수 있겠나? 재단법인 등을 잘 활용해 분배문제를 효율적으로 보완할 길은 있다. 하지만 그런 보완은 아무래도 한계가 있다. 증세를 통한 복지수요 충족이 현실적으로 가장 실현가능한 방안이라고 생각한다.

구영식 보수 정치인들조차 '증세 없는 복지는 불가능하다'라고 말할 정도로 보수와 진보를 떠나 증세가 대세다. 결국 얼마나 증세할 것인지가 최종 논쟁지점이다.

안원구 예산 절약과 효율적인 집행이 선행된 후에도 예산이 부족할 때 증세를 하는 것이 바람직하다. 증세를 할 때 먼저 개인 고소득자 누진과세 체계를 세분화해야 한다. 그리고 불로소득에 해당하는 상속·증여세가 누수되지 않도록 세제를 다듬을 필요가 있다. 그 다음이 법인에 대한 공제, 감면 규정을 조정하여 세수를 보완하고, 그래도 세수가 부족하면 법인세율을 종전 수준으로 올려서 세수를 확보해야 한다고 생각한다.

이명박 정부가 외국기업의 투자를 유인한다는 명분으로 법인세율을 상당히 많이 낮췄다. 그런데 세율만 낮춘다고 외국기업이 한국에 들어오겠나? 외국기업은 이 나라에 와서 자기 기업이 이익을 많이 낼 수 있느냐를 두고 투자여부를 결정한다.

증세를 검토하면서 부가가치세를 쉽게 지목하는데 간접세인 부가가치세는 거래세이기 때문에 소득의 많고 적음에 상관없이 누구에게나 똑같이 적용되는 세금이므로 증세를 고려할 때는 최후의 수단으로 검토해야 한다. 복지 재원을 마련하는 과정에서 저소득층에게도 부담이 되는 부가가치세를 손대는 것은 증세 목적에 부합하지 않는다.

구영식　정치권 논의를 보면 OECD 평균 정도로 세금을 부담해야 하는 것 아니냐는 주장이 있다.

안원구　세금 부담의 수준은 그 나라의 역사나 문화와 관련돼 있다. 유럽은 대체로 사회민주주의 국가에 해당하는 세율체계를 갖고 있다. 그들은 국가의 지원을 받아서 노후가 안정되는 복지혜택을 전제로 고세율에 동의하는 것이다. 우리 사회는 아직까지 그런 공감대가 형성되어 있지 않다. 점진적으로 그런 공감대가 형성될 수 있도록 노력하는 것이 필요하다. 우선은 '중부담 중복지'로 가고, 점진적으로는 '고부담 고복지'로 가는 구조를 만들어야 한다. 이를 위해 정치권과 기재부가 중심이 되어 세제 전문가들과 함께 바람직한 모델을 만들어야 한다. 당장 고복지를 요구하면서 저부담한다고 하면 그 간극을 메울 수 없다. 증세가 복지혜택을 더 받을 수 있는 수단이라고 국민을 설득하는 것도 필요하다.

구영식　'조세저항' 때문에 증세가 힘들 것이라는 반론도 만만치 않다.

안원구　증세에는 전제가 필요하다. 세금으로 만들어진 예산을 절약하는 것은 물론이고 최대한 효율적으로 집행해야 한다. 또 국가도 납세자에게 기여하는 바가 있어야 한다. 소득세(법인세)를 의무적으로 내라고만 할 게 아니라 사업 이익을 극대화하는 과정에서 국가가 사업의 정보를 제공하거나 복잡한 규제를 완화하여 사업을 잘할 수 있도록 지원해야 한다.

국세청도 소득을 극대화할 수 있도록 세무, 회계정보 등으로 기업활동에 도움을 주고 그런 과정을 통해 세금 징수의 정당성을 부여할 필요가 있다. 지금까지 국가는 세금을 받는 것을 당연한 권리로 생각하고 납세자의 소득을 극대화하는 일을 지원하는 시도는 없었다. 이제는 국가기관의 공공서비스 개념이 확장되어야 한다.

구영식   유럽은 한국보다 훨씬 세금 부담이 높은데도 우리만큼 조세저항이 세지 않다.

안원구   유럽국가의 국민들은 낸 세금만큼 나중에 자신에게 복지혜택으로 돌아온다는 신뢰를 갖고 있다. 국가가 나를 책임져준다는 복지에 대한 확신과 공감대가 깔려 있다. 교육부터 시작해 의료비도 대부분 무상으로 지원한다. 그러므로 높은 세금에도 저항이 크지 않다.

그러나 자본주의 역사가 길지 않은 우리나라는 자본주의 시장경제 원리를 채택하고 있으면서도 사회주의적 요소를 많이 가지고 있다. 헌법은 자본주의 시장경제를 표방하지만, 국민들은 국가로부터 받는 혜택은 평등해야 한다고 생각하고 있다. 특히 세금은 적게 내더라도 교육과 의료 등 혜택은 평등하게 주어져야 한다고 생각한다.

부자 증세와 국민개세주의

구영식 　부자 증세의 대척점에 있는 논리가 국민개세주의다. 즉 모든 국민은 적은 액수라도 세금을 내야 한다는 것인데, 이것을 납세의 의무를 규정한 헌법 38조와 동일하게 생각하기도 한다.

안원구 　국민개세주의가 부자 증세의 대척점에 있다는 시각은 적절하지 않다고 생각한다. 부자 증세는 가진 자에게 세금을 물린다는 의미로 경제민주화의 공정개념(수직적 공평)이라면, 국민개세주의는 모든 소득에는 세금을 부과해야 한다는 공평개념(수평적 공평)으로 이해해야 한다. 우리나라 헌법에는 국민개세주의를 표방하고 있지만 실제로는 소득이 적은 사람한테는 소득세 면세점을 정해서 면세해주고, 과세특례자에게는 부가가치세 특례를 적용하고 있다. 또 징수할 세액이 일정 금액에 미달할 경우에는 이를 징수하지 않는 소액부징수 제도도 적용하고 있다. 그러므로 현실적으로는 국민개세주의를, 소득이 많든 적든 세금을 내는 것이 국민의 의무를 다하는 것이고 국민으로서 권리도 요구할 수 있다는 의미로 치환해서 생각해야 한다.

구영식 현재의 국민개세주의가 부자증세론을 반박하기 위해 들이대는 논리는 아니다?

안원구 국민개세를 한다고 해서 증세에 보탬이 되진 않는다. 다만 공평성 차원에서, 국민의 일원으로서 의무를 다하자는 취지다.

구영식 지금 4인가족 기준 연간소득이 1970만 원 이하일 경우 세금을 내지 않는다. 이것을 '면세점'이라고 하는데 이는 국민개세주의와 상충된다는 주장이 있다. 국민개세주의를 시행하려면 면세점을 없애야 한다는 거다.

안원구 앞에서 말했듯이 국민개세주의란 소득이 있으면 단돈 천 원이라도 세금을 내야 한다는 것이다. 그런데 세금징수비 측면에서 국민개세주의를 원칙대로 시행했을 때 국가 재정에는 마이너스 효과가 될 수 있다. 하지만 근로장려세제EITC처럼 세금을 낸 근거가 국가로부터 지원받는 금액을 결정하는 자료로 쓸 수 있다. 소득세 면세점을 없애고 얼마라도 세금을 내게 해서 그 사람들의 소득을 파악하는 통계자료로 활용하는 것이 더 낫다고 생각한다.

구영식 근로장려세제Earned Income Tax Credit는 무엇인가?

안원구 저소득 근로자 가구에 근로장려금을 세금 환급의 형태로 지급하는 제도다. 1975년 미국에서 처음 실시한 이래 영국·프랑스·캐나다 등 선진 7개국에서 운영하고 있고, 우리나라에서는 조세특례제한법의 '근로 장려를 위한 조세특례'에 따라 2008년부터 시행해서 2009년에 첫 근로장려금을 지급했다. 가구원 구성과 총급여액 등에 따라 저소득 근로자 또는 자영업자 가구에 산정된 근로장려금을 지급함으로써 근로빈곤층의 근로를 장려하고 실질소득을 지원하는 근로연계형 소득지원제도다. 이는 정부가 세금을 받기만 하는 것이 아니라 지급도 한다는 것을 보여주는 제도다.

구영식 우리나라의 경우 전체 소득자 가운데 30~40% 정도가 소득세 면세점 이하라고 한다. 적은 숫자는 아니다.

안원구 소득세 면세점 이하 숫자가 엄청 많은 것이다. 원칙대로 개세주의를 적용한다면, 소득세 면세점 이하에 해당하는 사람들이 신고하고 납부하게 하는 데 드는 징세비용이 납부하는 세수보다 클 수 있다. 그래서 결과적으로 세수는 미미할 것이다. 하지만 현행처럼 신고도 안 하면 소득세 면세점 이하에 있는 사람들의 소득 수준은 전혀 파악할 수 없다. 그러므로 징수비용 대비 세수가 미미하다 할지라도 개세주의 원칙을 적용하는 것이 장기적으로는 바람직하다고 생각한다.

구영식　세수가 미미하다면 굳이 소득세 면세점을 없애자고 주장할 필요가 있을까?

안원구　세수 차원에서 하는 이야기가 아니다. 세수를 증액하는 효과는 매우 적기 때문에 국민개세주의가 부자증세의 대척점이라고 하는 것은 맞지 않다고 얘기한 거다. 복지 재원과 관계없이 민주주의에서 소득이 있으면 세금을 낸다는 것이 국민개세주의인 것이다. 저소득층의 소득 수준을 알기 위해서도 필요하고, 근로장려세제 등 정부가 저소득층을 지원하기 위한 근거를 확보하기 위해서도 필요하다. 기초생활지원금을 지원하는 과정에서 재산현황과 소득, 자녀의 부양여부 등을 고려하는데 지자체에서 통계자료도 마땅히 없고 실지조사를 하는 데도 비용이 만만찮게 드는 것으로 알고 있다.

구영식　노점상이나 포장마차 상인도 모두 세금을 내야 한다는 것인가?

안원구　사실 노점상 중에는 근로장려세제 혜택을 받는 봉급수령자보다 돈을 더 많이 버는 사람도 있다. 단지 노점상이라는 이유로 세금을 내지 않는 사람들이다. 이런 영역이 지하경제다. 징수비가 더 들 수도 있겠지만 세금을 내도록 하는 것이 맞다. 다소 징세비용이 더 들어가도 점진적으로 신고하도록 하는 게 필요하다. 신고할 능력이 없으면 국가가 도와줘야 한다. 증세 측면에서만 보면 오히려 비효율적일 수 있다. 하지만 장기적, 거시적 관점에서 접근해야 한다. 노점상을 하다가 더 커져서 상호를 걸고 정상적인 사업을 할 수도 있지 않나? 신고를 하지 않는 사람들은 계속 그 수준에서 머물게 되고 그게 다 지하경제로 들어간다.

구영식 지금 노점상은 아예 빠져 있나?

안원구 난전 상인과 노점상들은 거의 사업자등록이 안 되어 있다.

구영식 미국에서는 '버핏세' 얘기가 나왔지만 우리나라에서는 그런 얘기가 나올 수 있을지 의문이다.

안원구 미국의 '투자의 귀재'로 불리는 워렌 버핏이 부유층 세금 증세를 주장하면서 제시한 방안이다. 연간 소득 100만 달러 이상의 고소득자들이 일반 미국 시민보다 낮은 세율로 세금을 내고 있다며 버핏을 중심으로 한 미국의 부자들 스스로 '노블리스 오블리제'를 실행하겠다고 부자증세 정책을 제시한 것은 부럽기까지 하다. 내가 대구지방국세청장으로 재직하던 2007년에 버핏이 대구를 방문해서 만난 적이 있었다. 지금은 이스라엘에 팔렸지만 버핏이 투자한 대구텍(구 대한중석)이라는 기업이 대구에 있었기 때문에 방문했던 것이다. 워낙 세계적으로 유명한 투자가여서 화려한 사람일 줄 알았는데 얘기를 나누어 보니 매우 소박하고 인품이 훌륭하다는 인상을 받았다. 사실 버핏은 세금이 아니라도 사회공헌자금을 미국 사회에 많이 내놓았다. 세금과는 비교할 수 없을 정도로 많은 금액이다. 하지만 우리는 그런 문화가 아직 많이 부족하다. 우리나라도 그런 문화가 정착되면 좋겠다.

구영식　버핏은 연간 100만 달러 이상을 버는 부유층의 소득세율이 최소한 중산층의 세율 정도나 그 이상이 되도록 하한선을 정해서 더 높게 증세하자고 주장했다.

안원구　버핏은 금융 소득을 올리는 자신이 노동으로 월급을 받는 사람들보다 세율이 적다며 불로소득에 해당하는 금융소득자와 자산소득자들에게 더 많이 세금을 부과할 수 있도록 하한선을 정하자고 주장하는 것이다. 정치권에서 합의해야 할 부분인데 보수주의자들은 대부분 가진 자들 편이라 반대가 심할 것이다. 아무튼 이런 것을 논의한다는 자체가 부럽다.

종교인은 별류別類 인간인가?

구영식   세금의 사각지대 중 하나가 종교인들이다. 종교인 과세 여부를 놓고 논쟁이 많이 벌어졌는데 어떻게 보나?

안원구   종교인은 우리 국민이 아닌가? 종교인도 똑같은 국민이다. 이념과 종교의 차이가 국민이냐 아니냐를 가르는 기준이 될 수 없다. 그럼에도 불구하고 종교인에게 과세를 하지 않는 이유는 종교인은 사업을 해서 소득을 얻는 사람이 아니라는 논리에 근거한다. 종교인들이 주장하는 논리는 월급으로 소득을 창출하는 것이 아니라 종교활동에 봉사하고 생계비 보전 차원에서 사례금을 받는다는 것이다. 즉, 사업소득자도 아니고 근로소득자도 아니니 세금을 부과하는 것은 맞지 않는다는 주장이다. 실제로 소득금액에 세율을 적용하면 세금을 내지 않아도 되는 경우도 있다. 소득으로 보느냐, 사례금이나 지원금으로 보느냐의 차이에 따라 세금액수도 달라진다.

그러나 대기업 중간 간부급 이상의 급여에 해당하는 금액을 매월 정기적으로 받는 성직자도 적지 않다. 종교인 과세 도입 찬반 여론조사에서 75.3%가 조세 형평성 차원에서 종교인에게도 과세를 해야 한다고 답한 바 있다. 한국인 절반 이상이 종교를 갖고 있다는 점을 감안하면 종교인 대부분도 종교인 과세에 찬성하고 있다는 조사 결과이다. 사실 그동안 종교단체의 저항이 만만치 않았고, 종교단체가 갖는 정치적, 사회적 특수성 때문에 국세청에서 강력하게 과세하지 못했던 것이 사실이다. 그러나 앞으로는 소득이 있으면 세금을 내야 하는 국민개세주의 원칙에 따라 종교인도 국민인 이상 세금을 내야 한다.

구영식 2018년 1월부터 종교인 과세가 적용된다. 그동안 왜 정부는 주저하다 결국 시행하게 됐나?

안원구 우리 국민 중에 종교인들이 많고, 국가조직의 요소요소에 포진되어 있는 종교인들도 많아서 사회적으로 영향력이 크다. 그리고 선거 때가 되면 종교인들이 선거 당락에 미치는 영향력도 정치권에서 무시하기 힘든 현실이다. 실제로 종교인에게 과세해도 그 세수는 크지 않은 것으로 알고 있다. 오히려 종교인 과세에 드는 사회적 비용이 납부되는 세수보다 더 클 수도 있다. 이러한 정치적·사회적 이유로 종교인 과세 정책을 강하게 밀어붙이지 못하다 보니 종교단체를 이용해 탈세하는 일도 적지 않게 일어난다.

연말정산 과정에서 절이나 교회에 가짜 영수증을 제출하고 기부금으로 공제받는다거나, 절이나 교회에 부동산을 기부하는 형식을 취하고 비영리단체인 종교단체를 내세워 세금을 내지 않고 매각하는 사례도 있다. 그러고는 나중에 매각대금 일부를 종교단체에 기부금으로 내고 나머지는 돌려받는 방법으로 탈세하는 것이다. 그동안은 국세청이 이런 혐의를 포착한다 해도 종교단체를 세무조사하기가 쉽지 않았다.

<u>구영식</u>　한국의 대형교회들은 한 번도 세무조사를 안 받은 건가?

<u>안원구</u>　종교단체는 비영리재단법인이어서 과세대상이 아니다. 물론 종교재단도 수익사업체가 있다면 수익사업체는 영리법인이므로 과세대상이긴 하지만 우리가 얘기하는 것은 종교인들이 받아가는 월급이다. 헌금은 사업소득이 아니고 고유목적사업에 쓰는 자금이기 때문에 그것까지 과세하지는 않는다.

<u>구영식</u>　순복음교회는 언론사 등 수익사업체를 많이 갖고 있지 않나?

<u>안원구</u>　〈국민일보〉 외에도 여러 영리사업체들을 가지고 있을 것이다. 영리사업체들은 세무조사를 받는다. 영리사업의 수익이 비영리재단(종교단체)으로 들어가면 그 영리수익은 기부금으로 처리해서 과세하지 않는다. 재단법인과 똑같은 방식이다. 하지만 목사 등이 교회에서 받는 월급까지 과세대상이 아니었다. 목회자들은 목회활동에 따른 생계비를 지원받는다고 하지만 일부 목회자들은 상당한 금액의 급여를

받고 있으므로 국민개세주의 원칙에 따라 앞으로는 세금을 내야 한다.

구영식 원래 종교인 과세안은 원천징수하는 것이었다. 그런데 반발이 워낙 크니까 시행령을 개정해서 종교인 소득을 사례금으로 보고 '기타 소득'으로 분류해서 4%만 징수하도록 했다.

안원구 종합소득에는 이자소득, 배당소득, 부동산 소득, 사업소득, 근로소득, 기타소득 등 다양한 종류가 있다. 그중에 근로소득세는 노동자들이 내는 거다. 근로를 제공하고 돈을 받는 사람들, 월급을 받고 일하는 사람들이 내는 세금이다. 그런데 종교인들은 그런 범주에 들어가려 하지 않는다. 근로소득자는 월급을 주는 사람이 원천징수하도록 되어 있지만 종교인들은 근로소득 범위 안에 자기들을 넣는 것을 반대해왔다. 그래서 '기타소득'으로 분류한 것이다. 복권 수입이나 비정기적으로 들어오는 수입처럼 기타소득으로 분류되면 4%의 세금만 내면 된다. 종교인은 소득의 최대 80%를 공제하는 '종교인 소득'이나 '근로소득' 가운데 하나를 선택할 수 있다. 결국 종교인 과세는 절충한 것이어서 여전히 논란거리다.

구영식 이낙선 초대 국세청장은 최초로 종교인 과세를 논의했을 때 이렇게 말했다. "구멍가게에도 세금을 매기면서 더 많은 소득을 얻는 성직자들에게 세금을 면제해주는 것은 과세공평 원칙에 어긋난다." 울림이 있는 발언이다.

안원구 이낙선 청장이 있을 때 우리나라 세수는 800억 원이었다. 지금은 400조 원이다. 그때에는 우리나라에 대기업이라고 할 만한 기업이 없을 때다. 이미 그때부터 종교인들은 큰 소득을 얻고 있었지만 헌금을 받아서 목회활동을 한다는 이유로 과세하지 않았다. 세수가 한푼이라도 아쉽던 시절이라 이낙선 초대 국세청장 처지에서는 충분히 지적할 만한 점이었다.

세금 소멸시효

구영식 국세기본법은 일정기간이 지났을 경우 세금을 부과할 수 없도록 하는 '국세부과제척기간'을 규정하고 있다. 일종의 '세금 소멸시효'라고 볼 수 있는데.

안원구 '국세부과제척기간'이란 국세를 부과할 수 있는 기간이다. 그 기간이 지난 후에는 국세를 부과할 수 없으므로 과세권이 없어지는 것을 의미한다. 이는 일정기간이 지나면 과세하지 못하도록 해서 납세의무자들에게 법적 안정성을 부여하는 것이다. 우리나라의 국세부과제척기간은 일반적으로 5년이다. 그러나 납세자가 법정신고기한까지 과세표준을 제출하지 않았을 땐 7년, 사기나 그 밖의 부정한 행위로 국세를 포탈하거나 환급·공제받은 경우엔 10년으로 연장하고 있다. 상속·증여세의 경우는 다른 세목보다 국세부과제척기간이 길다. 일반적인 상속세와 증여세의 국세부과제척기간은 10년이고 무신고, 허위신고, 누락신고의 경우엔 15년이다. 시효를 기산할 때는 과세확정 시부터 기산하는데, 신고 확정과 정부의 조사결정으로 확정되는 두 종류가 있다.

구영식 왜 이런 규정을 만들었나?

안원구 만약 국세부과제척기간이 없다면 국가가 영원히 납세자에게 부과권을 행사할 수 있을 것 아닌가. 그러면 납세의무자들은 장기간 불안정한 상태에 놓이게 된다. 따라서 납세의무자의 법적 안정성을 보장하기 위해 국세를 부과할 수 있는 기간을 법으로 정한 것이다.

구영식 그렇다면 세금 소멸시효가 지난 이후에는 어떻게 되나?

안원구 국세부과제척기간이 만료되면, 성립한 납세의무는 확정되지 않은 상태에서 자동으로 소멸한다. 한마디로 세금탈루가 있었다고 하더라도 부과제척기간이 지나면 세금을 부과할 수 없게 된다는 뜻이다. 그러나 상속세와 증여세의 경우 포탈세액의 산출기준이 되는 재산가액이 50억 원을 초과할 때에는 별도의 규정을 적용할 수 있다.

구영식 상속세, 증여세 등은 큰 세금인데 소멸시효가 지나면 부과할 수 없나?

안원구 납세의무자가 사기나 그 밖의 기타 부정한 행위로 세금을 포탈한 경우로서 국세기본법에 열거된 경우에 해당하면 정해진 국세부과제척기간에도 불구하고 과세관청이 이를 파악한 날로부터 1년 이내에 상속세와 증여세를 부과할 수 있다. 일반적으로 소득세나 법인세, 부가가치세는 사업자에게 부과하는 세금이고 상속세, 증여세, 양도세 등 재산제세는 주로 비사업자에게 해당하는 세금이다. 비사업자에게 부과하는 재산제세 세목에는 좀 더 긴 부과제척기간을 적용한다. 재산제세 세목은 세금을 부과할 원인이 장기간에 걸쳐 있을 수 있기 때문이다. 반면에 사업자에게 해당하는 세목들은 부과제척기간을 짧게 부여하는데 이는 국세청이 사업자들을 상시 관리하고 있기 때문이다. 이렇듯 세금의 종류와 특성, 그리고 세금탈루의 고의성 정도에 따라 부과제척기간을 달리 규정하고 있다.

구영식 그 전에 일어났던 일이 나중에 탈루혐의로 드러나도 세금을 내지 않아도 된다면 이것은 납세자에게 유리한 제도 아닌가?

안원구 당연히 납세자들에게 유리한 제도다. 과세기간이 지나면 과세할 수 없도록 해서 납세자가 불안해하지 않도록 만들어진 제도이니까. 형사소송법상의 공소시효와 비슷하다.

구영식 소멸시효와 세금액수가 상관 있나? 예를 들면 국세의 경우 5억 원 미만은 5년이 지나면 소멸시효가 완성되어 소멸되고, 5억 원 이상은 소멸시효가 10년이다.

안원구 세금에서는 액수로 시효를 적용하지 않는다. 그리고 소멸시효라고 하지 않고 국세부과제척기간이라고 부른다. 다만 탈루 금액과 고의성 여부에 따라 조세범 처벌법으로 처벌될 수도 있고 안 될 수도 있다. 그래서 조세범 처벌법에 해당되면 부과제척기간이 늘어날 수 있다. 사기 및 부정한 방법으로 조세를 회피하고 탈루액이 5억 원 넘으면 조세범처벌법으로 인정되고 부과제척기간도 10년으로 늘어난다.

구영식 그럼 세금부과제척기간은 국세청이 세무조사를 할 수 있는 기간이라고 보면 되나?

안원구 그렇다. 세금을 부과하기 위해선 조사가 전제되어야 한다. 과세할 수 있는 기간을 정해서 납세자들을 보호하는 것이다. 결국 조사할 수 있는 기간을 의미한다.

구영식 세금을 내지 않을 경우 가족에게 부과할 수 있나?

안원구 우리 민법은 부부의 일방이 혼인 전부터 가진 고유재산과 혼인 중 자기명의로 취득한 재산을 특유재산으로 인정하고, 특유재산은 부부가 각자 관리·수익하는 제도를 채택하고 있다. 따라서 부부라고 해도 세금을 대신 부과할 수 없다. 본인이 아닌 다른 사람에게 부과하려면 그 재산의 근원이 그 사람이라는 것을 국가가 입증해야 한다. 그렇지 않으면 민법에 저촉된다.

블랙 요원(정보수집) VS 화이트 요원(민원)

구영식　해외로 재산을 빼돌리는 경우가 많아졌다.

안원구　국제거래가 다양해지면서 재산 해외도피는 광범위하게 일어나고 있어서 현재로선 일일이 대응할 수 있는 방법은 없다. 자금을 빼돌리는 곳을 공식적으로 '조세피난처'라고 하고 은어로는 '저수지'라고 표현한다(웃음). 조세피난처의 자금 흐름을 볼 수 있는 체계적이고 조직적인 정보수집 체제를 만들어야 한다. 예컨대 국세청은 해외공관에서 기업 민원만을 해결할 게 아니라 조세피난처에서 정보를 수집하는 실무요원을 대사관에 배치해야 한다. 국세청도 국정원 못지않게 경제정보 수집활동을 하도록 실무요원을 배치해야 한다는 뜻이다. 그렇게 해외재산에 관한 은닉정보를 얻어내야 한다. 해외 조세피난처에는 국내에서 반출되는 비자금도 있지만 해외에서 수수료 등으로 받는 금액이 직접 모여들기도 한다. 무기중개 수수료 등은 해외에서 직접 조세피난처로 은닉되는 경우가 많다고 알려져 있다.

구영식 그 요원들은 해외은닉재산을 파악하는 과정에서 어떤 역할을 하나?

안원구 국제거래가 다양해지면서 조세회피가 많이 일어나고 있는데, 국세청은 세법에서 정한 탈세를 막기 위해 국가간 정보공유와 교류에 관한 조세협약을 맺고 OECD조세행정공조협약의 규정에 따르고 있다. 이러한 협약을 맺고 있어도 탈세에 관한 정보를 파악하지 못하면 협약은 무용지물이다. 은닉자산은 대부분 은행에 숨겨진 경우가 많은데 개별은행에 직접 요청해 자료를 받기가 쉽지 않다. 고객 비밀을 보호한다는 명분으로 자료를 제공하지 않기 때문이다. 사실 고객정보를 얼마나 철통같이 보호하느냐가 조세피난처로서 신뢰할 만한 곳인지를 가늠하는 평가기준 아니겠나. 그래서 현지에서 요원들이 정보활동을 통해 은닉재산 정보를 수집해야 한다. 정확한 정보는 현장에서 획득하는 경우가 대부분이다. 특히 현지의 한국인들이 도와주는 경우가 많기 때문에 현장정보 수집활동은 매우 중요하다. 조세피난처가 집중된 지역이나 동유럽, 북유럽 등지에 요원을 파견할 필요가 있다. 이와 관련해 국세청과 외교부의 공조가 요구된다.

구영식 해외에 은닉된 재산은 모두 탈세라고 봐도 되나?

안원구　해외은닉재산이라도 다 탈세라고 볼 수는 없다. 하지만 은닉하는 재산은 대부분 탈세와 관련 있다. 해외에 은닉하는 재산은 사업을 위한 자금이동이 아니고 국내 재산을 외국으로 빼돌리는 경우이기 때문에 먼저 외환관리법 위반의 문제가 있다. 해외에 은닉하는 재산의 대표적인 형태는 국내에서 탈루한 뒤 비자금을 만들어서 빼돌리는 경우와 해외에서 형성된 재산을 국내로 들여오지 않고 해외에 은닉하는 경우다.

구영식　그 해외재산 은닉을 파악할 수 있나?

안원구　현행 제도로는 파악에 한계가 있다. 왜냐하면 돈이 나가는 경우 외형상으로는 거래나 투자 형태를 취하기 때문에 그것을 계속 지켜보고 관리하지 않으면 해외은닉재산을 찾을 길이 없다. 그리고 이미 해외에 빠져나간 재산은 우리 직원이 정보를 수집하고 내용을 파악해야 하는데 현재는 그런 조직이 없다. 세금부과는 속지주의 원칙을 취하고 있어서 기업소재 국가에서 관리한다. 조사권은 소재지 국가가 가진다는 뜻이다. 따라서 해외재산을 파악하기 위해서는 해당 국가와 정보교환 협정을 맺어 상호간에 협조를 얻어야 한다. 그리고 각 대사관에 세무공무원을 배치해 정보수집활동을 벌일 수 있도록 해야 한다.

구영식　'검은머리 외국인'은 어떤 사람을 얘기하는 건가?

안원구　자금의 원천은 한국인데 외국으로 빠져나가 한국과의 연결 고리를 끊고 외국 자금화해서 외국에서 다시 한국으로 들여오는 자금을 말한다. 한국 자금이 외국에서 세탁되어 한국에 다시 외국인 자금처럼 들어왔을 때 '검은머리 외국인'이라 얘기한다.

구영식   그렇게 하는 이유는 뭔가?

안원구   탈세와 자금출처 은닉이 목적이라고 봐야 한다. 한국에서 자금을 외국으로 빼돌려서 1차로 한국 과세당국의 감시를 벗어나고, 세탁된 자금으로 다시 한국에 투자하면 2차로 외국계 자금으로서 한국에서 혜택을 누릴 수 있기 때문이다. 외국 자본으로 둔갑해 국내에 투자하면 국세청 차원의 감시감독도 느슨해질 수 있다. 이렇게 조세피난처 등에 자금을 은닉해 세금 혜택도 받고 국내에 들여와 외국자금으로 혜택을 누리고자 하는 목적이다.

구영식   주식 양도차익세, 법인세, 종합소득세를 회피하기 위한 목적이라고 봐야 하는가?

안원구   그렇다. 외국인 자금이 국내에 투자해 소득이 발생하면 사업장 유무에 따라 과세에 혜택이 많다. 론스타 사건을 기억하나? 론스타 자금 안에도 국내 자금이 있다는 소문이 있었다. 만약 소문이 사실이라면 한국 자금이 외국 자본의 탈을 쓰고 검은머리 외국인으로 둔갑해 한국 자금이 국내에서 부담해야 할 세금을 내지 않게 되는 것이다.

구영식   페이퍼컴퍼니는 주로 조세피난처에 설립하나?

안원구   그렇다. 전 세계에 50개가 넘는 조세피난처가 있다고 한다. 조세피난처에서는 보통 세율이 15% 미만이다. 심지어 세율이 0%로 세금이 없는 곳도 있다. 홍콩은 세율이 16% 정도라 조세피난처는 아니지만 실질세율이 낮아서 홍콩을 조세피난처로 활용하는 경우도 많다. 외국에서 소득이 생기면 국내와 지리적으로 가깝고 입출국이 용이한 홍콩 등에 자금을 은닉하는 경우가 많다. 대체로 페이퍼컴퍼니, 즉 서류상으로만 회사를 설립해 두고 금융을 숨긴다.

구영식   검은머리 외국인 문제를 해결하기 위해서는 결국 국세청, 금감원, 검찰 등이 모두 협조할 수밖에 없겠다.

안원구   그렇다. 새 정부에서는 이 부분을 상당히 중요한 과제로 다루고 추진해야 한다. 과거 개발시대에는 자금이 많이 부족해서 외국 자금이 차관 형태로 들어오고 외국기업이 국내에 투자하는 경우가 훨씬 많았다. 하지만 지금은 우리나라 경제력이 커져서 우리나라 기업이 나가지 않는 곳이 거의 없기 때문에 국내 자금이 해외로 나가는 과정부터 잘 살펴봐야 한다. 멀쩡한 회사를 해외에서 투자 실패로 청산했다고 하면 그렇게 믿을 수밖에 없는 것이 현실이다. 국세청은 투자국의 기업을 조사할 권한이 없으니까 일일이 가서 조사할 수가 없어서 잘 움직이던 회사가 청산했다고 해도 국내에서는 결손 처리하고 만다. 실질적으로는 멀쩡히 살아 있어도 말이다.

구영식　해외로 재산을 빼돌리거나 자금을 세탁해서 검은머리 외국인이 되어 국내에 들어오는 문제는 계속 있었던 것 아닌가?

안원구　과거에는 우리나라 돈들이 그렇게 많이 해외로 나가지 않았다. 대기업 정도를 제외하면 기업의 해외진출도 많지 않았다. 이제는 중소기업뿐 아니라 개인도 해외에 투자하는 일이 많은데 그와 관련된 정보가 부족하다. 지금은 국제거래가 많아지다 보니 '도관'을 거쳐서 국내에 들어오는 과정이 많음에도 불구하고 그것을 다 추적하지 못한다. '도관'이라는 용어는 국제거래에서 형식적 거래당사자를 일컫는다. 이러한 '도관' 뒤에 숨어 있는 실체를 제대로 확인하기에는 국제거래를 관할하는 국제조세관리관실의 조직이 미비하다. 역할의 중요도에 비해 국제거래 조사인력도 부족하고, 관리기법도 부족하다.

지하경제 양성화

구영식　국세청에서 정의하는 '지하경제'는 무엇인가?

안원구　지하경제라는 단어는 법률 용어는 아니다. 언론에서도 지하경제에 대한 명확한 정의 없이 사용하고 있다. 물론 국세청도 지하경제라는 개념이 명확하게 정립되어 있지 않기는 마찬가지다. 지하경제는 정상적인 경제활동에서 탈세를 통해 비자금을 조성한다든지 마약매매, 강도, 매춘 같은 범죄행위, 그리고 자가생산소비 등 현물소득은 있으나 계산되지 않은 경제활동을 일컫는다. 그러니까 모든 탈세행위는 지하경제에 해당한다. 때로는 혼재되어 있는 경우도 있다. 제도의 불비不備로 인해 세수로 연결되지 않는 부분도 있다. 지하경제를 제도권으로 편입시키는 게 국세청의 고유 업무다.

구영식 박근혜 정권의 국세청에 대해서는 어떻게 평가하나? 평가할 만한 게 있나?

안원구 박근혜 정부는 국세청을 너무 몰랐던 것 같다. 박근혜 정부의 첫 국세청장으로 발탁된 김덕중 국세청장은 대선공약 이행을 위해 지하경제를 양성화해서 5년간 약 18~20조 원을 더 거둘 수 있다고 했다. 우리가 통상 이야기하는 지하경제 양성화 수치와 실제 세금으로 징수되는 것은 다른 개념인데 세수로 징수되는 수치개념을 잘못 이해한 것 같다. 지하경제는 대부분 과거를 들추어서 다시 부과하는 것이기 때문에 현금으로 징수되기 어려운 세금이다. 지하경제에서 세액으로 18~20조 원을 징수하려면 10배 이상은 과세해야 할 것이다. 그만큼 지하경제에서 누수되는 세금을 징수하는 일은 매우 어렵다. 그런데 박근혜 정부에서 마치 지하경제를 양성화해서 이제까지 모르고 있던 새로운 세수확보 분야를 개척하는 것처럼 부풀려서 국민들을 호도했다. 이렇게 무지한 정책으로 인해 박근혜 정부 들어서 사회적 혼란은 물론이고 중소기업들이 부당한 세무조사로 억울한 일을 많이 겪은 것이 안타깝다.

구영식 지하경제로 세수를 확보하는 방향은 맞는 것 아닌가?

안원구 지하경제를 양성화해서 세수를 확보하는 것은 너무나 당연한 일이고 국세청은 개청 이래 끊임없이 탈세영역, 즉 지하경제를 양성화하기 위해 노력해왔다. 국세청의 주요 업무가 숨은 세원을 발굴해 양성화하는 것이다. 박근혜 정부 들어서서 새롭게 숨은 세원을 발굴하기 시작한 것이 아니다. '지하경제 양성화'란 슬로건은 '숨은 세원 발굴'을 말만 바꾼 것에 지나지 않는다. 박근혜 정부 초기에 국세청은 지하경제를 양성화해 기존의 조사세수에 더하여 연간 3~4조 원 정도를 더 거둘 수 있다고 했다. 그렇게 지하경제를 양성화해 5년간 18~20조 원을 거두면 복지수요를 충당할 수 있다는 슬로건을 내걸었지만 처음부터 가능하지 않은 목표였다.

구영식 국세청이 계속 지하경제를 양성화하기 위해 계속 노력해왔다는 말인가?

안원구 그렇다. 내가 계속 얘기하던 '숨은 세원 발굴'이 지하경제 양성화와 같은 얘기이다. 처음 '지하경제 양성화' 슬로건을 내세웠을 때 나는 무리한 목표를 설정한다고 생각했다. 그동안 숨은 세원 발굴을 위해 국세청이 부단히 노력해왔지만 정상 기업들의 조사세수까지 포함해도 전체 세수의 2.5~3% 정도에 그쳤다. 지하경제를 양성화하겠다고는 했는데 그것이 어려우니까 부족한 세수를 채우기 위해 제도권에서 정상적으로 활동하는 기업이나 사람들을 더 쥐어짜는 일이 생겼다. 그러다 보니 국세청에서 중소기업 같은 제도권 기업들을 더 압박하는 결과를 가져오게 된 것이다.

구영식 제대로 지하경제를 양성화하려면 어떻게 해야 하나?

안원구   지하경제를 양성화로 접근하는 것보다는 그동안 포착하지 못한 지하경제 영역을 추가로 찾아서 세금을 징수하는 쪽으로 방향을 잡아야 한다. 예를 들면, 밀수거래처럼 실물거래를 하면서도 구조적으로 제도권에 편입되지 않은 음성적 현금거래를 제도적 장치를 마련해 양성화하는 방법이 있다. 또 불법행위이긴 하나 사업소득이 발생하는 경우 무허가 카지노 사업 같은 과세체계로 편입시키는 행위도 지하경제 양성화이다. 무허가 파친코 사업은 불법이지만 그 사업소득에는 과세할 수 있다. 범죄행위에 쓰인 금원만 몰수·추징하는 데 그치지 말고 사업소득 모두를 추징해야 한다는 의미다.

그뿐만 아니라 해외경제 활동도 지하경제에서 중요한 비중을 차지한다. 해외 발생 소득이 국내에서 나간 자금이 맞느냐, 내국인의 요건을 갖추고 있느냐가 세금부과의 기준이 된다. 인바운드(국내)가 아닌 아웃바운드(국외)에서 생성된 소득이라 하더라도 신고가 안 되었다면 탈세이기 때문이다. 이를테면, 최순실의 해외자금은 이전가격 조작이나 가장투자를 통해 해외로 빼돌린 경우다. 해외에서 움직이고 있는 이런 자금이 소위 '검은 머리 외국인' 자금이다. 최순실 재산은 해외 부동산, 펀드, 기업지분 형태로 은닉되어 있다. 이런 자금을 찾아서 국내로 들어오게 하는 것이 지하경제 양성화다. 앞으로 국세청의 세수를 확보하는 데 이를 정상화하는 것이 우선되어야 한다. 국세행정의 블루오션 영역이다.

구영식 결국 박근혜 정부의 국세청이 강도 높은 세무조사를 벌였다고 봐야겠다.

안원구 박근혜 정부가 출범한 뒤 경기침체가 겹치면서 매년 10조 원 가까운 세수부족이 발생했다. 그러자 지하경제 양성화를 통해 세수 부족분을 채우고자 무리하게 세수확보에 나선 것도 사실이다. 중소기업들 사이에서도 세무조사가 많다고 아우성이었다. 박근혜 정부 4년 동안 계속 그랬다. 그렇게 무리한 세정활동이 납세자들에게 크고 작은 불만을 축적시킨 중요한 요인 중 하나라고 생각한다. 공정하지 않다는 불만이 차곡차곡 쌓여서 그토록 많은 시민들이 '바꾸겠다'는 의지를 적극적으로 드러내며 박근혜 정부 탄핵 촛불집회에 참여한 동인이 됐다고 본다.

구영식 '이명박근혜'로 불릴 정도로 이명박 정부와 박근혜 정부는 국민들에게는 별 차이점이 없는 정부로 인식되는데 세금정책도 관련이 있나?

안원구 그런 점이 있다고 생각한다. 세수확보는 정부 재정을 운영하는 처지에서 정말 중요하다. 특히 법인세는 세수비중의 중요한 위치를 점유한다. 그런데 대기업의 경쟁력과 외국기업들의 투자유치에 걸림돌이 된다는 명분을 내세워 이명박 정부 때부터 법인세율을 낮춘 채 움직이지 않고 있다. 법인세 인상 문제는 지금도 여야가 첨예하게 대립하고 있는 사안이다. 이명박 정부에서 내린 법인세는 올리지 않으면서 개인납세자, 영세사업자들한테는 코 묻은 돈까지 걷어갔다. 담배세를 인상한 것이 그 대표적인 사례이다. 그러니까 납세저항이 상당히 클 수밖에 없다.

더구나 박근혜 정부는 조세정책에서도 박정희 정부를 답습하는 것으로 보인다. 1977년에 박정희 정권이 재벌에게 세금을 부과하기보다 간접세를 도입해 거래과정에 손쉽게 세금을 부과하려 해서 납세자들의 반발을 샀다. 거래세인 부가가치세는 거의 모든 국민들이 물건을 사면 내게 되는 세금이었기 때문이다. 이것이 부마사태의 원인이 되고 결국 10.26이 일어난 원인으로 꼽는다. 박근혜 탄핵을 이끌어낸 촛불 민심의 기저에는 그와 크게 다르지 않은 정서가 깔려 있다고 본다. 세정활동이 단순한 것 같지만 국민에게는 피부에 직접 와 닿는 생존의 문제일 수 있다. 다른 어떤 것보다 직접적으로 납세자인 국민들의 심리에 영향을 미칠 수 있는 요인이다. 정말로 지하경제를 양성화하려고 했다면 제도권 밖에서 이루어지는 탈세영역을 발굴했어야 했다. 지하경제는 땅속 경제가 아니다.

구영식 지하경제 규모가 161조 원이라는 분석도 있다.

안원구 우리나라 예산 규모로 봤을 때 약 40% 정도를 지하경제 규모로 추정한다는 얘기다. 어떤 기관이 어떤 가정과 변수를 적용해 산출하느냐에 따라 그 추정치가 극단적으로 달라지기 때문에 규모보다는 연도별 증감 추세를 보는 것이 더 의미가 있다. 한국조세재정연구원의 분석에 의하면 2013년부터 2015년까지의 지하경제규모는 국민총생산 대비 8.7~8% 정도로 점차 줄어드는 추세라고 한다. 신용카드, 현금영수증제도 등 인프라가 구축되고 FIU(금융정보분석원)의 현금거래 감시로 지하경제 거래는 점점 어려워지고 있다.

구영식 지하경제의 경우 어떻게 탈세를 추적하는가?

안원구　국세청의 모든 활동이 지하경제를 양성화하는 과정이라고 보면 된다. 신고독려, 세원개발, 조사활동 등 모든 것이 지하경제 양성화의 일환이다. 무등록사업자, 현금거래를 이용한 탈세, 세금계산서 미발급, 범죄행위 수익, 해외 소득 등을 과세권으로 흡수하는 것을 목표로 탈세추적의 다양한 활동을 하고 있다.

구영식　일반 탈세조사와 다른가?

안원구　지하경제 양성화를 위한 조사가 국세청 조사 본연의 일이다. 제도권 밖에서 일어난 것을 조사하든 정상거래에서 누락된 것을 조사하든 본질적으로는 같은 조사이지만, 지하경제는 마약거래나 범죄조직이 개입된 탈세처럼 국세청의 영역을 벗어난 행위가 있기 때문에 검찰권 행사와 겹치는 부분이 있어서 국세청의 과세권 행사에 제한이 있는 경우도 있다.

구영식　지하경제의 탈세를 추적해 과세한 뒤 실제로 징수한 실적은 어느 정도인가?

안원구　결국은 그것도 조사에 의한 세수라고 보면 된다. 지하경제 양성화로 인한 조사 세수가 전체 세수의 1~1.5% 수준에 불과하다. 박근혜 정부에서 더 늘어난 것은 없을 것이다. 소리만 시끄러웠지 조사 세수가 크게 늘지 않았을 것이다.

구영식　국세청은 박근혜 정부 3년간 지하경제 양성화로 9조 7000억 원의 세금을 추징했다고 발표했지만, 실제로는 3조 3000억 원에 그친 것으로 드러났다. 중복 집계해서 실적을 부풀렸다는 것이다.

안원구　3년 동안 3조 3000억 원이면 1년에 1조 원 수준이다. 추징액이 연 1조 원이라면 실제 고지한 과세액은 과연 얼마였겠나? 부과한 세금에 비해 납부된 세액, 즉 과세 대비 징수율은 상당히 떨어지기 때문에 1조 원의 세금이 징수되었다면 부과한 세액은 훨씬 컸을 것이다. 제도권에 나타나지 않는 세원을 찾아서 과세할 수 있다고 해도 그 사람이 당장 수중에 돈이 없을 수도 있다. 그래서 과세해도 실제로 징수되는 세금은 미미하다.

역외탈세가 이루어지는 세금천국

구영식 국제탐사보도언론인협회ICIJ가 조세피난처 프로젝트를 진행하고 있는데, 기업이나 개인이 조세피난처를 이용하는 이유는 무엇인가?

안원구 조세피난처로 이용되는 나라들의 특징은 세금이 거의 없거나 세율이 아주 낮다는 점이다. 다시 말하면 세율이 15% 미만인 나라를 조세피난처, 택스 헤븐TAX HAVEN 국가라고 부른다. 이런 나라들은 출처가 불분명한 비자금을 숨겨줌으로써 얻은 소득으로 먹고산다. 국내에서 얻은 소득을 해외에 은닉하거나, 해외소득을 국내로 가져오지 않으려는 사람들이 주로 조세피난처 나라를 이용한다. 대부분 독재정권의 비자금, 재벌기업들의 비자금, 무기거래 커미션, 출처를 밝힐 수 없는 자금들이 비밀보장이 되는 조세피난처로 흘러가는 것이다.

구영식 조세피난처에는 어떤 나라들이 있나?

안원구 조세피난처도 OECD기준의 이행 여부에 따라 완전이행국(화이트 리스트), 불완전이행국(그레이 리스트), 불이행국(블랙 리스트)으로 분류한다. 또 세금이 제로인 택스파라다이스(바하마, 버뮤다, 케이먼 군도 등), 국외소득 비과세 국가인 택스쉘터(홍콩, 라이베리아, 파나마 등), 특정법인과 특정사업에 비과세하는 택스리조트(룩셈부르크, 네델란드, 스위스 등)로 구분하기도 한다.

구영식 조세피난처는 어떻게 먹고사나?

안원구 조세피난처 국가에서는 대부분 페이퍼컴퍼니 형태로 법인을 설립하거나 은행에 계좌를 개설하는 형태로 돈을 은닉한다. 통상적으로 은행에 돈을 맡기면 예금에는 이자를 지급하지만 조세피난처는 대부분 제로 금리 나라이므로 오히려 예금주가 예탁비용을 은행에 낸다. 따라서 페이퍼컴퍼니 개설과 관리수입이 다른 하나의 수입원이 될 것이고, 적으나마 법인세도 수입이 된다. 법인세율은 낮지만 페이퍼컴퍼니는 주소지만 있을 뿐 공간을 사용하는 회사는 아니기 때문에 회사 수가 많으면 세금도 충분한 수입이 될 것이다.

구영식 영국 자선단체인 옥스팜은 '제3세계 독재자나 마약왕이 조세피난처에 숨겨 놓은 자금은 많지 않다'라며 '애플·월마트·GE 등 거대 글로벌 기업이 조세피난처의 주 고객이다'라고 주장했다.

안원구 과거에는 주로 독재자나 거대 범죄조직이 조세피난처를 이용했지만 점차 거대 글로벌 기업들이 세테크 차원에서 이런 곳을 이용하는 경우가 늘어난 것으로 알고 있다. 거대 글로벌 기업의 경우 세율 차이에 따라 부담세액에서 큰 차이가 나니까 그런 유혹이 클 것이다. 사업구조상 불가피하게 조세피난처에 법인의 주소지를 두는 경우도 있다. 선주업이 대표적인 사례이다. 대표적인 1선박 1회사인 선박회사는 일반적으로 주소지를 조세피난처에 둔다. 선주회사는 보통 선박을 건조해 나용선 계약(선박 이외에 선장과 선원, 장비와 소모품에 모든 책임을 부담하는 용선 계약)을 통한 사업구조를 갖고 있다. 게다가 선박건조에 필요한 대부분의 초기자금을 은행에서 빌려서 배를 건조하기 때문에 세금이 많은 국가에 회사 주소지를 두게 되면 은행에서 자금을 원활하게 차입하기가 어렵다. 은행으로서도 빌려준 자금의 조기회수가 중요한데 납부 세액이 많으면 원금 회수가 후순위로 밀리기 때문이다.

구영식 조세피난처를 이용한 탈세를 '역외탈세'라고 하는데 역외탈세란 무엇인가?

안원구 역외탈세는 국내가 아니라 해외에서 탈루한다는 개념이라고 생각하면 쉬울 것이다. 대부분의 국가에서처럼 우리나라도 세법상 '속인주의'와 '속지주의'의 두 가지 제도를 병행하고 있다. 한국인인 납세의무자에게는 '속인주의'를 기준으로 전 세계 소득을 과세하고, 외국기업이나 외국인에게는 '속지주의'를 적용하여 한국 내에서 발생한 국내원천소득에만 과세한다. 한국인이 해외에서 사업소득이 발생하면 '속지주의'에 의해서 사업장 소재국의 세법에 따른 세금을 납부하고, '속인주의'에 의해 국내세법에 따른 세금을 국내에 추가로 납부해야 한다. 이때는 해외에 납부한 세금은 공제하고 나머지만 국내에 납부하면 된다. '속인주의'를 적용받는 대상은 국적이 한국인이라고 하더라도 1년에 6개월 이상 국내에 거주하거나 주소지가 국내에 있는 경우만 해당된다. 이러한 세법 규정에 따른 세금을 국내에 납부하지 않는 것을 역외탈세라고 보면 된다.

구영식 속인주의에 의해서 역외탈세를 규제하는 근거는 무엇인가?

안원구 한국인이 해외에서 소득이 생겼는데 국내세법에 의한 세금 신고를 하지 않는다면 속인주의 기준에 의한 탈세행위에 해당된다. 이제는 한국자본이 해외로 진출해 활발한 경제활동을 하고 있는 시대가 되었다. 그러다 보니 한국인이 해외에서 사업소재국의 규제나 조사를 받는 일이 종종 발생한다. 하지만 평소 그 한국인이 국내에 해외소득을 신고하지 않았다면 한국인이라고 해도 우리나라 국세청이 나서서 도와줄 수 있는 근거가 없다. 이런 이유로 2007년에 내가 국제조세 관리관으로 있을 때 처음으로 '세적稅籍'을 만들자고 제안했다. 당시만 해도 해외에 진출한 한국인들의 실태도 다 파악하지 못하고 있는 실정이었다. 한국은행이나 수출입은행 등을 통해 우리 자금이 외국에 나가거나 내국인이 외국에서 사업해서 벌어들인 수익을 국내 세법에 의해 신고하도록 세적을 만들어야 한다는 생각이었다. 2007년부터 국제 조세관리관실에서 고유번호(세적과 유사) 만들기 업무를 시작했었으니 지금은 많은 자료가 축적되었을 것이다.

구영식   '세적'을 만든다는 것은 무엇을 의미하나?

안원구   사람이 태어나면 출생신고로 호적戶籍이 만들어지는 것처럼 사업자는 사업개시를 신고하여 세적을 만드는 것이다. 국내에서도 사업을 하게 되면 사업자등록을 하지 않나. 그것이 바로 세적이다. 해외에 진출한 한국인의 경우는 국내와 같은 사업자등록증은 아니지만 고유번호를 부여해 세적으로 사업자등록증에 갈음하는 것이다. 그렇게 함으로써 신고납부 의무와 동시에 국가로부터 보호를 받을 수 있는 권리를 갖게 된다. 세적 정리는 복지수요가 계속 증가하는 환경에서 세수확보를 위한 블루오션이라고 생각한다.

구영식　특히 국제거래가 활발해지면서 다국적기업의 조세회피 행위가 빈번해지고 있는데 이것을 차단할 수 있는 방안은 없나?

안원구　다국적 기업은 여러 나라에 걸쳐 영업 내지 제조 거점을 가지고 국가적 경계에 구애받지 않고 활동하는 세계적인 기업이므로 해외 여러 곳에 거점을 두는 경우가 많다. 따라서 조세회피 유혹에 노출돼 있고, 조세를 회피하기 위해 세율이 낮은 조세피난처를 이용한다. 이들 다국적 기업의 조세회피 행위를 차단하려면 다국적기업에 관한 정보를 가지고 있어야 한다. 그래서 국가간 정보교류 협약, 금융거래 정보교환 협정을 통해 움직임을 정확히 파악해야 한다. 그리고 최근에는 펀드형식의 투자자금으로 투자활동을 하고 있는데, 사업장 소재의 유무가 과세의 쟁점이기 때문에 의사결정을 하는 사업장 여부에 따라 과세 방식이 달라진다. 즉 사업장이 국내에 있으면 펀드를 사업주체로 보아 국내에서 과세해야 하고, 단순한 펀드라면 해외에 있는 자금의 주체에게 과세하도록 통보한다.

'론스타'라는 사모펀드를 기억할 것이다. 미국계 사모펀드인 론스타는 2001년에 서울 강남구 역삼동 '스타타워' 건물을 매입, 2004년에 매각해 단 3년 만에 2500억 원대 시세차익을 얻었다. 이에 국세청이 론스타에 양도소득세를 부과했다. '론스타'가 국내에서 부동산을 샀다가 양도차익을 실현했으니 세금을 내야 한다는 것이 국세청의 주장이었다. 그러나 론스타는 한국과 벨기에의 조세조약상 양도세 부과는 부당하다며 소송을 제기했다. 론스타의 실질적인 자금의 출처는 해외 사모펀드 자본이었으나 겉으로는 벨기에의 유령회사로 포장되어 있었던 것이다. 결국 법원은 한국과 벨기에가 맺은 조세조약에 따라 양도세 부과는 부당하지만, 법인세법상 스타타워 주식 양도소득의 실질적인 귀속자로서 론스타는 법인세 납세 의무자에 해당한다고 판시했다. 결국 론스타는 1040억 원의 법인세를 내게 되었다. 비록 반쪽짜리이기는 하나 국내에서 천문학적인 투자수익을 거두고 '먹튀'하는 해외자본을 상대로 국세청이 끈질긴 추궁으로 승소를 이끌어 냈다는 점에서 의미 있는 사건이다.

구영식 외국 과세당국과의 협정 등을 통해 정보교환 등이 필요할 것 같다.

안원구　론스타처럼 펀드의 사무실 자체가 의사결정을 하는 사업장이 되는지 여부에 따라 과세의 객체가 달라진다. 즉 국내 사업장이 있다고 판단되면 국내 법인에게 과세해야 하고, 없다고 판단되면 펀드의 실소유주를 찾아서 과세해야 한다. 펀드의 원천을 따라가 보면 펀딩할 때 주체가 외국인들일 수도 있고 국내 소유주일 수도 있다. 그래서 정확한 정보를 파악하는 것이 중요하다.

선박왕, 구리왕, 완구왕

구영식 역외탈세가 광범위한 개념인가?

안원구 국외에서 일어나는 모든 탈세를 역외탈세로 규정하고 있으므로 광범위한 개념이면서 다소 모호한 부분도 있다. 비거주자인 재외국민은 해외소득을 국내에 신고할 의무가 없다. 한국 국적을 가지고 외국에서 살면서 사업하는 사람을 '한상韓商'이라고 부르는데 국내에서 1년에 6개월 이상 거주하지 않고, 국내에 주소가 없는 경우가 대부분이다. 그런 사람들에게 국내 세법으로 과세할 수는 없다.

구영식 역외탈세의 유형에는 어떤 것들이 있나?

안원구 해외에 회사를 설립해서 국내에서 투자 명목으로 자금을 보낸 다음 몇 년 후 투자에 실패했다며 손실로 국세청에 신고한다. 그리고 그 해외의 회사를 다른 이름으로 바꾸어서 운영하거나 자산의 형태를 바꾸어서 추적을 피하는 유형이 있다. 또 국제거래 과정에서 정상가격보다 높거나 낮게 가격을 조작해 해외로 자금을 빼돌리는, 이른바 이전가격조작을 통한 역외탈세도 있다. 무기거래를 하고 커미션을 받았을 때 국내에 그 소득을 들여오지 않고 해외에 계좌를 두고 바로 해외로 빼돌리는 것도 역외탈세 유형의 하나다. 역외탈세는 사업하는 형태로 이루어진 게 있고, 그냥 금융거래 계좌형태로 이루어진 것도 있다.

구영식 몇 년 전에 '시도상선 권혁 사건'도 역외탈세에 해당되나?

안원구 2011년에 '극동의 선박왕'이라고 불리던 권혁을 세무조사 하고 조세범으로 고발한 사건이 논란이 된 적이 있었다. 국세청에서는 역외탈세의 전형적인 사례로 보아 조세범으로 고발까지 했다. 권혁은 20년 넘게 일본과 홍콩에서 사업을 해 온 사람이다. 권혁은 한국 국적의 재외국민으로, 친척을 만나러 한국에 오긴 했지만 1년에 6개월 이상 한국에 머문 적은 없다고 주장했다. 그러나 국세청은 권혁을 한국 거주자로서 조세피난처에 세적을 두고 탈세했다고 보고 과세했다. 거주자 요건에 해당하느냐 아니냐를 두고 해석상의 논란의 여지는 있다.

구영식 권혁 회장은 조세피난처를 이용해 역외탈세를 한 적이 없다며 억울하다고 반박했다.

안원구 선주업은 사업구조상 조세피난처에 세적을 두는 것이 일반적

이다. 앞에서도 설명했듯이 1선박이 1회사여서 국적기를 달고 회사소
재지 국가를 나타낸다. 선박건조 자금은 은행에서 90% 이상을 빌려서
충당하는 경우가 대부분이다. 그러다 보니 자금을 빌려주는 은행은 자
금의 조기회수에 유리한 조세피난처의 국적기를 선호한다. 조세피난
처는 세금 제로인 경우가 대부분인 반면 한국 같이 세율이 높은 나라
라면 국적기 선박의 자금회수 기간이 길어지기 때문이다. 이와 같은
이유로 은행에서 조세피난처처럼 세금이 없는 나라의 국적기를 달라
고 요구하는 것이다. 선주업의 특성상 탈세를 목적으로 조세피난처를
선택한 것이 아니라는 권혁의 주장에도 일리가 있다고 볼 수 있다.

구영식 이명박 정부 시절 국세청에서 역외탈세를 뿌리 뽑겠다고 대대
적으로 조사했던 것으로 기억하는데 성과가 있었나?

안원구 이명박 정부에서 역외탈세추적전담센터를 만들어서 '완구왕
박종완', '구리왕 차용규', '선박왕 권혁'을 6개월 동안 세무조사 해 총
3392억 원을 과세하고 관련자를 조세범칙 처분한 일이 있었다. 그러
나 기대와는 달리 '왕'들을 대상으로 한 조치는 별다른 성과를 거두
지 못했던 것으로 보인다. 구리왕은 과세전적부심사 단계에서 과세
가 취소되었다. 선박왕의 탈세 혐의는 1심 유죄 판결이 항소심에서 뒤
집혀 조세범 혐의는 사실상 무죄가 선고되었고, 대법원에서 추징세액
826억 원이 잘못 부과된 것으로 결론났다. 완구왕은 비거주자로 판단
되어 세금부과는 취소되었고, 조세범 처벌법 소송에서만 1심은 무죄,

2심은 유죄로 판결났다. 최종 결론은 아직까지 대법원에 계류 중이다. 역외탈세 과세의 당위성은 인정하지만 국세청이 정권의 눈치를 보면서 구체적인 준비도 되지 않은 상황에서 무리하게 세금을 추징했다는 비판이 나오는 대목이다.

구영식　국세청 자료에 따르면, 한국의 역외탈세 적발건수가 해마다 크게 늘어났다. 2008년 1503억(30건), 2009년 1801억(54건), 2010년 5019억(95건), 2011년 9637억(156건), 2012년 8258억(202건)으로 크게 늘어났다. 그 이유는 무엇이라고 보나?

안원구　조세피난처에 소득을 숨기는 사람들이 많아진 것도 하나의 요인이고, 국가 간의 정보교환협정도 늘어나서 과세 정보가 풍부해진 것도 또 하나의 이유가 아니겠나. 국제거래가 많아지고 있어서 역외탈세 건은 국세청에 적발된 것보다 훨씬 많을 것이다. 우리가 개발도상국가였을 때에는 외국자금이 한국으로 들어오는 경우가 많았지만 지금처럼 한국자금이 외국으로 나가는 경우가 많아진 환경에서 역외탈세 건수가 증가하는 것은 자연스러운 일이다.

구영식　역외탈세를 막는 제도가 미비한 것인가 아니면 조사를 제대로 못하고 있는 것인가?

안원구　제도도 미비하고 조사도 제대로 못하고 있다. 앞서 얘기한 것처럼 우리나라가 개발도상국 시절에는 주로 외국에서 우리나라로 돈이 들어왔지 우리가 외국에 투자하는 경우는 드물었다. 그러다가 OECD에 가입할 무렵인 1996년경부터 우리나라 자금이 해외로 진출하는 기회가 본격적으로 늘어났다. 국제거래가 빈번해지고, 특히 중국이 해외자본 유입을 허용하면서 우리 자본이 중국으로도 많이 진출하기 시작했다. 인도네시아, 베트남 등 동남아뿐만 아니라 친디아 Chindia(중국과 인도)에도 우리나라 기업과 자본이 많이 나가 있다. 그럼에도 역외탈세 방지를 위한 제도적 장치는 이러한 환경의 변화를 따라가지 못하는 실정이다. 또 국가 간의 조세협약이나 정보교환을 계속 늘려가고는 있지만 그 속도가 느리므로, 현지에 국세청 정보요원들을 상주시켜서 정보를 파악하는 것도 필요하다. 우리나라 해외대사관에 정보를 수집하는 국정원 직원들은 있지만 국세청 직원들은 없다. 이제는 해외에 진출해 있는 기업과 그들이 거래하는 정보를 수집할 수 있는 실무자들을 대사관에 파견해서 역외탈세와 관련한 정보를 수집하도록 조치하는 게 중요하다. 외교부 등 관계부처와 협의해 빠른 시일 내에 해결해야 할 문제라고 생각한다.

구영식　국제조세관리관으로 지냈으니 그 당시에 그런 노력을 하진 않았나?

안원구　그렇지 않아도 내가 국제조세관리관으로 있을 때 우리나라 사람이 사업을 위해 외국에 진출한 경우가 많으니 기업활동도 도와주고 역외탈세도 잡는 두 가지 측면에서 국세청 직원 정원을 늘리자고 외교부와 청와대에 요구했었다. 고위직을 줄이더라도 해외공관에서 역외탈세를 추적하는 실무진을 늘리자고 했지만 외교부 설득에는 성공하지 못했다. 직원을 다른 기관에 보내고 늘리는 문제가 단순히 국세청 자리를 늘리는 것으로 비춰져서 설득이 어려웠다. 더구나 청와대와 외교부에 설명하고 진행하는 중에 대구지방국세청장으로 발령나는 바람에 내가 마무리를 못하고 국제조세관리관실을 떠나게 되었다. 나중에 듣기로는 내가 떠나고 나서 흐지부지되었다고 한다. 지금이라도 필요한 실무진을 해외공관에 보내야 한다. 교민과 접촉하다 보면 여러 가지 정보를 수집할 수 있다. 지난 1월부터 최순실일가 재산추적차 독일에 가보니 그 필요성을 다시 한번 느꼈다.

구영식 현재는 국가 간에 역외탈세 정보를 공유하나?

안원구 2014년에 베를린에서 다자간조세정보자동교환협정이 54개국 사이에 처음 맺어졌고 점차 가입국이 늘어나서 2016년 기준으로 78개국이 조세정보를 교환하고 있다. 2017년부터 90여개국으로 늘어난다고 한다. 이것뿐만 아니라 양자 간 정보교환협정도 맺고 있다. 앞으로 점차 정보교환협정 대상국은 확대될 것으로 보고 있다. 그러나 주로 은닉자금을 숨겨놓은 조세피난처 국가들은 협정 자체를 기피하기 때문에 아직까지는 큰 실효를 거두지 못하고 있다.

구영식 역외탈세는 세금 추징에서 끝나나?

안원구　그렇지 않다. 세금 추징에서 끝나지 않고 조세범으로 처벌하는 경우가 많다. 고의로 탈세하기 위해 사기나 기타 부정한 방법으로 조세를 회피하면 조세범으로 처벌하는데 역외탈세의 특성으로 인해 조세범 처벌법에 해당되는 경우가 많다. 세금추징과 더불어 형사범으로 처벌받게 된다. 또한 자금의 유출 원인에 따라서 횡령이나 배임죄로 형사처벌해야 할 경우도 있고, 범죄수익은닉죄로 처벌해야 할 경우도 있을 것이다. 국내자금이 해외로 빠져나갔다면 외환거래법 위반죄로 처벌해야 할 수도 있다.

3부

'추상_{秋霜}' 같은 국세청

구영식 국세청에는 언제 들어갔나?

안원구 1982년 행정고시 재경직에 합격했다. 그리고 1983년에 1년간 연수받고 간 첫 발령지가 국세청이었다.

구영식 국세청을 선택한 특별한 이유가 있었나?

안원구 당시에는 경제기획원과 재무부가 있던 시절이었다. 1982년 재경직에 합격했는데, 행정고시가 재경직과 행정직, 사회직, 교육직으로 처음 나누어진 해였다. 그래서 행정고시 재경직으로 따지자면 1회다. 재경직에 14명을 뽑았는데 지방대에서는 나 혼자 합격했다(웃음). 당시 경제기획원과 재무부는 우리나라 경제정책을 수립하는 부서였다. 국가의 경제정책을 수립하는 곳에서 근무하고 싶었던 것이 내가 재경직을 선택한 이유다.

그런데 부처를 배정하는 과정에 군필자들을 우선 배정하는 바람에 내가 원했던 경제기획원이나 재무부의 정원이 다 차버려 국세청을 가게 됐다. 당시에는 국세청이 재무부 산하기관이고, 국세청에 가면 재무부로 갈 수 있는 징검다리라고 생각했다.

구영식 국세청은 1966년 3월 재무부의 외청으로 개청했으니 재무부(기획재정부)와 연관성이 높은 부서이긴 하다.

안원구 재무부에 '사세국'이라고 부서가 있었다. 그 사세국이 재무부의 외청으로 독립해 국세청이 됐다. 박정희 정권, 공화당 시절에 만들어진 조직이다.

구영식 그렇게 들어가 직접 겪어본 국세청은 어땠나?

안원구 종로에 있던 광화문세무서에서 연수를 받고 사무관으로 임관해서 처음으로 간 곳이 서대구세무서였다. 서대구세무서는 대구지방국세청 산하였는데 거기서 총무과장으로 일했다. 부가가치세 제도가 도입된 지 얼마 안 된 때였다. 그 당시에는 사람들이 줄을 서서 세금을 신고하고, 그것을 세무서 직원들이 받아줘야 하는 상황이었다. 요즘과 다르게 협의과세처럼 세무서 직원이 세금신고를 받아줘야 끝났다.

당시에는 납세자들이 국세청 직원들을 하늘처럼 대하는 것과 같았다. 사업하는 사람들에게 국세청 직원들은 거의 저승사자나 마찬가지였기 때문이다. 어떤 사람은 울며불며 세금신고를 받아 달라고 사정하기도 했다. 납세자들이 준비해온 서류를 국세청 직원들이 집어던지는 것도 봤다. 이런 것들을 보고 국세청이 엄청난 권력기관이구나 하는 것을 느끼고 충격을 받았다. 그 후 몇 번의 조직변화를 거치면서 국세청 개혁이 이루어졌고, 그에 따라 지금은 납세자와 직접 접촉하지 않고도 세금신고가 이루어지고 있다. 정말 많이 달라졌고, 좋아졌다.

구영식 국세청이 얼마나 중요한 기관이라고 생각하나?

안원구 국세청은 국가 재정 수입을 뒷받침하는 곳이다. 어떤 조직이든 회비가 있어야 운영되듯 국세청이 국가 재정수입을 뒷받침하지 않으면 국가가 존재하기 어렵다.

구영식 세무조사권이 있기 때문에 국세청을 국정원, 검찰, 경찰과 함께 '4대 권력기관'이라고 부른다.

안원구 정보를 많이 가지고 있고, 수사하고 조사할 수 있는 권한 유무에 따라 권력기관 여부가 갈린다. 그런 기능과 권한을 통해 상대방의 의지와 상관없이 자신의 뜻을 관철할 수 있는 것이 권력이다. 국세청은 경제정보를 다 가지고 있다. 기업인들한테는 인신구속보다 경제적 부과권(세금 부과)이 더 큰 영향을 미친다. 인신구속보다 재산권 침해를 더 괴로워하는 사람이 많다. 그런 의미에서 국세청을 최고의 권력기관이라고 느낄 수도 있을 것이다.

국세청 둘러보기

구영식 국세청은 국가재원(재정)을 조달하는 기관이다. 한마디로 세금을 징수하는 기관인데, 국세청이 징수하는 세금에는 무엇이 있나?

안원구 세금은 크게 내국세와 관세로 나뉘고, 내국세에는 국세와 지방세가 있다. 국세 안에는 세목별로 법인세, 소득세, 상속·증여세, 부가가치세, 특별소비세, 주세 등이 있다. 큰 세목들은 내국세 안에서 직접세와 간접세로 나뉜다. 직접세는 소득이 있는 사람에게 직접 부과하는 세금이다. 소득세, 법인세, 상속·증여세 등이 직접세다. 간접세는 거래가 일어나면 소득과 상관없이 징수하는 세금이다. 일종의 거래에 매기는 세금인데, 부가가치세나 특별소비세, 주세 등이 간접세다.

구영식 가장 비중이 큰 세금은 무엇인가?

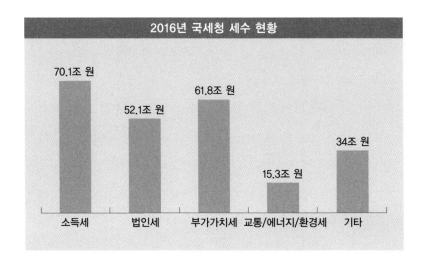

2016년 국세청 세수 현황

- 소득세: 70.1조 원
- 법인세: 52.1조 원
- 부가가치세: 61.8조 원
- 교통/에너지/환경세: 15.3조 원
- 기타: 34조 원

안원구 법인세와 소득세, 부가가치세의 세 개 세목이 세금의 대부분을 차지한다. 그중에서 부가가치세가 통상 가장 큰 비중을 차지하고 어떤 해는 소득세가 1등을 할 때도 있다.

구영식 세금 징수 기능 외에 정책수단으로 활용되는 기능에는 무엇이 있나?

안원구 옛날에는 물가가 오르면 국세청이 동원됐다. 경제기획원이 있던 시절의 이야기다. 다방 커피값이 올라가면 국세청 직원이 다방에 입회도 했다. 또 외제차를 타고자 하는 사람들은 국세청의 눈치를 봤다. 국산품을 애용해야 한다는 정책에도 국세청이 동원된 것이다. 부동산 투기가 일어나면 국세청이 대대적으로 나서 부동산 투기를 조사했다. 국세청이 부동산 투기 조사를 공표하는 것만으로도 투기 열풍이 가라앉기도 했다. 그런 취지로 생겨난 세금이 투기억제세인데 이것은 지금의 양도소득세에 해당한다.

이렇게 국세청이 만병통치약처럼 국가의 정책수단으로 동원될 때가 있었다. 하지만 요즘에 물가가 올라간다고 커피값을 단속해서 물가가 잡히겠나? 30여 년 전의 얘기다. 이제는 그러한 정책기능이나 역할이 많이 축소되거나 없어졌다. 그러나 최근 실업대란이 사회문제로 대두가 되고 일자리 창출이 국민적 관심사가 되었다. 따라서 국세청도 일자리 창출을 뒷받침하는 병풍역할이 주어진 것으로 보인다.

구영식 국세청이 전국에 6개(서울, 중부, 대전, 광주, 대구, 부산)의 지방청을 두고 있는 이유는 무엇인가?

안원구 종전에는 세무조직을 관리하는 통신수단이 원활하지 않았다. 요즘처럼 인터넷망도 없었다. 그러다 보니 중간 단위 광역관리 조직의 필요성이 있었다. 본청이 직접 세무서를 관리하기 어려우니까 지역별로 6개 지방청을 둔 것이다.

구영식 경기와 인천, 강원을 묶어서 '중부지방국세청'을 만든 특별한 이유가 있나?

안원구 서울청과 중부청이 세수의 대부분을 차지한다. 전체 세수를 100이라고 봤을 때 대구청의 경우 3% 안팎이다. 3%의 상당부분도 포스코의 세수다. 광주청이나 대전청도 마찬가지다. 대부분이 서울(서울청), 경기·인천(중부청)에서 나온다. 그런데 서울과 경기를 묶으면 워낙 커져 버린다. 지리적 문제도 있지만 세원 구성, 세수 측면에서도 지나치게 광대해진다. 그래서 그것을 분리할 필요가 있었다. 그런데 세원만 가지고 분리할 수 없으니 지리적 부분까지 고려했다. 결국 서울청은 별도로 두고 인천을 중부청에 포함시켰다. 강원은 땅만 넓지 세수 비중은 아주 미약하다. 세무서도 많지 않다. 납세자의 편리성을 위해 세수 비중이 낮은 강원을 중부청으로 묶을 수밖에 없었을 것이다.

구영식 중부지방국세청은 관할지역이 넓어서 32개(전국 118개) 세무서를 거느리고 있다. 관할지역이 지나치게 넓은 것 아니냐는 지적이 꾸준하게 나온다.

안원구 관할지역이 넓더라도 실질적으로 세무활동을 관할하는 것은 세무서 단위로 이루어진다. 지금은 인터넷 등 통신망과 교통수단이 발달했으니 지방청과 같은 중간단위 광역관리조직이 꼭 필요한지도 검토해봐야 한다. 본청에서 세무서를 직접 관리해도 될 수 있을 정도로 환경이 바뀌었기 때문이다. 인터넷이 발달해서 어디서나 화상회의 할 수도 있고, 전국이 일일생활권으로 바뀌지 않았나? 옛날에는 직원이 나가서 직접 관리해야 하고, 납세자도 세무서를 방문해야 했지만 지금은 홈택스Homtax 등으로 신고가 이루어지고 있으니까 지리적, 물리적 개념은 많이 사라졌다. 단순히 세수 등 숫자가 많다는 것으로 조직을 나누는 것은 바뀌어야 한다고 본다.

구영식 최근에는 인천지역과 인접 경기지역(김포-일산-파주-고양-
시흥-안산지역)을 묶어 인천지방국세청을 신설해야 한다는 주장이 나
온다.

안원구 예전에는 직접 가서 세금을 신고했지만, 지금은 전부 전산으
로 이루어지고 있다. 지방청이 없어도 될 정도로 교통과 통신망이 발
달되어 있어 굳이 중간단위의 지방청을 신설할 필요가 있겠나.

구영식 국세청은 크게 징세법무, 세원관리(개인·법인납세국, 자산과세
국, 전산정보), 조사(조사국), 국제조세관리(국제세원, 역외탈세정보 등),
권리구제(납세자보호담당관), 운영지원 등으로 운영되고 있다. 이러한
조직운영을 간단하게 설명해 달라.

안원구 크게 보면 세원관리, 세무조사, 징수와 불복에 대한 권리구제
등의 기능으로 나눌 수 있다. 세원관리는 납세자가 사업 활동을 제대
로 신고할 수 있도록 지도하고, 세금 신고 편의를 제공하는 기능이다.
말하자면 정해진 신고기간 내에 사업자가 세금신고를 원활히 할 수
있도록 지원하는 기능이다.

세금 신고의 성실도를 담보하기 위한 기능이 세무조사다. 세무조사를
해서 탈루한 세금을 확보하는 것도 의미가 있지만 성실하게 신고하도
록 성실신고를 담보하는 것이 세무조사의 주요기능이다. 실제로 세무

조사로 세금을 추가 징수하는 효과는 그리 크지 않다.

징수는 세금을 고지한 후에 징수하는 기능이다. 체납된 세금을 징수하거나 더 많이 낸 세금을 환급해 주기도 한다. 징수는 국세청의 마무리 기능이다. 불복에 대한 권리구제는 납세자가 세무조사 결과에 대해 억울함을 호소하면 사법부로 가기 전에 이의신청, 심사청구, 심판청구 등을 통해 행정부내에서 자체 시정하도록 하는 기능이다. 이의신청은 지방청이나 세무서에서, 심사청구는 본청에서, 심판청구는 감사원이나 국무총리실 산하 조세심판원에서 한다. 이런 절차를 거쳐서도 시정이 안 되면 행정소송을 통해 권리를 구제하는 방법이 있다.

구영식 조사국은 국세청의 핵심부서다. 조사국의 기능과 역할은 무엇인가?

안원구 주로 탈세정보를 수집하고, 세무조사를 통해 불성실 신고가 있는지를 확인하는 기능을 한다. 불성실하게 신고했을 때는 추가로 징수하고, 가산세를 부과하는 등으로 불이익을 준다. 세금만 추가 징수하는 것이 아니다. 경우에 따라서는 조세범 처벌법에 따라 형사범으로 검찰에 고발하기도 한다. 반면에 성실하게 신고하면 세무조사 제외 등의 혜택을 받을 수 있다.

구영식 본청은 조사국 아래 6과(조사기획과, 조사1과, 2과, 국제조사과, 세원정보과, 조사분석과)가 있고, 지방청은 보통 4~5개국(조사1국부터

4국까지, 여기에다 국제거래조사국)으로 나뉜다. 본청 조사국 체제는 특별한 의미가 있나?

안원구 본청은 직접 조사하는 곳이 아니다. 밖에서는 본청 조사국을 검찰의 대검 중수부쯤으로 생각하는데 조사국 안에는 대검 중수부처럼 직접 조사하는 인력이 없다. 본청 조사국은 세무조사의 목적과 방향을 수립하고, 지방청의 세무조사 진행상황을 파악하고, 조사정책을 입안하는 곳이다. 반면 지방청 조사국은 세원, 탈세제보 등의 정보를 토대로 조사 대상자가 정해지거나, 정기조사 대상자가 정해지면 해당 조사부서에서 직접 조사하는 행동대에 해당한다.

구영식 그렇다면 실질적 힘은 지방청 조사국에 있다는 건가?

안원구 실질적인 세무조사는 지방청 조사국에서 한다. 납세자와 직접 대면해서 조사하는 곳이 지방청 조사국이다. 본청 조사국은 납세자와 대면할 필요가 없다. 조사유형과 조사대상, 조사시기에 관한 지침을 각 지방청에 전달하고 지방청의 조사진행 상황을 보고받는 곳이다. 탈세제보가 들어오면 어느 지방청 조사국에 배당할 것인지를 판단하는 곳도 본청 조사국이다. 실질적인 세무조사는 이루어지지 않는다. 대검 중수부도 예전에는 직접 조사했지만 지금은 특수부로 분산했는데 그것과 비슷하다고 보면 될 것 같다.

구영식 지방청에서 조사국이 차지하는 규모나 영향력이 매우 크겠다.

안원구　지방청 조사국은 실질적인 세무조사를 하는 곳이기 때문에 영향력이 크다. 내 경험으로 보면 서울청 조사1·2·3·4국에서 우리나라 중요한 세무조사가 거의 다 이루어진다. 대기업들의 세무조사가 다 이곳에서 이루어진다고 보면 된다.

구영식　본청과 지방청, 일선세무서 조사과 등 전국에 4000명 이상의 조사요원이 있다고 한다. 조사 분야에 이렇게 많은 인력을 배치하는 이유는 무엇인가?

안원구　세무조사는 기본적으로 성실신고를 담보하기 위한 수단이다. 사실 조사국에서 세무조사를 해서 얻는 세수가 2.5~3% 정도의 규모다. 국세청 인원의 20%인 4000명의 인력을 동원해서 얻는 세수치고는 아주 미미하다. 하지만 세무조사를 받지 않아도 성실하게 신고하도록 하는 역할이 세무조사다. 세무조사의 효과로 성실하게 더 신고하는 세수, 즉 성실신고에 대한 담보효과는 매우 크다고 볼 수 있다.

구영식　2003년부터 '비노출 제도'를 실시해 조사국 출입 통제가 굉장히 엄격해졌다.

안원구　역사적인 흐름을 봐야 한다. 옛날 세목별 조직에서는 '지역담당'이 있었다. 이러한 지역담당자가 있을 때에는 그 지역담당자가 납세자에게는 최고로 중요한 사람이었다. 그 사람이 세금신고를 받고 조사대상을 선정하니까. 그래서 부패나 부조리가 상당히 많았다. 세원관리를 명분으로 규모가 얼마나 되는지, 얼마나 출입하는지 등을 직접 보러 현장에 나간다. 당시에는 신용카드 등 세원관리 인프라가 없었으니까 어쩔 수 없었다. 그런 과정에서 납세자에게나 지역담당자에게나 유혹이 생긴다. 납세자는 지역담당자에게 돈을 주고 싶은, 지역담당자는 납세자에게 돈을 받고 싶은 유혹이 생긴다는 거다. 그런 것들이 지역담당제의 폐해라고 해서 그것을 없앴다. 이렇게 세원관리와 세무조사 기능을 분리하자 누가 세무조사를 담당하고 있는지 모르게 됐다. 이 제도로 인해서 납세자와 지역담당자의 유착으로 인한 부조리 방지는 성공했다고 할 수 있다.

이런 경험을 바탕으로 '비노출' 제도를 도입해 시행했다. 사전에 세무조사관 정보를 알면 유착도가 높아질 수 있다고 판단해 조사국에 누가 있는지 모르도록 조사국 직원의 '비노출' 제도를 시행한 것이다. 〈세정신문〉에서 발간하는 세무서 직원 인명록에서 조사국 인원 명단을 뺐을 정도다. 무엇보다 부패와 부조리 차단이 주목적이었다. '비노출' 제도로 인해 사전 로비 행태는 많이 개선되었다. 그러나 한편으로 조사국 명단을 알기 위한 또 다른 로비 행태가 생겨나기도 했고, 조사국 명단을 아는 국세청 출신 세무사가 힘을 갖게 되는 부작용도 없지 않았다.

구영식 세무조사는 지방청 조사국, 일선 세무서 조사과 등이 수행하는데 세무조사 단위(주체)를 나누는 기준은 무엇인가?

안원구　기업의 규모, 탈루의 규모와 중요도 등이 기준이다. 세무서에서 하는 조사는 주로 작은 규모의 정기조사다. 하지만 서울청, 중부청 등에서 하는 세무조사는 규모가 크다. 서울청의 조사1국에서는 대기업을 중심으로 조사한다. 조사2국은 백화점, 성형외과 의사나 변호사 등의 고소득 자영업자, 개인 또는 유통이나 소비관련 기업들을 조사한다. 조사3국에서는 상속, 증여, 양도, 기업의 주식이동 등과 관련된 세무조사가 이루어진다. 조사4국은 심층(특별)조사를 하는 곳이다. 대기업집단(재벌)을 총괄하고, 각종 기획조사, 하명조사도 한다. 하명조사는 공식적으로는 없는 조사이나 실제로는 존재하는 조사이다. 조세범칙조사로 전환할지 말지도 조사4국에서 판단한다.

국세청장으로 가는 지름길

구영식 　전군표, 한상률 전 국세청장은 본청 조사국장 출신이다. 국세청장을 하기 위해 반드시 거쳐야 하는 자리가 조사국장인가?

안원구 　전군표 청장은 서울청 조사1국장, 한상률 청장은 서울청 조사4국장을 거쳐 본청 조사국장으로 갔다. 국세청장을 할 사람은 대부분 서울청이나 본청 조사국을 거친다. '반드시'라고는 할 수 없으나 국세청장을 한 사람은 서울청 조사국장이든 본청 조사국장이든 한번은 거쳤을 가능성이 높다는 얘기다.

구영식 　서울지방국세청 조사국장들을 '국세청의 칼'이라고 부른다.

안원구 　서울청 조사국장은 세무조사의 행동대장이다. 직접 조사를 나가서 기업에 직접 영향을 미치기 때문에 '국세청의 칼'이라고 부르는 것 같다. 하지만 본청 조사국은 관리측면만 있기 때문에 본청 조사국 장에게 '칼'이라는 말은 어울리지 않는다.

구영식 이명박 정권 초기에 태광실업, 우리들병원 등 노무현 전 대통령과 관련해 여러 건의 세무조사가 진행됐는데 이 조사들을 진두지휘한 인물이 조홍희 서울지방국세청 조사4국장이었다. 조홍희 국장이 한상률 청장의 지시를 받고 정치적 세무조사를 진행했다고 봐야 하나?

안원구 서울청 조사4국은 청와대 하명사항, 재벌(기업집단)과 주식이동 등을 집중적으로 조사한다. 직제상 서울청 소속이지만 사실상 본청장의 의중에 따라 조사를 진행한다. 검찰의 중수부 기능을 대검찰청에서 서울지검 특수부로 분산시킨 것과 유사하다. 국세청은 통상 서울청 조사4국장을 청장의 최측근으로 앉힌다. 질문에서 언급한 업체들은 청와대 하명사항에 포함되었거나 청장이 심층조사 대상자로 하지 않았다면 조사4국에서 조사할 업체들로는 보이지 않는다.

구영식 국세청은 박근혜 정부에서 조사4국을 폐지하고 지하경제 추적조사 전담 조직으로 운영하겠다고 발표했다.

안원구 국세청은 가뜩이나 직원이 부족한 실정인데 조직을 폐지하려고 하면 방어논리가 작동한다. 이명박 정부 초기부터 조사4국에서 정치보복성 세무조사를 많이 해오지 않았나. 태광실업, 우리들병원, 토속촌 등 노무현 전 대통령을 겨냥한 정치적 세무조사로 여론의 질타를 받았다. 그러한 정치적 부작용이 부담스러워 폐지론까지 나오지 않았나 싶다. 하지만 박근혜 정부 들어서 국세청은 지하경제를 양성화해 부족한 세수를 채우겠다고 했으니 태도를 바꿔 조사4국을 강화하겠다고 한 것 같다. 사실 청와대 하명사항이라고 해서 다 무리한 조사인 것은 아니다. 종전에는 청와대 하명사항 중에 명동 사채업자 조사처럼 국민들의 공감을 얻는 조사도 있었기 때문에 병폐로 부각되진 않았다.

구영식 세무조사를 받는 기업들이 조사국 쪽에 많이 로비하나?

안원구 일단 기업들은 지연, 학연 등을 동원해서 세무조사를 피해보고 싶어 한다. 지금은 정기조사와 심층(특별)조사가 구분돼 있다. 정기조사는 5년마다 한 번씩 조사하는 것이어서 상당히 신사적이다. 언제부터 언제까지의 장부를 보겠다고 미리 다 통보하고 조사한다. 그러니 기업들도 사전에 준비할 수 있다. 그런데 심층(특별)조사는 예고 없이 들이닥치고, 장부도 가져간다. 정기조사는 길어야 2년치 거래내역을 보지만 심층(특별)조사는 5년치까지도 볼 수 있다. 조사연도와 조사방식 등이 완전히 다르기 때문에 심층(특별)조사를 나가면 기업이 느끼는 부담감도 크고 대처하는 방법이 다르다.

구영식 국세청장이 직접 조사국을 관리하기도 하나?

안원구 직접 세무조사를 하는 조직은 각 지방청에 있고 직제상 지방청장이 지방청 조사국을 관리한다. 지방청 조사국에서 세무조사 결과를 본청 조사국에 보고하면, 본청 조사국장이 국세청장에게 보고한다. 그런데 서울청 조사4국의 경우 특별조사나 정치적 조사도 있어서 중요도에 따라 국세청장이 서울청 조사4국으로부터 직접 보고받는 경우가 종종 있다. 예전에는 본청과 서울청이 한 건물에 있었기 때문에 물리적으로도 가능했다. 그런데 이제 본청은 세종시로 갔고, 서울청은 옛날 본청 자리에 그대로 있다. 지금은 직접 보고는 못할 것이고, 날짜를 정해서 보고를 챙기지 않겠나 짐작한다.

구영식　본청 조사국장과 서울지방국세청 조사국장의 차이는 무엇인가?

안원구　공식적으로는 본청 조사국장이 서울청 조사국장을 지휘하는 관계다. 하지만 본청장이 직접 서울청 조사국 사안을 챙기는 경우도 많다. 본청 조사국은 조사를 기획해서 전체 지방청 조사국에 공문을 내려 보내고, 조사 결과를 보고받아 실적을 취합한다. 본청장이 운영하기에 따라 본청 조사국장은 허수아비일 수도 있고, 권한이 막강한 실세일 수도 있다. 본청장이 세무조사 진행을 다 챙겨본다고 하면 세무조사는 지방청 조사국장 선에서 끝난다. 그러나 본청장의 의지에 따라서 본청 조사국장에게 힘이 실리는 경우가 있다. 조사를 종결하느냐 연장하느냐는 납세자에게 매우 중요한 문제인데, 이 결정을 국세청장이 하느냐, 본청 조사국장이 하느냐에 따라 본청 조사국장에게 힘이 실리느냐 여부가 결정되기도 한다. 다 끝난 줄 알았던 조사를 연장한다고 하면 납세자에겐 청천벽력이 아니겠는가. 더불어 본청 조사국장은 국세청장의 특수활동비도 관리한다.

구영식 서울지방국세청 조사1국장을 지냈는데, 그 당시의 조사국은 어땠나?

안원구 그때에는 3개 과와 그 밑으로 20개가 넘는 반이 있었던 것으로 기억한다. 여기서 '반'은 한 팀을 말하고 통상 7~8명으로 구성된다. 조사1국에만 그렇게 많은 팀이 있었다. 밖에서 볼 때에는 한 팀에서 한 개의 기업만을 조사하는 걸로 아는데, 한 팀에서 동시에 두서너 개 기업도 조사한다. 예를 들어 기업을 조사하면서 부동산 투기 조사에도 투입되는 식이다. 그러다 보면 조사에 과부하가 걸리기도 하고 국장은 온종일 보고만 받기 일쑤다. 통상 하나의 기업을 조사하는 데 한두 달은 걸리고 많을 때에는 한 팀이 4~5개 업체를 동시에 조사하기도 한다. 조사를 받는 납세자는 자기 것만 유독 길게 조사한다고 불평하지만 동시에 몇 개의 업체를 조사하다 보니 조사시간이 부족해서 조사기간을 연장하는 경우가 허다하다.

구영식 조사국에 근무할 때 기억나는 일이 있다면.

안원구 서울청 조사국장 시절 나는 직원들의 시야를 넓히는 데 많은 관심을 기울였다. 조사국장은 세무조사 이상으로 직원들의 정신교육뿐만 아니라 그들의 능력을 향상시켜 주는 일이 중요하다는 소신이 있었기 때문이다. 세무조사를 많이 하다 보면 조사기법은 느는데 시야가 좁아질 수 있다. 조사의 기본 자료인 기업의 장부는 원천적으로 보여주기 위해 정리된 숫자로 표시한 평면이므로 조사요원이라면 이것을 가지고 입체적인 그림을 그릴 수 있어야 한다. 장부의 숫자에만 집착하다 보면 큰 그림을 놓칠 수 있으므로 조사자료를 다각적으로 해석하고 분석해서 실제와 맞는지 읽어내는 능력을 키워주려고 노력했다.

구영식 국세청에서 조사국이 차지하는 규모나 영향력이 워낙 커서 그 외에는 '사이드 부서'라는 느낌을 받는다.

안원구 사실 국세청은 세원관리가 핵심이다. 그러나 세원관리는 납세자에게 직접적인 영향을 주지 않기 때문에 납세자들이 피부로 느끼는 점이 없을 뿐이다. 일반 납세자들은 세무조사 과정을 통해 국세청을 접하기 때문에 조사국만 의식하고, 다른 부서는 지원부서로 생각하는 것 같다. 그래서 그런지 조사국 직원들에게는 엘리트 의식이 있다. 직원들도 조사국에서 근무하는 것을 선호한다. 물론 조사국 출신을 인사에서 우대하는 경향이 있긴 하다. 하지만 조사국에 근무하는 것은 무척 힘들다. 다른 부서에서도 세원을 발굴하고, 새롭게 세원을 관리하는 기법을 발전시키고, 이것이 인사에 반영될 수 있다면 조사국 선호도가 낮아질 수도 있지 않을까.

구영식　국세청 본청 조사국은 지난 2007년 대선 때 이명박 후보의 재산을 조사한 것으로 알려졌는데 국세청이 대선후보 재산을 검증하는 것이 맞다고 보나?

안원구　절대 해서는 안 되는 일이다. 그 당시 한상률 청장이 대구청장으로 있던 나를 서울로 불러 올려서 "정두언 의원이 나한테 이명박 후보의 국세청 'MB파일'을 달라고 한다, 이것을 줄 경우 우리 직원들이 다칠 수도 있다. 어떻게 해야 할지 고민"이라고 말한 적이 있다. 그때 나는 국세청이 이명박 후보의 재산을 조사한 사실을 처음 알았다.

구영식　국세청은 왜 그랬을까?

안원구　국세청이 했다기보다 MB정부에서도 국세청장으로 유임하고 싶었던 한상률이 조직을 이용하려던 게 아니었을까. 만약 국세청장이 사적인 목적으로 국세청 조직을 이용해서 대통령 후보를 뒷조사했다면 그것은 국가조직을 이용한 국정농단과 다르지 않다고 생각한다. 조직의 리더가 어떤 사람이냐에 따라 그 조직의 생사가 갈린다는 점을 다시 한 번 강조하고 싶다.

조사국, 특별한 직업윤리

.

구영식　조사국의 힘은 '무엇'으로부터 나오나?

안원구　조사국의 힘은 조사권 행사에서 나온다고 할 수 있다. 조사권을 정당하게 행사할 때는 사람들이 그것을 권력이라 생각하지 않는다. 하지만 조사권을 정치적 목적이나 부당한 목적으로 행사할 때 억울한 사람들이 생겨나고 사람들은 권력을 실감한다. 과세권을 정당하게 행사하지 않아서 부당하게 과세됐을 때 권리구제를 통해 그것을 바로잡는 일은 매우 어렵다. 납세자 처지에서는 억울한 사정을 바로잡기 위해 몇 배, 몇 십 배의 시간을 희생해야 할 수도 있기 때문이다.

구영식　지난 2013년과 2014년에 조사국 직원들이 세무조사를 받던 기업들로부터 수억 원을 받은 사실이 드러났다.

안원구　조사국은 팀별로 움직이는데, 팀 전체가 단체로 부정을 저지른다는 것이 가능한지 모르겠다. 그 사건은 특별한 사건이었던 것 같다. 조사국은 총 4000명이나 근무하는 조직이다. 대다수 직원들은 자부심도 있고, 조사국에 있는 동안 원칙대로 근무하고 있다. 하지만 기업과 직접 대면하다 보면 유혹을 뿌리치지 못하고 흔들리는 사람이 있을 수도 있다. 내가 조사국장으로 있을 때 함께 일한 직원 중에는 그런 사람이 없었던 걸 고맙게 생각한다.

구영식　이렇게 받은 돈이 과장이나 국장 등 윗선으로 상납되는 구조여서 충격이 컸다.

안원구　내 상식으로는 잘 이해되지 않는다. 조사국 팀장으로 근무하면 서장으로 갈 수도 있는데 승진도 포기하고 돈을 챙겼다는 것이 이해되지 않는다. 더구나 조사국의 보고체계는 사무관인 팀장이 국장에게 보고하고, 반장이 과장한테 보고하고, 과장이 서울청장에게 보고하도록 돼 있다. 이렇게 징검다리 식으로 보고하도록 되어 있는 구조를 통해 서로 견제한다. 부패를 방지하는 이러한 구조 속에서 국 전체가 돈을 받는 일이 일어나려면 팀장과 반장은 물론이고 과장과 국장까지 한통속이 되어야 한다는 얘긴데 나로서는 믿기 어렵다.

구영식　조사국 직원들에게는 특별한 직업윤리가 요구된다고 보나?

안원구　당연히 그렇다. 공무원은 어느 부처에 있든 국민에게 봉사하는 직이지만 국세청 조사국에 있는 동안은 훨씬 더 엄격한 청렴윤리 의식이 요구된다. 조사국 직원들은 납세자의 유혹에 노출되어 있기 때문이다. 납세자들은 인신 구속보다 재산 손실을 더 크게 생각하는 경향이 있다. 검찰조사보다는 세무조사를 더 엄중하게 생각하는 경향이 있다는 얘기다. 그래서 세무조사는 무엇보다도 투명하고 법 원칙에 맞게 진행돼야 한다.

구영식　조사국이 이러한 부패 – 비리구조로부터 원천적으로 벗어나기 위해서는 어떻게 해야 하나?

안원구　가장 우선적으로는 사명감을 갖고 조사업무에 임해야 한다. 그리고 돈의 유혹에 빠지지 않도록 경제적 처우를 개선해 줄 방안을 마련하면 좋겠지만, 형평성의 문제도 있어 현실적으로는 쉽지 않을 것으로 보인다. 그러나 보직과 승진, 포상 등의 제도적 보장을 통해 조사국 직원으로서 원칙을 지키는 것이 공무원으로서의 미래 비전에 유리하다는 것을 경험하게 하는 것도 한 가지 방법이 될 수 있다.

구영식　조사국에 재벌 등 경제 권력이 개입할 여지가 있나?

안원구　사실 재벌이 경제 권력으로서 세무조사에 개입해 영향을 미칠 여지는 크지 않다. 재벌 조사는 조사1국과 4국에서 한다. 대기업은 회계전문팀이 있고, 감시하는 직원들의 눈도 많아서 일반기업들과 다르게 매출을 줄인다거나 가공비용을 늘려 기업이익을 줄이는 탈세는 많지 않다. 국세청 세무조사는 인신을 구속할 수 있는 검찰조사와는 다르기 때문에 조사과정에서 경제 권력이 작용할 일이 없다. 조사해보면 오히려 납세자와 과세청 사이에 서로 법 해석을 두고 이견이 있어 다투는 경우가 많다. 오히려 재벌 그룹은 기업이익 감소 목적의 탈세보다는 일감 몰아주기나 분식회계로 인한 문제점이 더 많다.

구영식 특히 조사국은 청와대 등 정치권력의 개입이나 유착 의혹을 많이 받아왔다. 표적 세무조사를 위한 조직으로 활용되어 왔다는 지적이다.

안원구 정치권력이 4대 권력기관 중 하나로 불리는 국세청을 자기 수하에 두고 그걸 이용해 정치적 목적을 이루려는 경우가 있었던 것은 부인할 수 없다. 국세청장의 임기가 정해져 있지 않고, 정권과 가깝지 않으면 그 자리를 유지할 수 없다 보니 그런 부당한 요구가 들어와도 거절하기 힘든 것이 아닐까 싶다. 국세청장이 정치적으로 독립하지 않으면 그런 일은 앞으로도 계속 일어날 수밖에 없다. 국세청장의 임기가 정해져 있으면 보장된 임기 동안에 국세청장이 정권의 부당한 압력에 굴하지 않을 수 있을 것이라고 생각한다. 현재 4대 권력기관장 가운데 유일한 일반직 기관장은 국세청장밖에 없고 임기도 정해져 있지 않다.

국세청 실무 조직

구영식 서울지방국세청에는 국제거래조사국이 '국 체제'로 있는데 이 곳은 무엇을 하는 부서인가?

안원구 이름 그대로 기업의 국제간 거래를 조사하는 곳이다. 국내의 외국기업은 속지주의 원칙에 따라 우리나라 세법에 의해 세금을 신고 해야 하므로 주로 국내에 들어와 있는 다국적기업이나 국내 기업의 해외거래 내용을 조사한다. 론스타 관련 조사도 국제거래조사국과 본 청 조사국이 함께 진행했다.

구영식 국제거래조사국은 본청 조사국에 있는 '국제조사과'의 역할, 기능과 비슷한가?

안원구 본청의 국제조사과는 지방청의 국제거래조사국을 지휘하는 곳이다. 본청에는 국제조세관리관실과 조사국 국제조사과로 이원화돼 있다. 본청의 국제조세관리관실은 국제세원을 관리한다. 국제조세관리관실과 국제조사과는 겹치는 측면이 있어서 국제조사과가 국제조세관리관실에 있어야 하느냐, 조사국으로 가야 하느냐 등의 논쟁이 있었는데 현재는 어디로 가 있는지 모르겠다.

구영식 본청의 국제조세관리관실은 어떤 일을 하는 곳인가?

안원구 그 산하에 국제협력담당관과 국제세원담당관 그리고 역외탈세담당관이 있다. 국제협력담당관은 국제거래에서 분쟁이 생기면 상호합의를 주도하고, 협약을 맺기도 하고, 국제회의를 주관한다. 또 국가 간의 갈등조정과 조세분야에 협력할 내용을 조율하는 기능도 한다. 그리고 해외공관에 나가 있는 주재관들도 관리하고 OECD조세협약에 따른 각종 의무 사항들과 관련된 일들을 수행한다. 국제세원담당관은 해외나 국제거래에서 발생하는 세원을 발굴하고, 신고·관리하는 기능을 한다. 역외탈세담당관은 해외에서 탈루되는 세금의 유형을 파악하고 탈세정보를 수집하는 기능을 담당한다.

구영식 국제조세관리관 시절에 중국 국제조세국장과의 회의에서 에피소드가 있었다고 들었다.

안원구 당시 삼성전자 중국공장에서 로열티(기술소득) 납부문제로 중국과 이견이 있었다. 삼성전자는 국내에 기술소득을 납부하고자 해서 중국을 설득해야 했다. 출장 전에 중국 국제조세국장이 절강성 출신으로 주량이 대단하다는 정보를 입수한 후 만반의 준비를 하고 가서 온 몸을 던져 그 주량이 센 국장의 항복을 받아냈다. 다음날 회의에서 우리의 주장은 모두 관철되었지만 그때 참석했던 우리 대표들은 술 때문에 며칠간 몸살을 앓았다(웃음).

구영식 해외에 나가 있는 우리나라 기업은 해외에서도 세금을 신고하고, 국내에 들어와서도 세금을 신고해야 하는 건가?

안원구 속지주의 원칙에 의해 소득이 발생하는 나라에서 세금을 부과한다. 해외에 있는 우리나라 기업의 경우 그 나라에서 세금을 먼저 내고 다시 우리나라 세법에 따라 국내에서 다시 소득을 계산한다. 해외에서 세금을 낸 게 있으면 그것을 국내 세금에서 뺀다는 얘기다. 그러나 해외에서 세금을 더 많이 냈다고 해도 국내에서 그 차액을 돌려받지는 못한다.

구영식 본청 조사국에는 '세원정보과'가 있는데 이곳은 무엇을 하는 부서인가?

안원구 상당히 중요한 부서로서 세원稅源, 즉 세금의 원천이 되는 정보를 관리하는 부서다. 처음에는 탈세 등 자체적으로 수집한 정보를 취합하고, 세금신고를 권할 것과 조사로 연결할 것을 분류하기 위해 세원정보과를 만들었다. 7~8개의 '계'로 구성되어서 검찰, 경찰, 국회,

감사원 등을 드나들고 언론과도 접촉한다. 그렇게 만난 사람들이 자연스럽게 정보원의 역할을 하게 되면서 세원과는 무관한 온갖 정보들을 수집할 기회를 갖는다. 국세청장의 성향에 따라 운영하는 과정에서 세원정보만 수집하지 않고 정치적인 목적의 정보까지 수집하는 경우도 있었다.

세원정보과가 만들어질 때부터 내가 우려했던 것은 세원정보가 본래의 목적을 벗어나 변질되는 일이었다. 세원정보 수집이 목적이라고 하지만 사용자에 따라 그 경계는 모호하기 때문에 세원정보과가 제대로 기능하려면 공정거래위에서 적발하는 일감 몰아주기, 검찰에서 수사하다 나오는 세금 관련 정보 취합 등 본래의 목적에만 충실해야 한다.

구영식   검찰의 범죄정보과에 해당하는 부서 같다.

안원구   그렇다고 보면 된다.

수시조사와 심층조사

구영식   세무조사에는 어떤 종류가 있는가?

안원구   세무조사는 조사착수 시기에 따라서 정기조사와 수시조사로 나뉘고, 조사강도에 따라 일반조사와 심층(특별)조사로 구분된다. 또 형사처벌을 전제하느냐 여부에 따라 조세범칙조사로 분류하기도 한다. 인격에 따라 개인조사와 법인조사로도 구분한다. 여기서 인격은 법률상 독자적 가치가 인정되는 자격을 의미하는 법률용어로 세무용어라고 이해하면 된다. 또 세금의 종류를 세목이라 하는데, 소득세, 법인세, 부가가치세, 재산제세 등 세목별로 세무조사가 실시되기도 한다.

구영식   다양한 성격의 세무조사가 있는데 먼저 일반조사를 설명해 달라.

안원구　기본적으로 국세청은 성실신고를 담보하기 위해 납세자를 대상으로 세무조사를 할 수 있다. 앞에서도 언급했지만 국세기본법에는 부과제척기간(통상 5년)을 규정하고 있다. 그 기간이 지나면 탈루가 있어도 국가가 세금을 매길 수 없다. 그 기간 안에 개인이나 기업을 대상으로 세무조사를 하는데 이것이 일반조사다. 심층조사처럼 특별조사로 진행되지 않는 모든 조사가 일반조사다. 물론 납세자가 성실하게 신고했다고 인정되면 조사받지 않고 지나가기도 한다.

구영식　정기조사와 수시조사는 어떻게 다른가?

안원구　정기조사는 통상적으로 미리 조사일정을 통지하고 조사대상 연도까지 알려준다. 조사기간도 미리 통보한다. 그러니까 납세자들도 언제 조사받을지 알고 준비한다. 정기조사의 경우 피조사인이 조사받을 장소를 마련해서 조사한다. 그리고 납세성실성지표 등을 전산프로그램이 분석해 조사 대상자를 선정한다. 반면에 수시조사는 사전 예고 없이 불시에 조사한다. 탈세혐의가 명백하고 탈세자료가 있거나 탈세제보가 구체적인 경우에 사전통보 없이 이루어진다. 조사 대상자는 제보나 혐의 자료를 바탕으로 조사국에서 선정한다.

구영식　일반조사와 심층(특별)조사는 어떻게 구분되나?

안원구　일반조사는 과세표준의 신고내용을 검증하기 위한 조사나, 경정更正을 위해서 하는 일반적인 조사를 말한다. 신고내용이 적을 때 과세청이 과세액을 변경하게 하는 것을 세무용어로 '경정'이라고 한다. 대체로 성실도 검증을 위해서 정기적으로 이루어지는 조사가 일반조사에 해당한다. 반면에 심층(특별)조사는 세금을 탈루하기 위해 의도적으로 매출을 누락하거나, 가공매입자료로 가공비용을 만들어 고의적이고 지능적으로 탈루했을 때 하는 조사방식이다. 심층(특별)조사는 장부를 가져오는 영치나 예치조사 방법을 쓴다. 과거에는 심층(특별)조사를 '세무사찰査察'이라고도 표현했다.

구영식 심층(특별)조사 대상자는 어떻게 선정하나?

안원구 심층(특별)조사 대상자 선정은 주로 제보에 의해 선정한다. 그리고 검찰 등 유관기관에서 세무조사를 의뢰받을 수도 있다. 청와대에서 내려오는 하명사건도 있다. 그래서 심층(특별)조사 대상자의 선정 방식을 단적으로 얘기하긴 어렵다. 조사도 수시로 이루어진다. 불시에 조사하고, 1~2년치가 아니라 최장 5년치까지 조사할 수 있다. 심층(특별)조사는 조세범 처벌법에 해당되어 고발조치되는 경우도 종종 있기 때문에 납세자들이 두려워하는 조사다.

구영식 심층(특별)조사 대상을 선정하는 과정에 정치권력 등이 개입할 여지가 있지 않나?

안원구 정치권력이 개입하는 경우가 있었다. 정기조사는 전산에 의해 자동적으로 조사대상이 선정되는 데 비해 심층(특별)조사는 조사대상자를 수시로 선정하고 예고없이 조사하다 보니 자의성, 의도성이 개입될 수 있다. 이명박 정부 초기에 이루어진 박연차 태광실업 회장 세무조사가 교차조사로 포장해 조사한 심층(특별)조사로서 정치권력이 개입한 대표적인 사례 중 하나다. 최순실 국정농단 사건의 하나였던 '포레카 강탈 미수사건'에서 세무조사가 협박 수단으로 사용되었던 사건도 있다. 미수에 그치지 않았다면 정치권력이 노골적으로 국세청을 정권의 시녀로 이용하는 사례가 되었을 것이다.

성실신고 담보

구영식　세무조사의 목적은 무엇인가?

안원구　세무조사의 목적은 여러 가지가 있는데 성실신고 담보가 주목적이고 '경정, 부과결정 등 부과처분을 위한' 목적도 있다. 세무조사를 하지 않고도 납세자들이 성실신고를 한다면 얼마나 좋겠나. 그러나 납세자 처지에서는 어떻게 하면 세금을 적게 낼 수 있는지를 고민하는 건 인지상정이다. 신고하지 않는 사람을 골라내서 조사하지 않으면 대부분 탈세의 유혹을 느낄 것이다. 그래서 세무조사가 필요하다. 그러다 보니 국세청이 마치 조사만 하는 기관처럼 느껴지는 것도 사실이다. 그러나 실제로는 조사기능 외에 다른 많은 기능이 국세청 내에 있다. 조사 없이도 성실하게 신고하도록 돕는 다양한 업무가 국세청에서 더 많은 부분을 차지한다.

구영식　정기조사든 심층(특별)조사든 조사기간이 정해져 있나?

안원구　조사대상자의 기업규모에 따라 차이는 있으나 통상 정기조사는 20~30일 정도로 조사기간을 정해서 통보한다. 조사대상 범위도 1~2년을 넘지 않는 것이 보통이다. 반면 특별조사는 경우에 따라서 몇 달까지 지속되는 경우가 있다. 특별조사는 5개년을 조사대상기간으로 정해서 나가거나, 2~3년을 대상기간으로 나가더라도 5년까지 조사범위를 확대할 수 있기 때문이다. 임의로 조사자료를 확보해야 하니까 조사의 강도도 높다. 조사대상이 제시한 자료만 보는 게 아니라 금융추적조사도 해야 하고, 필요시에는 장부를 예치 또는 영치하기도 해야 한다. 당연히 조사기간이 길 수밖에 없다.

구영식　국세청이 자의적으로 조사기간을 늘릴 수 있나?

안원구　조사관리 규정에 가이드라인이 정해져 있다. 국세청이 임의로 조사기간을 늘릴 수 없도록 법으로 규제하고 있다. 다만 조사기간 중에 조사를 마치지 못한 경우에 납세자의 동의를 얻어 조사기간을 연장할 수 있다. 그런데 조사팀이 이를 교묘하게 악용해 납세자에게 스스로 조사연장을 신청하도록 유도함으로써 납세자가 불필요한 조사의 고통을 안게 되는 경우가 종종 있는 것으로 알고 있다. 납세자와 한 약속은 지켜져야 하기에 조사팀이 규정에 무지한 납세자를 현혹시켜 조사기간을 늘리는 행위 등은 없어져야 한다.

조세범칙 조사

구영식　재산제세 세무조사는 어떤 조사인가?

안원구　양도소득세, 상속증여세, 주식이동 등 재산과 관련된 세금을 '재산제세'라고 하고 그와 관련된 조사가 재산제세 세무조사다.

구영식　그렇다면 굉장히 중요한 세무조사겠다.

안원구　양도소득세, 상속·증여세 등 재산제세 조사의 경우 납세자가 사업자가 아닌 비사업자인 경우가 많다. 주식이동 관련은 예외이기는 하지만 조사대상자도 사업자로서의 납세자가 아닌 비사업자로서의 납세자인 경우가 대부분이다. 사업자의 장부가 아니라 부동산 등기부 등을 증빙자료로 세금을 다룬다. 다르게 설명하면 기업회계 지식을 기반으로 조사한다기보다는 등기부 등본을 근거해서 조사하는 것이어서 다른 세목처럼 회계지식이 많이 적용되지는 않는다. 다른 조사는 세법뿐만 아니라 기업회계지식도 알아야 하는 데 비해 상대적으로 재산제세 조사는 단순한 측면이 있다.

구영식　세율이 높으니까 세수 확보라는 차원에서 재산제세 조사가 중요한 것 아닌가?

안원구　재산제세 소득원은 불로소득에 해당하는 경우가 많다. 개인적 노력이나 기업활동에 따른 소득이 아니라 부모에게 재산을 물려받거나, 부동산이나 주식을 샀다가 되팔아 이익을 얻는 경우들이다. 다른 세목에 비해서 상대적으로 세율이 높은 건 사실이다. 세율이 높다 보니까 세수에서도 큰 비중을 차지한다.

구영식　조세범칙조사는 어떤 조사를 말하나?

안원구　쉽게 말하면 조세법이 아니라 형사법을 적용하는 조사다. 조세범칙조사는 이중장부, 서류의 위변조나 은닉 그리고 허위, 가공계약 등의 사기, 기타 부정한 방식으로 조세를 포탈한 자를 조세범 처벌법으로 처벌하기 위해 실시하는 강도 높은 세무조사를 말한다. 조세범칙조사는 탈루세액만 추징하고 끝나는 것이 아니다. 형사고발을 통해 과징금 또는 벌과금에서 징역형까지 가능하도록 하는 조사가 조세범칙조사다. 국세청은 조세범칙조사를 한 뒤 세금을 매기고 형사고발 여부를 판단한다.

구영식　국세청만 형사고발이 가능한 건가?

안원구　국세청에만 조세범 고발권이 있다. 이를 전속고발권이라고 한다. 그래서 검찰에서 조세범칙범으로 처벌하고 싶으면 국세청에게 고발하도록 협조를 요청한다. 국세청의 고발이 없으면 검찰도 조세범칙범으로 처벌할 수가 없다.

구영식　조세범칙조사에는 임의조사와 강제조사가 있고, 강제조사의 경우 압수수색이 가능하다고 알고 있다.

안원구　국세청에서 압수수색은 하지 않는다. 압수수색은 영장을 청구해 법원으로부터 발부받아야 한다. 그런데 국세청은 영장을 청구할 권한이 없다. 영장청구권은 검사에게만 있다. 그래서 국세청은 상대방의 동의를 구해 필요한 자료를 임의제출 방식으로 받아서 조사한다. 이러한 자료 확보 방식을 '영치', '예치'라고 한다.

구영식　조세범칙조사의 목적은 세금 추징보다는 형사처벌에 있나?

안원구　그렇지 않다. 조세범칙조사도 세금 추징이 우선이다. 다만 고의적으로 세금을 탈루할 목적으로 사기 등 기타 부정한 방법으로 세금을 누락했다면 탈루한 세금 추징은 물론이고 형사처벌도 병행하기 위해서 조세범칙조사로 전환하는 것이다.

구영식　그렇다면 어떤 사람들을 조세범칙범이라고 하나?

안원구 계산서 질서를 어지럽히는 질서범으로서의 조세범이 있고, 지능적이고 고의적인 형사범에 준하는 조세범이 있다. 가짜 세금계산서를 파는 '자료상資料商'이 질서범으로서의 조세범에 해당한다. 다시 설명하면 세금계산서는 실물거래를 통해 발급해야 하는데, 실물 없이 계산서 값을 받고 세금계산서만 발급하는 것이 자료상이다. 자료상이 발급한 가공의 세금계산서 판매는 거래질서를 어지럽히고 상대방의 세금 탈루를 돕는 결과를 가져온다. 따라서 이런 경우는 세금추징에 그치지 않고 질서범으로 형사처벌을 하는 것이다. 그리고 형사범에 준하는 조세범은 사기에 준하는 방법으로 이중장부나 허위 계약서 등을 작성해 고의적으로 세금을 탈루하거나 밀수 등 범죄행위를 저지르는 탈세범을 말한다.

구영식 조세범칙조사는 보통 검찰수사의 가장 중요한 기반이 되는 것 아닌가?

안원구 아니다. 조세범칙조사가 기업에는 매우 부담스럽기는 하나 검찰수사의 중요한 기반은 아니다. 조세범칙조사는 세금과 별도로 벌과금을 추징세액의 2~5배까지도 부과한다. 기업들이 절세를 목적으로 편법행위를 저질렀는데 조세범으로 의심받는 결과가 생길 수 있다. '사기 등 기타 부정한 방법'과 '고의성'을 판단하는 해석의 기준이 달라서 조사관에 따라 결과가 달라질 소지도 다분하다. 조사대상 기업들은 단순한 실수였다고 주장하지만, 그 주장을 다 믿을 수 없는 것도 현실이다. 그렇기 때문에 해석의 기준을 명확하게 정립해야 할 필요가 있다. 조세범칙조사로 전환해 형사고발 여부 결정을 엄격하게 관리하기 위해서 국세청은 외부 전문가와 함께 조세범칙조사 전환 여부를 판단하고 있다. 조세범칙조사의 부담이 워낙 크기 때문에, 조사의 공정성과 형평성을 갖추기 위해서다.

구영식 단순세금 탈루범과 조세범은 처벌에서 어떤 차이가 있나?

안원구 단순세금 탈루는 세금도 추징하고 징벌적 가산세라는 명목으로 가산세를 추가로 부과한다. 고의로 세금을 탈루했으면 조세범칙조사로 전환해서 고발하게 된다. 그리고 일반탈루 조사처럼 세금추징과 징벌적 가산세를 부과하는 것은 물론, 그것과 별도로 통고처분에 의한 벌과금이 부과되기도 한다. 또 형사고발해서 형사처벌을 받게 되면 구금이나 징역형 등 실형까지 살 수도 있다.

구영식 가산세와 가산금이 어떻게 다른가?

안원구 가산세는 세법에서 규정하는 의무를 성실히 이행하지 않았을 때 본세에 가산해 징수하는 금액이다. 가산금은 세금을 고지했는데도 납부기간을 어긴 경우 본세에 더해지는 금액이다. 가산세는 패널티의 성격이 강한 벌금이고, 가산금은 과태료나 이자의 성격이 강한 벌금이다. 가산세는 각 세금에 부가해 그 세목으로 징수되는 것이고, 가산금은 고지에 의해 징수되는 세금에만 적용된다는 특징을 갖는다.

구영식 검찰에서 고발 요청이 오면 국세청은 거의 응하는 편인가?

안원구 대부분 응한다. 검찰에서 형사사건으로 처벌하기 위해 요구하는 것인데 세무조사(조세범칙조사)를 하지 않으면 고발할 수 없으니까.

구영식 2015년 기준 최근 5년간 2600여 건의 조세범칙조사가 이루어졌고, 이 가운데 501여건이 무혐의 처분을 받았다. 그래서 조세범칙조사가 남용되고 있다는 지적도 있다.

안원구 20% 정도에 해당하는 과잉적용 사례가 있었다는 통계인데, 실제로 그런 경향이 있다. 조세범칙조사가 납세자에게 주는 피해는 상상 이상으로 크다. 사업하다 보면 그럴 수 있다고 보는 사람이 있고, 명백하게 고의로 빼먹은 것이라고 보는 사람도 있다. 세금 탈루의 고의성 여부를 판단하는 기준이 주관적이기 때문에 내가 기준을 객관화하고 세분화해서 구체적인 해석 기준을 마련해야 한다고 한 것이다. 최종 무혐의가 나더라도 그동안 얼마나 힘든 재판 과정을 겪어야 하나? 또 재판을 거쳐서 무혐의가 난다 한들 그동안의 물리적, 정신적 피해는 누가 보상해주나? 국세청도 검찰도 그렇게 과세하고 기소해도 최종 결과에 책임지는 사람은 어느 누구도 없다.

조세범칙범으로 고발되었으나 무혐의로 확정된 사건의 경우 국가가 배상하는 제도적 장치가 있어야 한다. 더불어 국세청에 전속고발권이 있는 만큼 조세범칙조사를 남용하면 절대 안 된다.

구영식   조세범칙조사로 전환하는 기준이 있나?

안원구   외부위원과 내부위원으로 구성된 조세범칙조사심의위원이 구성되어 있고 사안이 있을 때마다 위원회를 열어 조세범칙조사 전환 여부를 판단한다. 지방청장이 내부위원 6명과 외부위원 8명을 위촉하고 회의 때마다 지방청 내부위원 3명 이상을 포함한 5명으로 심의위원회를 구성한다.

검찰상주 국세청 조사요원

구영식 국세청 조사와 검찰 수사의 유사점은 무엇인가?

안원구 조사대상자가 감추고 있는 사실을 조사를 통해 밝힌다는 점에서는 유사하다고 할 수 있으나, 조사접근 방법에서는 다른 점이 많다. 검찰은 구속영장을 청구해서 인신을 구속할 수 있고, 구속수사도 할 수 있다. 하지만 국세청은 인신구속을 할 수 없다. 검찰은 압수수색을 할 수 있지만, 국세청은 압수수색 영장을 청구할 수 없어 예치라는 방법을 쓸 수밖에 없다. 국세청은 서류(장부)를 중심으로 조사한다. 장부를 기준으로 하고, 조사대상자의 진술은 참고만 할 뿐이다. 검찰에서는 피조사자나 참고인의 진술을 통해 죄를 입증할 수 있지만 국세청에서는 기업을 조사할 때 장부를 토대로 조사한다. 다만 조세범칙조사의 경우 형사처벌을 전제로 하는 것이어서 국세청에서도 진술을 받는다. 조세범칙조사에서 진술조서를 받아 형사고발할 때 첨부한다.

구영식 국세청의 조사인력을 검찰청에 파견하지 않나?

안원구 법적 근거는 없으나 기관 간의 업무 협조 차원에서 주로 조사국 직원들을 파견하고 있다. 각 분야마다 국제거래가 늘어나고 경제국경이 없어진 시대가 되어서 형사사건 중 해외계좌 등 금융거래를 파악하지 않으면 수사가 어려운 경우가 많다. 국내외 금융추적 등 검찰조직으로 불가능한 수사에는 국세청 직원들처럼 전문화된 인력들이 꼭 필요하다. 사안에 따라 검찰이 압수수색에 국세청 직원들을 동원하는 경우도 있다. 국세청뿐만 아니라 금감원 직원도 검찰에 나가 있는 것으로 알고 있다. 파견되면 검찰에 상주한다.

구영식 얼마 동안이나 파견을 나가 있나?

안원구 인사이동 기간에 따라 다른데 조사국 근무기간 중에 아예 검찰에 파견을 나가 근무하는 경우도 있다. 조사국에 근무하러 왔는데 검찰에 가라고 하면 불만을 가지는 직원들도 있다. 사실 파견을 나가면 친정을 떠나 남의 집에 가서 있는 거나 마찬가지다(웃음). 파견 근무로 몸과 마음이 고생하고 복귀해도 오히려 인사에서 불이익을 받는 경우가 생기기도 한다. 외부에 나가 있으니 눈에서 멀어지고, 그러다 보니 인사고과 때 조사국에서 근무하는 직원들에게 밀리기도 한다.

구영식 검찰청 파견은 국세청이 '정치검찰'에 이용되는 출발점이 되는 것 아닌가?

안원구 그건 너무 비약한 것 같다. 검찰에서 파견 근무하는 국세청 직원은 검찰의 수사를 지원하는 업무에 국한하기 때문에 정치검찰의 정치적 행태와 무관하다. 오히려 국세청이 정치에 개입하거나 관여하는 사건은 국세청장이 세원정보과의 정보활동을 세원정보에 국한하지 않고 정치적으로 활용하려고 할 때 생긴다고 봐야 한다.

왜 탈세할까?

구영식   우문이지만 왜 기업이나 개인이 탈세한다고 보나?

안원구   사실 세금이란 소득의 일부분을 국가에 납부하는 돈이기 때문에 소득이 없으면 세금을 내지 않는다. 그래서 세금을 낸다는 얘기는 돈을 번다는 말과 같은 말이다. 그런데도 사람들은 세금 내는 것을 돈을 뺏기는 것으로 생각하는 것 같다. 그러니까 결국 탈세하는 심리의 근저에는 탐욕이 자리하고 있다고 봐야 하지 않겠나.

구영식   국민들이 국가의 조세권이나 납세의무에 충분히 익숙하지 않은 것인가?

안원구   국가를 유지하고 국민 생활의 발전을 위해서 소득의 일부분을 국가에 납부하는 돈을 세금이라고 한다. '납세의 의무'는 우리 헌법이 규정하고 있는 국민들의 4대 의무 중 하나다. 개인에게 돌아오는 혜택과 무관하게 공동체사회를 위해 소득 일부를 세금으로 납부해야 하는 것이다. 그러나 실제로 우리나라는 아직 복지혜택이 미흡해 국가에서 자기가 낸 세금만큼의 혜택을 돌려주지 않는다고 생각하기 때문에 세금 내는 것을 아까워하는 것 같다. 스웨덴 등 북유럽은 우리보다 세금을 훨씬 많이 내는데도 불구하고 복지제도가 잘 되어 있어서, 복지혜택을 누리고, 노후에는 일을 하지 않아도 노후를 보장해주기 때문에 큰 불만 없이 세금을 낸다. 우리나라도 복지정책이 잘 정비되고, 그 혜택이 더 많은 사람들에게 돌아가면 국민들의 인식이 바뀌고 세금납부를 대하는 태도도 바뀔 거라고 생각한다.

구영식 　대표적인 탈세 유형에는 어떤 것이 있나?

안원구 　탈세 유형은 너무 다양하다. 대표적이고 일반적인 탈세유형은 세금계산서를 이용한 탈세이다. 예를 들면, 매출이 발생했는데도 세금계산서를 발급하지 않거나, 비용이 발생하지 않았는데도 가공 매입세금계산서로 비용을 과대 계상해서 세금을 줄이는 경우가 이에 해당된다. 이렇듯 매출과 매입, 두 측면에서 부가가치세를 탈세하는 것이 가장 기본이다. 그리고 이러한 유형의 탈세는 결과적으로 소득세와 법인세의 탈루로 직접 연결된다.

구영식 　탈세를 막기 위해 국세청이 하는 일은 무엇인가?

안원구　상시적으로 성실신고를 홍보하거나 세무조사를 한다. 그리고 탈세를 막을 수 있는 제도적 장치도 연구하고 있다. 인터넷의 발달로 성실신고를 돕는 망을 구축하는 등 인프라도 많이 갖추고 있다. 신용카드가 일반화됐고, 현금영수증 제도도 만들어졌다. 이렇게 거래가 투명화되면서 탈세가 어려워지고 있다. 세무조사 이전에 탈세를 막기 위한 제도적, 법적 장치를 많이 구축하고 있다. 요즈음은 FIU에서 자금 흐름을 살피고 있어서 예전보다 숨겨둔 재산을 찾기가 훨씬 수월해졌다. 하지만 법은 느리고 꼼수는 빠르지 않나.(웃음) 국세청의 탈세 추적기법의 발전에 따라 탈세 기법도 진화하고 있어서 더 꼼꼼한 제도 정비가 이루어져야 한다.

다양한 권리구제 절차

구영식　납세자보호담당관실에서는 납세자의 권리를 위해 어떤 일들을 하나?

안원구　납세보호담당관실은 2009년 신설된 부서다. 세금을 억울하게 부과받았거나 세무조사 과정에서 부당한 대우를 받은 사람을 보호하기 위한 제도다. 중복적인 세무조사나 조사권남용 등으로 납세자의 권리가 부당하게 침해됐다고 판단될 경우나, 세무서에서 세법을 잘못 적용하거나 사실판단을 제대로 하지 않아 부당한 과세가 예상되는 경우에는 과세처분 중지명령을 할 수 있다. 또 위법, 부당한 과세처분이 확인될 경우는 직권시정을 요구하고, 세금 부과 및 징수와 관련된 서류를 열람할 권한을 갖고 있다.

구영식 세무조사가 진행되는 중간에도 중지될 수 있나?

안원구 물론이다. 세무조사가 진행되는 중에 조사가 중지될 수도 있다.

구영식 어떤 이유로 세무조사가 중지될 수 있나?

안원구 천재지변, 화재 등의 재해, 납세자의 질병, 장부 등 증거서류 압수, 국외 자료 수집 및 제출, 납세자 소재 불분명, 장부와 서류 은닉, 노동쟁의 발생, 납세자보호담당관이 세무조사 일시중지를 요청하는 경우다.

구영식 그럼 세무조사가 중지되면 조사가 더 이상 없다는 뜻인가?

안원구 그렇진 않다. 세무조사가 중도에 중지되었을 경우, 조사중지 기간이 지났거나 중지기간이 지나기 전이라도 이 같은 중지 사유가 소멸하는 경우에는 세무조사를 재개해 잔여 조사기간 동안 조사를 진행한다. 세무조사를 재개하는 경우 '세무조사 재개통지서'를 통해 조사 재개를 미리 알려준다.

구영식 세무조사 결과를 인정할 수 없을 때 어떤 권리구제 절차를 밟을 수 있나?

안원구 이의신청을 할 수 있다. 이의신청은 해당 세무서나 상급기관인 지방청에 한다. 세무서 조사인 경우에는 지방청 이의신청을 생략하고 바로 상급기관에 심사청구를 할 수도 있다. 이의신청마저 기각되면

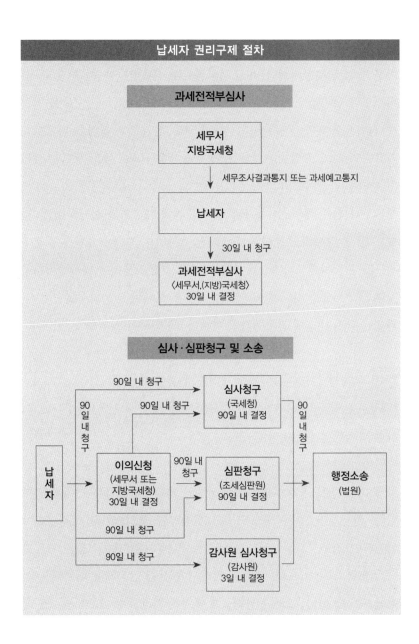

納稅者 權利救濟 節次

과세전적부심사

세무서
지방국세청

↓ 세무조사결과통지 또는 과세예고통지

납세자

↓ 30일 내 청구

과세전적부심사
〈세무서,(지방)국세청〉
30일 내 결정

심사·심판청구 및 소송

납세자

이의신청
(세무서 또는
지방국세청)
30일 내 결정

90일 내 청구

90일 내 청구

심사청구
(국세청)
90일 내 결정

90일 내 청구

심판청구
(조세심판원)
90일 내 결정

90일 내 청구

감사원 심사청구
(감사원)
3일 내 결정

90일 내 청구

행정소송
(법원)

국세청이나 감사원 중 한 군데를 선택해 심사청구를 할 수 있고, 심사청구 대신 국무총리실 산하 조세심판원에 심판청구를 할 수 있다. 심사청구나 심판청구 가운데 하나를 선택할 수도 있고, 심사청구를 거쳐서 심판청구를 할 수도 있다. 심사청구와 심판청구 절차를 마치고도 인용이 되지 않으면 마지막으로 행정법원에 행정소송을 제기해 사법적 판단을 받을 수 있다.

세금부과 전에 세무조사를 통보받고 요건에 해당하면 연기 신청을 할 수도 있다. 그런데도 조사가 나왔다면 조사하는 중간에 요건을 갖추어 세무조사 중지를 신청할 수 있다. 세무조사 중지요청이 받아들여지지 않고 세무조사를 마치게 되면 조사종결 후에 과세전 통지서를 받는다. 과세전 통지 내용에 불복한다면 과세전적부심사를 신청할 수 있다.

구영식 왜 권리구제 절차가 과세기관의 내부에 있나?

안원구 본청 심사청구까지만 과세기관의 내부에 있다. 권리구제 절차를 과세관청 내부에서 수행하는 것은 자체 시정 기회를 부여한다는 측면에서 의의를 가진다. 행정심판전치주의行政審判前置主義라는 법 절차에 의해 반드시 과세청 내부에서부터 행정심판절차를 거치게 되어 있다. 행정심판전치주의는 위법하고 부당한 행정행위의 행정심판이 인정되는 경우 그 행정심판의 재결을 거치지 않고는 소송을 제기할 수 없도록 하는 제도다. 그래서 권리구제 절차가 국세청 내부에서 진행될 수밖에 없다. 그러나 권리구제 절차를 과세관청 내부에서 수행해 자체 시정 기회를 부여하고자 한 본래의 취지와는 다르게 인용율은 낮은 편이다.

구영식 납세자의 권리를 보장하기 위해 필요한 것은 무엇인가?

안원구 현재도 납세자의 권리를 보장하기 위해 여러 가지 제도가 마련되어 있다. 사실 중요한 것은 제도보다 그 제도를 운영하는 사람이 아니겠나. 우선 납세자와 대면하는 세무공무원의 의식이 바뀌어야 한다. 제도를 운영하는 공무원이 납세자를 관리해야 할 대상으로 인식하고 있는 한 아무리 좋은 제도가 있다고 한들 납세자 권리는 보장받기 어렵다. 그렇기 때문에 납세자의 권리를 지켜야 할 담당공무원은 역지사지易地思之하는 자세를 가지고 납세자의 처지에서 생각하려는 자세를 가져야 한다. 또 잘못된 결정이라 해도 한 번 결정한 것은 스스로 바꾸려 하지 않는 공무원 사회의 뿌리 깊은 낡은 관행도 사라져야 한다.

구영식 조세심판원의 조세인용률이 상당히 높다고 하는데.

안원구 조세심판원이 최근 발간한 〈조세심판통계연보〉에 따르면, 2016년 심판청구 인용률은 전체 처리사건 대비 25.3%를 기록했다. 인용률이 높다는 것은 과세청이 무리하게 과세했다는 말과 같다. 실제로 인용율이 낮았던 행정부 내의 심사청구나 심판청구 단계에서 인용되었다는 것은 국세청이 박근혜 정부에서 무리하게 과세했다는 반증이 아니겠나. 국세청이 공권력을 무리하게 행사했는데도 불구하고 납세자에게 사과도 보상도 하지 않는다면 무리하게 과세한 조사담당자에게 인사상의 불이익을 줌으로써 무분별한 실적 쌓기 위주의 조사를 지양하게 해야 한다.

구영식 그러한 불합리함을 해소할 수 있는 방안이 있나?

안원구 내부적으로는 무리한 과세가 이루어지지 않도록 조사과정에서부터 적절한 장치를 만드는 것이 무엇보다 중요하다. 현행처럼 납세자가 요청해야 움직이는 시스템이 아니라, 일정한 실적을 요구함으로써 강제성을 띄고 조사부서의 납세자 권리 침해행위를 상시 감시하는 시스템으로 전환해 국민들이 피부로 체감할 수 있도록 실효성 있는 방향으로 개선해야 한다.

외부적으로는 납세자가 권리구제 절차를 거치려면 세무사와 변호사의 조력을 받아야 하기 때문에 비용이 든다. 무리한 세금이 부과된 것도 억울한데 권리구제 단계에서 경제적 부담까지 추가되는 것이다. 형사사건의 경우에는 국선변호인이 있지만, 세금 관련 권리구제 절차에는 소액·영세사업자를 위한 조세심판원의 심판청구대리인만 있을 뿐이다. 국선세무사 제도를 확대해 권리구제 과정 전반을 도와줄 수 있는 국가 운영 국선세무사 제도를 검토할 필요가 있다. 마을변호사나 마을세무사도 있지만 이들은 재능기부 차원에서 상담하는 수준에 그친다. 이의신청을 밟아야 하는데 돈이 부담스러워 포기하는 사람도 있다.

구영식　조세심판원은 납세자보다는 국세청의 편을 들어준다는 이미지가 강하다.

안원구　아마도 조직 구성 때문에 그럴 것이다. 조세심판원은 조세심판원장이 기관장이고 그 밑에 국장급인 상임심판관으로 구성되어 있다. 대부분이 기획재정부 세제실과 국세청 출신이다. 실무직원들도 대부분 세제실과 국세청에 근무한 사람들로 충원된다. 초록은 동색이라고 조세심판원과 국세청이 서로 인사교류를 하니까 그렇다. 심판관들의 인적구성이 그렇다 보니 납세자들 입에서 조세심판원도 국세청 편이라는 얘기가 나오는 것 아니겠나.

구영식　국세청 중심으로 조세심판원을 꾸리고 있는데 이는 어쩔 수 없는 건가?

안원구　국세청 업무를 모르면 사실관계 등 과세한 내용을 판단하는 데 현실적인 애로가 있다. 국세청과 무관한 세무사를 선발하는 것이 한 가지 방안이 될 수 있겠으나, 조세심판원이 총리실 소속의 국가기관이다 보니 공무원으로 선발해야 한다. 특별채용하는 방안을 검토해볼 수도 있겠다. 국세청이나 세제실로부터 독립된 전문가로 구성하는 방안도 연구해볼 수 있다.

구영식　조세심판원을 총리실 산하에 설치한 특별한 이유가 있나?

안원구　조세심판원은 1975년 국세심판소로 발족해 2000년 국세심판원으로 바뀌면서 재정경제부 장관 산하에 소속되었다. 그리고 다시 2008년 정부조직 개편에 따라 행정자치부 소속이었던 지방세심판위원회와 통합해 국무총리 산하기관으로 신설되었다. 기획재정부의 권리 집중을 막고 조직의 효율성을 기할 목적으로 '조세심판원'으로 변경하고 소속도 총리실로 바꾼 것이다.

구영식　세금에 불복한 재판 청구 건수가 2013년 5035건, 2015년 5889건으로 2년 사이에 850건 정도 늘었다. 납세자에게 돌려준 세금이 2015년에 2조 5000억 원인데 이는 전년도에 비해 82%나 늘어난 수준이다.

안원구　심판청구에서도 억울함이 해소되지 않으면 재판을 통해 불복청구를 하게 되는데, 심판청구에 이어 재판청구도 늘어났다는 건 납세자가 인정하지 못하는 세금부과가 그만큼 많다는 의미다. 그리고 납세자가 돌려받은 세금이 직전 년도에 비해 82%나 늘었다는 것은 무리하게 과세했다는 반증이다. 조사세수가 연 8~9조 원 수준인데 돌려준 세금이 2조 5000억 원이라면 무리한 과세가 아닐 수 없다. 박근혜 정부에서 지하경제를 양성화하겠다며 무리한 세무조사를 한 것도 원인 중 하나일 것이다.

세원稅源 관리

구영식 세무조사 다음으로 중요한 것이 세원관리인데 어떤 기능(역할)인지 설명해 달라.

안원구 세무조사가 세원관리보다 더 중요하다고는 할 수 없다. 둘 다 중요한 기능이다. 성실신고를 담보한다는 측면에서 보면 똑같다. 세원정보를 기반으로 세원분석 결과를 납세자들에게 알려서 성실신고를 유도하는 것이 세원관리다. 그러니까 성실신고를 위한 선제조치가 세원관리이고, 사후조치가 세무조사라고 이해하면 쉬울 것이다. 현재 호황인 업종을 공표한다거나, 탈루가 많은 업종에 대해 사전에 경고한다거나, 국세청이 중점적으로 관리하는 업종을 미리 공표하기도 한다.

구영식 신고관리와 세원관리의 차이는 무엇인가?

안원구 세원관리가 신고관리의 일환이다. 신고관리라는 말은 세원관리를 통해서 성실하게 신고하도록 한다는 것이다. 세원관리국 업무의 80~90%가 신고관리 업무이다.

구영식 부가가치세 신고는 어떤 식으로 이루어지나?

안원구 요즘은 신고도 대부분 전산으로 이루어지고 있다. 전산을 통해 신고할 수 있는 시스템이 구축되어 있다. 부가가치세는 6개월마다 한 번씩 신고하는데 3개월째에는 예정신고를 하고, 6개월째에는 확정신고를 하도록 되어 있다. 종합소득세는 1년에 한 번, 5월 중에 전년도의 소득을 신고한다. 법인세도 1년에 한 번 신고하는데 신고기한은 법인의 결산일에 따라 다르다.

구영식 세무사는 어떤 방식으로 관리하나?

안원구 세원관리국에서 세무사들을 관리한다. 세무사는 원래 납세자들이 성실신고를 할 수 있도록 지도하고 도와준다. 세무사들이 지도를 잘해야 성실신고가 잘 이루어지기 때문에 세무사 관리가 중요하다. 세무사 관리 방식은 국세청이 분석한 세원관리 자료를 기반으로 신고관리지침을 만들어서 세무사들에게 알려줌으로써 성실신고가 될 수 있게 독려한다.

구영식 세원관리 방식이 시대에 따라 많이 달라졌을 텐데.

안원구 많이 달라졌다. 과거에는 인력에 의존했다면, 현재는 전산정보를 활용해 세원관리를 한다. 예전에는 납세자들이 세금계산서 뭉치를 들고 와서 신고했다. 그러다 보니 전국에서 발행된 세금계산서를 크로스체크하기 위해서 전산화는 불가피한 일이었다. 이때 도입한 전산시스템이 종합소득세와 부가가치세 제도 도입의 기틀이 되었다. 국가기관 중에서 국세청에 전산실이 가장 먼저 생긴 것으로 알고 있다. 기본적으로 매입 계산서와 매출 계산서를 전산에 입력하면 두 계산서가 서로 일치해야 한다. 그렇지 않으면 전산에 '불부합자료'라고 뜨는데 이는 매입 계산서나 매출 계산서 어느 한쪽에 문제가 생겼다는 의미이다.

전산시스템이 발전하면서 납세자의 세금계산서 거래내역을 포함한 신고내역, 부동산 보유내역, 부동산 양도 내역 등의 기록이 축적되었고, 엄청난 양의 경제정보를 국세청이 확보하게 되었다. 전산시스템을 잘 활용하면 어떤 업종이 호황이고 불황인지, 수입과 수출 동향, 투자 동향, 부동산 시장 동향 등 국내에서 일어나는 모든 실물경제의 현황과 흐름을 파악할 수 있다. 국세청의 축적된 정보를 잘 분석하고 가공하면 우리나라의 경제정책을 수립하는 데 큰 도움이 된다고 생각한다. 나는 국제조세관리관으로 재직할 때 국세청 전산실의 중요성을 인식하고 전산실을 맡아서 내 생각을 구현하고 싶었다. 그러나 대구청장으로 부임하게 되면서 그 바램은 성사되지 못했다. 아쉬움으로 자리하고 있는 부분이다.

구영식　　그런 방대한 자료가 축적된 국세청 전산시스템이 악용될 소지는 없나?

안원구　　많은 사람들이 그런 걸 문의해온다. '국세청 전산실에 있는 부동산 데이터베이스로 내 채권을 확보하는 데 쓸 수 있냐?'고. 차명이 아닌 한 부동산 내역이 다 들어 있기는 하다. 그러나 세무조사 목적 외에는 당연히 전산자료를 쓸 수 없다. 물론 이명박 후보의 재산 뒷조사 의혹처럼 누가 사용하느냐에 따라 악용의 소지도 항상 있기는 하지만 전산자료에 접속하면 누가, 언제부터 언제까지 뭘 확인했는지 다 기록으로 남는다. 조사를 위해 필요한 경우가 아니라면 남의 자료를 보는 것 자체가 범죄행위다. 세월이 많이 흐르긴 했으나 이명박 후보 재산 뒷조사 의혹도 당시 전산 접속자료를 확인하면 누가 접근했었는지 확인이 가능하지 않을까 생각한다. 누가 의도적으로 디가우징(Degaussing, 자기장으로 하드디스크를 지우는 과정) 하지 않았다면(웃음).

4부

공정과 공평 사이

구영식 과세가 공평하지도 않고, 공정하지도 않다는 지적이 많은데 이를 극복할 수 있는 방안은 무엇인가?

안원구 공평과 공정은 상대적 개념이다. 공평은 어느 쪽으로도 치우치지 않는다는 개념이고, 공정은 옳고 그르다는 가치를 부여한 개념이다. 이를테면 대기업 과세는 중소기업 과세보다 공정하지 않다거나, 사업자는 봉급생활자, 즉 유리지갑이라고 불리는 월급 받는 사람에 비해 과세에서 공정하지 않다는 식으로 말할 수 있다. 금융소득이나 자본소득은 소위 불로소득이라고도 하는데 이것도 사회통념상 금융·자본소득 과세가 근로소득 과세에 비해 공정하지 않다고 여기는 인식에서 나온 것 아니겠나. 또한 부동산 소득도 결국 자본소득과 같이 불로소득이라는 인식이 보편화되어 있어서 과세에서 공정하지 않다고 얘기할 수 있다. 한편 공평 개념의 예로는 종교인 과세를 들 수 있다. 종교인 과세문제는 법을 만들어 놓고도 여러 가지 이유로 계속 유예되고 있으니 공평성 시비가 계속되고 있다. 과세 공정성 논란을 극복하기 위한 방안은 세금의 종류별로 가치개념을 부여해 세율을 조정하는 제도에서 찾을 수 있다고 생각한다.

구영식 과세가 공정하지 않다는 지적이 상대적이라고 했는데 자세히 설명해 달라.

안원구 주로 감면 혜택이 대기업에 집중돼 있는 우리나라의 세제에서는 대기업과 중소기업이 과세에서 공정하지 않다는 지적도 있다. 현행 제도는 연구개발R&D 감면이나 지방이전 감면 등 실제로 혜택을 받을 수 있는 대기업에 유리하도록 되어 있다. 세법에 의해 정해진 법정세율과 대비되는 개념으로 실효세율이 있다. 각종 공제·면세점 제도나 조세특별조치 등에 의해 실제 세금 부담률에 차이가 있을 경우, 현실적으로 납세자가 부담하는 세액의 과세표준 비율을 실효세율이라고 한다. 실효세율은 감면을 감안하면 법정세율에 비해 결과적으로 많이 떨어진다. 공제, 감면, 면세제도의 혜택은 실제로는 중소기업에는 해당되지 않는 경우가 많아서 공정하지 못하다고 여긴다. 간접세도 소득 수준에 무관하게 동일하게 과세하다 보니 간접세 비중이 높으면 높을수록 직접세에 비해 불공정한 부분이 있다고 생각하게 된다.

한편 자본시장을 육성한다는 명분을 앞세워 주식 시세차익에 과세하지 않는 것도 공평하지 않은 사례다. 자본시장육성법에 따라 주식시장에서 상장주식을 사고팔았을 때 대주주에게만 그 차액에 과세하는데 소액주주도 주식양도차익을 얻었다면 과세해야 공평한 것이 아니겠나. 또 종교인들에게 과세하지 않는 것도 공평하지 않은 경우다. 소득이 있는 곳에 세금이 있는 법인데 종교인에게만 과세하지 않는다면 불공평하지 않은가. 이와 같이 국세행정에서 공정과 공평은 적용대상에 따라 상대적으로 적용되는 개념이라는 의미를 설명하려고 했던 것이다(웃음).

구영식　사회적 약자에게 적극적으로 과세하지 못한 부분이 있는데 그것이 불공평하다고 얘기할 수 있는 건가?

안원구　사회적 약자라도 소득이 있으면 신고해서 세금을 내야 한다는 측면에서 불공평한 측면이 있다. 반면 공정성 측면에서는 사회적 약자에게 과세하는 것이 바람직하지 않다. 결국 두 개념이 서로 상충되는 지점이 생기게 된다. 그러나 조세행정은 그 기능상 징수행정(수탈행정)에 해당되기 때문에 공정이라는 가치개념이 우선되어야 한다고 생각한다. 다른 국가기관의 기능인 조장행정(베푸는 행정)과는 대비된다. 조장행정기관의 경우 상충되는 개념이 있을 때 공평성에 우선가치를 두는 것이 맞겠지만 수탈행정을 하는 국세청은 공정가치를 우선적으로 고려해 행정을 펴는 것이 맞다. 이러한 이유로 사회적 약자에게 과세하는 것은 신중하게 검토해야 한다.

소득이 많은 사람이 세금을 더 내서 소득이 적은 사람에게 재원의 재분배를 하도록 제도를 마련하는 것이 국가의 역할이라고 생각한다. 요즘 부유세, 금융소득 등 자본 과세로 증세하자는 논의도 있는 것처럼 소득을 재분배하는 방법으로 세금을 활용하는 것이 가장 직접적인 재분배 효과를 볼 수 있다. 그러나 사회적 약자라고 하더라도 과세소득이 있거나 탈루하는 경우에는 엄정하게 조사해 조치해야 한다.

구영식 국민개세주의가 공평과세로 가는 개념인가?

안원구 한 국가의 국민된 도리로서 모든 국민은 적은 액수라도 세금을 내야 한다는 원칙이 국민개세주의의 사전적 의미다. 따라서 사회적 약자에게도 소득이 있으면 과세하는 것이 공평과세의 개념에 부합한다. 하지만 국민개세주의로 공평과세를 실현하는 데는 비용부담이 따른다. 신고·납부해야 하는 세금보다 징수하는 데 드는 징세비용이 더클 수 있기 때문이다. 그럼에도 불구하고 장기적인 관점에서 국민개세를 정착시키기 위한 노력은 지속되어야 한다고 생각한다. 이에 따른 비용은 미래 세수를 위한 초석을 놓는 불가피한 비용이라고 생각하고 국가가 부담해야 한다.

구영식 사후에 성실납세를 검증하기보다 사전에 성실납세를 지원할수 있는 방안이 마련되어야 하지 않나?

안원구 그게 중요하다. 성실한 납세를 담보하는 방법에는 '당근정책'

과 '채찍정책'이 있다. 자기가 내는 세금이 언젠가 혜택으로 돌아온다고 생각하게 하는 것이 당근정책이다. 채찍정책은 세무조사를 통해 세금 부담을 강제하는 것이다. 사전에 성실신고를 하게 만들려면 무엇보다 세금을 내는 것에 자긍심을 갖게 해줘야 한다. 그런 측면에서 성실하게 납세한 사람을 사회적으로 존중해줘야 하고 세금을 많이 내는 것을 자랑스럽게 여길 수 있는 사회적 분위기를 만들어 가야 한다.

또 활발하게 활동할 때 세금을 많이 냈는데 나이가 들면서 2선으로 후퇴하고 형편이 어려워지는 사람들을 위해 마일리지제도를 도입하면 좋겠다. 세금으로 낸 액수를 마일리지처럼 적립했다가 은퇴 후에 적립해 놓은 마일리지를 복지혜택으로 돌려받을 수 있다면 국민들의 노후생활에 도움이 될 것이다. 마일리지로 기부할 수 있는 제도도 만들 수 있다. 이러한 보험 성격의 마일리지제도 도입을 국가에서 적극적으로 검토하기를 제안한다.

구영식 지금은 자기가 낸 세금만큼 혜택을 받는 제도가 없나?

안원구 없지는 않다. 모범납세자로 선정되면 세무조사를 유예받는 혜택이 있다. 그에 더해서 공항 출입시 우대받거나 의료비, 공영주차장, 철도운임 할인혜택 등 생활편의 혜택 외에도 대출금리경감, 금융수수료면제 등 금융상 우대혜택, 신용보증기금 보증심사 시 우대혜택, 금융신용평가에 모범납세자 수상이력 반영, 국방부 물품, 용역 적격 심사시 가점 부여, 고용노동부 노사문화우수, 대상기업 선정시 가점 부여의 혜택이 있다. 그러나 자기가 낸 세금만큼의 혜택을 돌려받는다고 생각할 만큼 충분하진 않을 것이다(웃음).

구영식 체납자를 집중적으로 관리할 수 있는 방안은 무엇인가?

안원구 체납자를 효율적으로 관리하기 위해서는 더욱 강화된 인프라를 구축해 감시해야 한다. 국세청은 체납자의 체납세액과 기간을 감안해 차등 관리하는 체납자 평가시스템을 구축하고 사업자등록 자동 체크와 금융조회 시스템을 활용해 체계적으로 체납자들을 관리하고 있다. 특히 장기·고액체납자는 집중 관리할 필요가 있기 때문에 외교부나 법무부 등 다른 부처와의 공조를 통해 더욱 진화된 시스템을 구축해서 고액체납자의 출국 규제도 강화해야 한다. 이를테면 내가 국제조세관리관으로 근무할 때 주장했던 대로 '출국금지대상자 관리시스템'이 최근에 제도화되긴 했지만, 여권 발급 정보와 출입국 심사 자료를 수집하는 것 외에 국세청 전산실을 적극 활용해야 할 것이다. 아울러 체납자 재산추적에 관해서도 체납자의 재산을 은닉한 혐의가 있는 친족까지 관리대상으로 포함시켜 더욱 강화된 추적·관리가 이루어져야 한다.

구영식 상습 탈세하는 사람들은 3.8기동팀에서 처리하나?

안원구 3.8기동팀은 서울시가 운영하는 지방세 체납 징수팀을 일컫는다. 서울시에서 3.8기동팀을 만들어 체납자의 집을 직접 방문하는 등 집요한 방법으로 상습 고액탈세자의 재산을 찾는 것으로 알고 있다. 국세청도 종전에는 체납자의 집을 압수수색하듯 들이닥쳐 조사하기도 했는데 지금은 그렇게까지 안한다. 물론 돈을 은닉해놓고 해외에 수시로 드나들면서도 세금을 낼 돈이 없다고 우기는 뻔뻔한 고의성 체납자에게는 엄격해야 하지만, 대부분의 체납자들이 실제로 낼 돈이 없어서 세금을 체납한다. 그런 사람들에게 들이닥쳐 압박해봐야 세금을 찾아내는 소득보다 팀을 가동하는 비용이 더 들 것이다.

과세 사각지대

구영식 '과세 인프라 사각지대'는 무엇을 이야기하나?

안원구 과세 인프라는 말 그대로 과세를 위한 제도적 장치와 시설 및 정보를 말한다. 전산장비, 금융자료, 신용카드, 통장거래, 등기자료, 외국과의 금융정보 교환협약 등 과세에 필요한 모든 제도와 정보를 통칭하는 개념이다. 과세 인프라 사각지대라 함은 현금거래로 흔적을 남기지 않는다든지, 차명으로 명의를 위장하거나, 조세피난처에 세적을 두고 국세청의 관리영역을 벗어나는 납세지대를 지칭한다. 이러한 과세 인프라 사각지대가 곧 지하경제다.

구영식 왜 과세 인프라 구축이 중요한가?

안원구 과세 인프라를 구축한다는 의미는 과세할 수 있는 자료를 고

정적으로 확보할 수 있는 시스템을 말한다. 따라서 시스템이 구축되면 자동적으로 확보되는 자료를 기본으로 하고 추가 정보를 수집해 과세에 활용하면 되기 때문에 과세행정도 효율적으로 수행할 수 있고 세금 누수망도 촘촘히 관리할 수 있어서 매우 중요하다.

구영식 대표적인 과세 인프라 사각지대는?

안원구 대표적인 과세 인프라 사각지대, 즉 지하경제 업종에는 유흥업소가 있다. 룸살롱을 예로 들어보면, 룸살롱에는 특별소비세가 적용된다. 사치성 상품이나 서비스의 소비에서만 별도의 높은 세율로 과세하는 세금을 특별소비세라고 한다. 룸살롱 같은 유흥업소들이 이 특별소비세를 피하기 위해 노래방으로 위장하는 사례가 많다. 또 현금거래를 유도하는 사례도 적지 않은데, 성형외과 같은 경우 미용목적의 의료행위에는 의료보험 적용이 안 된다. 알다시피 종합병원을 제외한 대부분의 성형외과는 요즈음 거의 미용목적의 의료행위가 전문 아닌가.
일반 의료종목들은 의료보험이 적용되니까 보험수가와 비교해 보면 매출파악이 용이하지만 의료보험 적용이 안 되는 매출은 병원 자체의 신고를 기준으로 매출을 파악할 수밖에 없다. 그나마 카드로 병원비를 결제하면 매출파악이 가능하겠으나 현금결제는 자진신고하지 않는 이상 파악이 불가능하다. 치과에서도 보철은 의료보험이 적용되는데 성형과 관련된 치과치료는 의료보험 적용이 안 된다. 산부인과도 마찬가지다. 한마디로 보험적용이 안 되는 의료행위에서 현금결제는 전형적인 과세 인프라의 사각지대가 된다. 국세청도 이러한 현실에 대응하기 위한 조사에 집중하고 있다.

구영식　과세 사각지대를 줄일 방법은 없나?

안원구　과세 사각지대를 찾아서 미비한 법과 제도를 보완해 시스템을 확충하는 방법밖에 없다. 변호사도 정상적으로 수임하지 않고 전화로 변론하는 경우가 있지 않나? 이러한 편법적인 수임도 근거를 찾을 수 있는 방법을 만들어야 한다. 또 과세 인프라가 갖춰지지 않으면 차명거래도 늘어난다. 그래서 금융실명제나 부동산실명제에서 차명거래 페널티를 물리는 것이다.

구영식　이명박 정부 시절 과세 사각지대를 없애기 위해 세원양성화를 위한 전담팀을 설치하려고 했다고 한다.

안원구　원래 국세청에서는 숨어 있는 세원을 양성화하는 일을 계속해왔다. 명의위장, 국내외에서의 탈세, 부동산 투기, 특히 고소득자 탈세와 변칙 상속·증여, 유통거래질서 문란행위 등을 지속적으로 추적하고 감시해왔다. 과세 인프라 구축을 위해 전산실을 활용한 자료수집 연결고리를 만드는 일도 계속 해오던 일이다. 이명박 정부가 세원양성화 전담팀을 설치하려 했다는 것은 모자를 바꿔 씌운 것에 불과하다. 박근혜 정부 초기의 '지하경제 양성화를 통한 세수증대' 발표와 같은 맥락의 '대국민 선전용'으로 이해하면 되겠다. 다만 백용호 청장 때 기존에는 업무별로 나뉘져 있던 세무상담 서비스 전화번호를 하나의 콜센터(국번없이 126)로 묶어서 납세자에게 상담편의를 제공하기는 했다.

구영식 전자세금계산서나 법인정보시스템 구축 등이 모두 과세 인프라 구축과 관련된 것 아닌가?

안원구 그렇다. 예전에는 전산시스템이 요즘처럼 원활하지 못해서 전자세금계산서나 법인정보시스템을 활용할 수가 없었다. 그러나 지금은 인터넷망을 통해 실시간 확인까지 가능하다. 전산이 지금처럼 확보되리라고는 상상도 못했던 일이다. 앞으로도 전산에 쌓여 있는 정보들을 잘 시스템화하면 발품을 팔지 않고도 세원 사각지대를 획기적으로 줄여나갈 수 있다. 나는 오래전부터 전산자료를 활용한 효율적 시스템을 만들고 싶어서 전산정보관리관을 자원한 적도 있었는데 대구청장으로 발령이 나버렸다(웃음). 누구든 반드시 한번은 해야 할 일이다.

구영식 그림, 골동품, 보석 등이 자산 증식용일 수 있는데 과세 인프라에 넣을 수 없나?

안원구 당연히 과세 인프라 구축대상이다. 그런데 그림, 골동품, 보석 같은 재산은 표준평가 기준이 없다. 평가기관과 평가시기에 따라 자산가치 평가가 달라진다. 결국 이런 품목은 매입자와 매각자가 서로 합의하면 값이 결정된다. 공장에서 만들어지는 획일적인 제품이 아니라

창의성 있는 기호품 아닌가? 어떻게 합리적인 표준평가 기준을 제시할 수 있을지가 관건이다. 창의성과 예술성을 평가할 객관적인 기준은 없는데 재산가치로서 평가는 해야 하니 어려운 일이다. 그러나 이것도 국세청이 해야 할 일임은 분명하다.

부동산에는 공시지가 등 감정기준이 있는데 그림, 골동품 등에는 공신력 있는 기관의 평가가 없다. 그러다 보니 과세로 연결시키려면 국세청에서 표준을 만들어야 하는데 이것이 어려운 작업이다. 하지만 국세청 내에 축적된 방대한 전산자료를 활용하고 전문가 그룹과 연계망을 만들어서 연구하면 합리적인 가격 표준을 만들 수 있을 것으로 생각한다.

구영식 국민들은 세법이 납세자에게 불리하게 돼 있다고 보는 시각이 강하다.

안원구 그런 측면이 없는 건 아니다. 세법은 국가재정을 뒷받침하는 법이다 보니 국고우선주의일 수밖에 없다. 따라서 납세자의 권리를 제한하지 않고는 국가 운영에 필요한 재정수입을 확보하기 어렵다는 인식에 근거하고 있다. 그리고 세법은 용어도 난해하고 설명도 복잡한 편이라 회계지식이 없으면 읽어서 바로 이해하기 어렵다. 사실 국세청이 국민들에게 좀 더 친근한 기관이 되려면 어려운 세법상의 용어를 간단하고 알기 쉬운 단어로 바꾸어 주는 것만으로도 가능해질 것이라고 생각한다.

구영식 자본이동이 많아지고, 해외거래가 많아지고 있기 때문에 해외거래나 재산은닉 등에 관한 정보를 파악하고 관리·감시할 수 있는 조직이나 제도가 필요하다.

안원구 국세청에 국제거래를 감시하고 다국적기업도 관리하는 국제조세관리관실이 있다. 역외탈세 전담센터도 별도 조직으로 활동하고 있다. 그러나 이번에 최순실 일가 해외재산을 추적하면서 보니까 실질적인 활동이 안 되고 있고 제대로 된 역할도 못하고 있더라. 국세청의 역외탈세 전담조직이 해외에 꼭 필요한 지역에서 필요한 정보들을 수집해야 하는데 기대에 못 미치는 것이 현실이다. 독일 내 최순실의 차명재산을 추적하는 과정에서 큰 도움이 된 기업정보 사이트인 '머니하우스'와 같은 정보는 반드시 필요하다. 우리의 국세청도 '머니하우스'를 활용해 해외정보를 분석하고 활용한다면 해외로 유출된 후 은닉되는 많은 세원을 추적하는 데 도움이 되겠다는 생각이 들었다. 단지 독일의 '머니하우스'를 사용하는 것에 그칠 게 아니라 우리도 국세청이 주축이 되어 그와 같은 기업정보 사이트를 만들면 세원관리를 더 효율적으로 할 수 있고, 비용도 줄일 수 있을 것 같다.

우리는 기업 정보를 알고 싶어도 비상장 기업의 경우에는 기업설립이력과 신용정도를 알 수 없는 것이 현실이다. 국내자금이 해외로 나가는 경우에는 한국은행과 수출입은행에 그 기록이 보관되어 있지만 국세청과의 자동적인 연결체계가 미흡해서 해외유출 자금의 흐름을 추적하는 데 한계가 많다. 또 부정한 자금이 입출금될 경우에는 이런 유관 기관들끼리 자동적으로 연계되고 경고신호를 줄 수 있는 시스템을 발전시키고 확충해야 한다.

구영식　세수를 확보할 수 있는 다른 복안은 없나?

안원구　내가 국제조세관리관을 하던 시절에 생각한 복안이 있었는데 현재 국세청에서 제대로 시행하고 있는지는 모르겠다. 해외에 진출한 우리나라 기업은 사업장이 위치한 국가에 세금을 내고 사업 활동을 한다. 그리고 다시 우리나라 세법에 따라 소득 신고를 해서 추가로 우리나라에 세금을 납부한다. 물론 해외에서 먼저 낸 세금은 공제하고 그 차액만큼만 내면 된다. 그러나 해외진출 기업들이 해외에서 벌어들이는 소득과 관련해 국내에 납부해야 하는 상당한 액수의 세금이 세수에서 빠져 있다. 그래서 이들의 세적을 정리해서 세수로 연결하는 장치를 만들면 복지수요 확충에 상당한 역할을 할 수 있다고 본다.

또는 국내소득을 해외로 빼돌리거나 국내에 신고해야 할 해외소득을 신고하지 않고 탈루하는 이른바 '역외탈세'라는 불법행위가 있다. 역외탈세는 국내가 아니라 해외에서 탈루한다는 개념이다. 역외탈세를 추적하기 위해서 해외에 투자한 우리나라 기업의 자금에 세적(세금호적)을 만들어 관리해야 한다. 또 이전가격 조작을 통해 해외에 비자금을 만드는 불법행위도 철저한 감시를 통해 추적해야 한다. 무기거래의 커미션처럼 해외에서 해외로 조세피난처를 활용해 비자금으로 옮겨놓는 경우도 있다.

이런 역외탈세 유형들을 철저히 조사해야 하는데도 불구하고 상대방 국가의 협조를 받기 힘들다는 핑계로 제대로 조사하지 않고 있다. 해외에 은닉한 자금의 경우 조사권이 못 미친다는 이유로 조세관리의 사각지대에 놓여 있는 것이 현실이다. 이렇게 소득을 해외에 은닉하는 역외탈세는 국가간의 정보교환 협약을 맺어서 반드시 조사해야 한다. 또한 해외은닉 자금은 특성상 공소시효가 지나서 인지하게 되는 경우가 많기 때문에 특별법 규정을 통해 공소시효로 인한 제한을 완화시킬 필요가 있다. 반면에 재외국민으로서 한상韓商이라 불리는 기업가들을 우리나라 사람이라는 이유만으로 조사해서 억울한 일을 만들지는 말아야 한다.

또 공익재단법인을 만들어 상속증여세를 회피하는 경우가 많이 악용되고 있다. 돈 많은 부자들은 부를 세금없이 대물림하는 수단으로 공익재단법인이라는 이름의 변칙적인 세습을 획책하곤 한다. 그런데 내용을 살펴보면 불특정 다수에게 혜택이 미치는 고유목적 사업이 취지와 달리 재단 기금출연자의 경영권 유지에 사용되거나 설립자의 다른 기업의 이익을 가져다주는 방식으로 교묘하게 악용되고 있다. 이를 체계적이고 엄격하게 관리한다면 누수되는 세금을 상당부분 막을 수 있을 것이다.

그리고 '범죄수익은닉의 규제 및 처벌 등에 관한 법률'에 의해서 범죄수익은 몰수하도록 되어 있다. 현행법은 범죄행위로 인한 수익을 몰수하는 데만 그치고 사업소득에는 세금은 부과하지 않는다. 그러나 범죄로 인한 수익이라 해도 지속적, 반복적으로 행해졌다면 사업소득으로 볼 수 있기 때문에 몰수추징과 별개로 과세하는 방안을 적극 검토할 때가 되었다.

고위직 인사 관행

구영식　국세청 인사는 보통 어떻게 이루어지는가?

안원구　일반 공무원 조직은 9급에서 1급까지의 직급으로 구분한다. 숫자가 적어질수록 고위급으로 승진한다는 의미이다. 6급은 주무관, 5급은 사무관, 4급은 서기관이라고 하고 3급~1급은 고위공무원단이라고 부른다. 9급부터 서기관(4급)까지의 인사는 국세청장에게 위임돼 있다. 국세청의 서기관(4급)은 세무서장 직위에 해당되고, 지방청에서는 국장 직위나 과장직위에 보임된다. 복수직이라는 직급도 있는데 3급과 4급 사이를 복수직 3급이라고 하고, 5급과 4급 사이를 복수직 4급이라고 한다. 김대중 정부와 노무현 정부 때는 고위공무원단 인사를 중앙인사위원회에서 주관했기 때문에 청와대가 직접 부처별 인사에 관여할 여지가 크게 없었다. 그러다가 이명박 정부가 들어서면서 중앙인사위원회는 없어졌고, 고위공무원단은 국세청에서 후보안을 청와대에 보고하면 청와대에서 최종 결정했다. 박근혜 정부에서는 형식적으로는 고위공무원단 인사를 청와대에서 주관하는 것으로 되어 있었지만 노골적으로 비선秘線이 인사를 전횡한 것으로 드러났다.

구영식 국세청의 고위직 가운데 가장 영향력 있는 자리는 어디인가?

안원구 가장 영향력 있는 자리는 당연히 본청장이고, 차장, 서울청장, 중부청장, 그 외 지방청장 순이다. 기관장 외에는 본청 국장 중에서 조사국장, 정책기획관리관, 법인납세국장의 순으로 보면 된다. 그렇다고 나머지 본청 국장들의 영향력이 없다는 말은 아니다. 인사권이 미치는 범위로 볼 때 이와 같은 순서로 국세청 내부에 영향력을 미친다는 의미다. 그러나 납세자에게 실질적인 영향력을 미치는 자리는 서울청 조사국장을 포함한 각 지방청 조사국장이라고 본다.

구영식 고위직 인사는 어떤 기준으로 이루어지는가?

안원구 고위공무원단 제도가 생기면서 고위공무원단 범위 내에서는 직급에 상관없이 보임을 할 수 있게 되었다. 고위공무원단은 직무분석을 먼저 한 뒤 공무원의 직무수행능력을 평가해 그 자리에 적격자를 앉히는 제도이다. 그러다 보니 종전처럼 서열 중심으로 인사를 하는 관례가 없어졌다. 종전에는 누가 먼저 승진했느냐에 따라서 서열대로 승진하던 구조였는데 고위공무원단 제도가 도입되면서 서열보다는 능력과 성과에 따라 등용할 수 있게 된 것이 장점이다. 그러나 인사권자의 자질에 따라서는 경쟁자를 제거하기 위한 수단으로 고위공무원단 제도를 악용해 단계를 무시하고 좌천시키는 경우도 있다. 고위공무원단 제도와 별개로 국세청 내에서는 고시 기수, 학연, 지연, 임용출신별이 여전히 인사 기준의 고려요소로 작용하고 있다.

구영식 고위직 인사는 청와대에서 좌지우지하는 것 아닌가?

안원구 원래 청와대에서 각 부처의 고위직 인사를 좌지우지하는 수준으로 개입하지는 않는다. 그러나 통치권자의 정책방향과 뜻을 같이하는 인사방침을 기준으로 각 부처와 조율하면서 일부 고위직 인사를 청와대에서 직접 결정하기도 한다.

구영식 정권과 가치관이 같다는 것을 어떻게 검증할 수 있나?

안원구 그것은 검증으로 평가한다기보다는 친소親疏관계로 가늠하는 것으로 알고 있다. 말하자면 정권을 잡은 세력과 코드가 맞나 안 맞나 하는 것인데 그것을 일률적으로 이야기하기는 어렵다. 원래 '코드'란 정권이 추구하는 정책의 방향과 목표에 공감한다는 뜻을 가진 용어인데 많은 위정자들이 자기들 사단의 이익을 위한 인사를 하다 보니 부정적인 뜻으로 변질된 점이 없지 않다.

구영식 '청와대와 조율한다'는 것은 어떤 의미인가?

안원구　인사를 할 때 청와대와 사전에 협의한다는 뜻이다. 인사 대상자들을 배수로 청와대에 올리면 청와대에서 그중 낙점하는 형식이다. 청와대가 원하는 인사안이 올라오지 않으면 원안을 반려해 다시 올리도록 하는 경우도 있었다. 한때는 이렇게 청와대가 실질적인 인사권을 행사하고 청장이 발표하는 식이었다.

구영식　항상 고위직 인사 문제가 제기됐는데 이러한 인사 문제를 없앨 수 있는 방안은 무엇인가?

안원구　국세청의 고위직 인사 문제는 국세청이 정치적 영향을 받는 데 기인한다. 많은 경우 정권 초기에 특정 정치세력에 줄을 서야 고위직으로 갈 수 있었기 때문에 발생한 문제들이었다. 청장까지는 정치적 영향을 받을 수밖에 없다고 해도 청장 이하 고위직의 인사경로는 예측 가능해야 한다. 그리고 고위직 공무원의 자리를 박탈하거나 인사에서 배제하려면 분명한 사유가 있어야 한다. 특히 직업공무원으로서 정년을 보장받는 2급(종전 기준) 이하 공무원에게는 반드시 그 원칙을 지켜야 한다. 공무원으로서 실책이 없다면 정치적 성향과 관계없이 그 사람이 승진할 수 있는 경로가 예측 가능해야 한다. 이러한 원칙을 지키면 어느 정도 예측 가능한 인사가 되고, 자연스레 줄을 서야 할 이유가 사라질 것이다.

구영식　외부의 인사개입을 차단할 수 있는 방안은 무엇인가?

안원구 가장 중요한 것은 인사권자인 대통령의 의지라고 생각한다. 그 사례는 노무현 정부 인사에서 찾을 수 있다. 노무현 정부에서는 국세청 인사에 일체 개입하지 않았다. 물론 인사검증은 했지만 누구를 그만두게 하라든지 자리까지 간섭하지 않았다는 얘기다. 인사권자가 이를 천명하고 지킬 의지가 없으면 어떻게라도 개입하게 돼 있다. 대통령은 아니어도 그 밑에 있는 사람들이 친소관계를 통해서 인사에 개입할 수가 있다. 하지만 노무현 대통령이 확실한 의지를 가지고 인사에 개입하지 않으니까 국세청 내에서 인사개입 때문에 문제가 되었던 기억은 없다. 노무현 정부와 대비되는 사례가 MB정부다. MB정부에서는 2급 이상 고위직들의 성분까지 분석한 것으로 알고 있다. 김대중·노무현 정부에서 승진했거나 청와대에서 근무한 경험이 있는 사람들을 '전 정부인사'로 낙인찍어서 인사상 불이익을 주고 자리를 박탈한 치졸함까지 보였다.

구영식 고위직 인사철이 오면 국세청 안팎에서 투서가 오가는 등 '경쟁'이 치열하더라.

안원구 내가 총무과장으로 지낼 때 그런 투서가 온 적은 없다. 외부기관에서 들어온 투서를 본 적은 있다. 국세청 인사 라인에서 투서를 취합하는 건 아니다. 청와대를 비롯한 정보기관 등으로 투서가 들어가 역으로 국세청으로 통보되는 경우가 대부분이다. 사실 국세청의 인사에 관한 투서는 잦은 편은 아니었는데 이명박 정권 초기 한상률 유임

직전의 시기에 유독 국세청 인사에 관한 투서가 집중되었던 것으로 알고 있다.

구영식 여하튼 경쟁이 치열하지 않나?

안원구 경쟁은 당연히 치열하다. 국세청뿐만 아니라 어느 조직이든 고위직의 자릿수는 한정되어 있고 후보군은 그에 비해 월등하게 많아서 치열한 경쟁은 피할 수 없는 것 아니겠나? 어쩌면 내가 직접 겪은 사건도 그런 경쟁의 산물이기도 할 것이다.

구영식 그 사건이 일어난 때가 2008년이었던가?

안원구 2008년도에 시작됐다. 한상률 청장이 노무현 전 대통령을 겨냥한 태광실업 세무조사를 통해 이명박 정권의 신임을 얻은 후인 2008년 가을경, 한상률 청장의 심복인 감찰팀장이 인사동 식당에서 '청와대에서 안 국장은 이명박 전 대통령 뒷조사를 한 사람이니 나가라고 한다'면서 청와대 문건이라는 것을 내게 보여주었다. 그 문건은 내가 알고 있는 청와대의 문건과는 확연히 달랐고 일개 감찰직원 말을 듣고 사퇴를 결정할 일도 아니기 때문에 한상률 청장을 찾아가서 확인했다. 한상률 청장이 '청와대에서 안 국장을 내보내라고 한 것은 사실이다'고 하기에 지인들을 통해 청와대에 알아보니 청와대에서는 그런 사실이 없다는 답을 들었다. 다시 한상률 청장에게 '내가 청와대에 알아보니 어느 부서에서도 나를 나가라고 한 사실이 없다고 한다.

어떻게 된 일이냐?'고 따졌다. 그랬더니 이번에는 말을 바꾸어 '청와대가 아니라 총리실이다'라고 했다가 내가 총리실까지 파악해서 반박했더니 '청와대 여기저기서 그런다'고 다시 말을 바꿨다.

그러고 나서는 한상률 청장이 낙마한 후 나를 둘러싼 사퇴압박이 당시 허병익 청장대행과 이현동 차장까지 줄기차게 이어지면서, 검찰과의 공조로 사건을 만들어서 나를 사법처리하는 것으로 일단락을 맺었다. 그러나 내 사례는 매우 예외적인 경우라고 생각한다. 통상 정치적 이유로 사퇴를 권유할 때에는 승진이나 다른 예우를 갖추어 명예롭게 퇴직할 수 있도록 통로를 열어주는데 한상률에 이어 이현동 청장까지 뭐가 그리 급했는지 나를 내보내기 위해 지나친 무리수를 두었다.

국세청장 깜

구영식 보통 국세청장 후보에는 누가 오르나?

안원구 역대 인사를 보면 서울청장과 차장이 자동적으로 후보군에 오른 경우가 제일 많았다. 그리고 군사정권 때에는 안무혁 청장 등 군 출신이 외부에서 청장으로 온 경우도 있었고, 문민정부가 들어선 이후로는 대부분 국세청 내부에서 발탁해왔다. 노무현 정부 때 발탁된 이용섭 청장은 기획재정부의 세제실장과 관세청장을 하다가 국세청장으로 온 경우이긴 하지만 외부인사로 분류된다. 이명박 정부 때에는 한상률 청장이 갑작스럽게 낙마한 후 서울시정개발연구원장을 했던 백용호 청장이 왔다. 이 분도 외부인사 영입 사례였기 때문에 한동안 내부적응을 못했다고 들었다. 백용호 이후로는 현재까지 내부에서 청장이 배출되었다.

구영식 국세청장의 인사권한은 어디까지인가?

안원구 임용, 승진, 보직이동(전보), 상훈, 교육훈련 등이 청장의 인사 범위에 속한다. '임용'은 공무원을 채용하는 것을 뜻한다. '승진'은 직급이나 계급이 오르는 것을 말한다. '전보(보직이동)'는 같은 직급 내에서 자리를 이동하는 것을 말한다. '상훈'은 업무성과에 따른 상과 공로에 따른 보상을 말한다. '교육훈련'은 국세청 직무에 관련된 교육과 훈련을 의미한다. 이러한 것들이 국세청장이 행사하는 인사권의 범위에 해당된다. 2015년 기준 국세청 공무원은 약 2만 명에 이르는데 이렇게 많은 국세공무원들이 관심을 가지는 인사는 '승진'과 '전보'다.

구영식 과거 국세청장 인사에서 가장 중요한 기준은 무엇인가?

안원구 군사정권 하에서는 군인들을 앉혔고(대통령이 군인 출신이므로 측근이 다 군인 출신), 문민정부가 들어선 후에도 집권당의 정치적 이념에 부합하는 인사들을 임명했다. 물론 정권마다 조금씩 다른 기준을 가지고 있긴 했으나 전반적으로 얘기하자면 정치적 성향이 국세청장 인사에서 중요한 기준이었다.

구영식 그렇다면 앞으로의 바람직한 국세청장 인사 기준은 무엇이라고 생각하나?

안원구 국세청의 미래 비전을 가지고 개혁을 주도할 수 있는 인사를 발탁하는 것이 중요하다고 생각한다. 기본적으로 국세청장은 청렴하고 조직을 장악할 수 있는 능력을 갖췄으며, 납세자 입장에서 국세청의 개혁을 이루어 낼 수 있는 사람이어야 한다. 국세청은 보이는 것과 달리 다양한 출신의 집합체로 구성되어 있어서 외부인사가 국세청 조직을 장악하기가 쉽지 않다. 조직 구성원들 간에는 오랜 시간 국세청 내에서 같이 근무해야만 파악이 가능한 장단점이 있는데 그 부분을 잘 알고 국세청 운영에 반영하는 것이 필요하다. 이러한 특성 때문에 국세청 근무 경험이 없는 외부인사가 투입되어 짧은 시간에 국세청 내부 운영과 개혁을 제대로 수행하기는 어렵다.

또 납세자들이 바라는 바람직한 국세청을 어떻게 구현할 것인지를 깊게 고민해 본 사람이 국세청장이 되어야 한다. 사실 국세공무원들은 국세청에 근무하는 동안 납세자들의 심정을 헤아리지 못한다. 그러나 국세청을 벗어나 납세자가 되어보면 역지사지의 지혜가 생기게 마련이다. 그러한 이유에서 국세청 출신으로서 납세자 처지를 경험한 인물을 재활용한다면 폭 넓게 현실적인 개혁을 이룰 수 있는 대안이 되리라고 생각한다.

구영식 국세청장 청문회가 열리면 국세청에서 인사청문회 위원들의 후원회장을 통해 로비에 나서기도 한다고 들었다.

안원구 사실 국세청은 세무서가 전국에 산재해 있지 않나. 국세청장 후보 인사청문회 위원들이 다 지역 국회의원들인데 세무서와 무관할 수가 없다. 지역구 국회의원의 후원회장이 누구든지, 그 후원회장의 기업도 세무문제에서 자유롭지 않기 때문에 암암리에 청문회를 잘 통과할 수 있도록 협조해 달라고 요청하는 일도 있다. 국회의원을 직접 찾아가거나 또는 간접적으로 '청문회에서 국세청장 후보를 너무 힘들게 하지 말아 달라'고 요청하기도 한다.

구영식 그래서 그런지 국세청장 후보 인사청문회가 검찰총장 후보 인사청문회보다 약하다는 지적이 있다.

안원구 검찰에 비해 국세청은 그 내부사정이 알려진 바가 거의 없어서 질문거리가 없는 건 아닐까(웃음).

구영식 국세청장 임기가 있나?

안원구 없다. 국회 청문회를 거치는 4개 권력기관장 중 검찰총장과 경찰청장은 검찰청법과 경찰공무원법에 의해 임기가 정해져 있다. 국정원장은 따로 임기는 없으나 국가정보원법에 의해 업무나 권한의 범위가 정해져 있다. 그러나 국세청장은 국세공무원법 같은 특별법이 없어서 국가공무원법을 적용받는 정무직 공무원이다.

구영식 국세청장 임기가 없는 게 적절한 건가?

안원구 나는 국세청장 임기가 보장되어야 정치로부터 독립할 수 있다고 주장하는 사람이다. 현재까지 최장수 국세청장은 3대 고재일 청장인데 5년 9개월 남짓 근무했고, 최단기 국세청장은 6대 성용욱 청장으로 겨우 9개월 정도 근무했다. 과거 군사정권 때는 성용욱 국세청장을 제외하고는 모두 3년 이상 오래 근무했다. 국세청장 임기가 보장된다면 이렇듯 국세청장별로 임기가 몇 배씩 차이가 나는 일은 생기지 않을 것이다.

구영식 그런데 검찰총장이나 경찰청장도 임기가 정해져 있지만 그 임기가 보장되는 것은 아니다.

안원구 그렇긴 하다. 대통령이 바뀌면 4대 권력기관장도 바뀐 것도 사실이다. 또 통치권자가 여러 가지 이유로 임기가 남았음에도 굴레를 씌우거나 핑계를 만들어서 사퇴를 유도하는 현실도 목도하고 있다. 그럼에도 불구하고 임기를 보장하는 것과 보장하지 않는 것에는 차이가 있다. 임기를 정해놓으면 함부로 원칙을 무시하고 교체하는 것이 부담스러울 수 있기 때문이다.

구영식 국세청장 출신들이 검찰조사를 받거나 구속되는 일이 반복되는데 그 이유가 무엇이라고 보나?

안원구 국세청장이 사법조치되는 사건은 단순히 언론에서 발표되는 내용만으로 판단할 일은 아니다. 문제가 된 청장들 대부분이 정권교체기에 청장을 지낸 분들이다. 수평적 정권교체기보다는 여야가 뒤바뀌는 격동기에 청장을 지낸 분들이 주로 문제가 되어왔다. 정치적인 이유와 무관하지 않아 보이는 대목이다. 개청 이래 50여 년 동안 정권이 바뀌었는데도 바뀌지 않고 연임한 국세청장은 노태우 정권에서 김영삼 정권으로 교체되던 시기에 재직한 추경석 청장과 노무현 정권에서 이명박 정권으로 교체되던 시기의 한상률 청장뿐이다. 그리고 공교롭게도 한상률은 추경석 청장 시절 청장 비서관을 지낸 인물이다.

구영식 국세청장들이 사법적으로 처벌받는 일이 반복되지 않기 위해서는 어떻게 해야 하나?

안원구 국세청이 정치적 중립을 지키는 것이 가장 중요하다. 큰 사건의 중심에는 국세청이 많이 등장해 왔다. 특히 정치적인 큰 사건에는 항상 돈이 연관되어 있다 보니 국세청이 도구로 자주 이용되어 왔던 것 같다. 정치적 회오리에 휘말리면 어느 누구도 자유로울 수 없기 때문에 정권이 바뀌면 국세청장은 반드시 스크린 당한다는 사실을 염두에 두고 일해야 한다.

인사, 잘해야 본전

구영식 세무서, 지방청, 본청 총무과장을 다 지내서 인사를 잘 알지 않나?

안원구 국세청 인사는 거의 다 해봤다. 나는 인사만큼은 한번 정한 원칙에서 벗어나지 않는 것을 금과옥조로 여겨왔다. 그래서 내가 인사 업무를 했을 때는 조그마한 잡음도 나오지 않았다.

구영식 총무과장을 역임했는데 인사업무를 담당하면서 중요하게 생각했던 점이 있나?

안원구 내가 국세청 총무과장으로 있을 때 '승진'과 '전보' 인사원칙을 만들어 항상 공개하고 반드시 그 원칙 안에서 인사가 이루어지도록 했다. 청장에게도 '인사권은 권한이라기보다 의무라고 여기는 것이 중요하다'고 직언했다. 인사에서는 만족하는 사람보다 불만을 갖는 사람이 훨씬 많기 때문에 공정성이 담보되어야 할 뿐만 아니라, 불만을 갖는 사람의 마음을 다독이는 자세도 필요하다는 것이 내 생각이었다. 원칙도 합리적으로 세워야 하지만, 정한 원칙대로 인사를 하는 것이 무엇보다 중요하다. 그리고 정한 원칙은 공개되어서 직원 모두가 알 수 있도록 해야 한다. 그래야 투명하고 공정한 인사가 된다고 생각했다.

구영식 그런데도 인사비리가 있는 이유는 무엇일까? 일각에서는 인사비리 등을 막기 위해 국세청장의 인사권을 축소해야 한다고 주장한다.

안원구 인사비리가 있었다면 인사를 무원칙으로 했기 때문일 것이다. 국세청은 직원이 2만여 명에 이르는 대조직인데, 원칙 없이 인사를 하면 인사비리 문제가 생길 수 있다. 내가 총무과장으로 있을 때 인사비리로 문제가 된 경우는 없었다.

구영식 이명박 정부에서는 국세청 인사권을 기획재정부로 넘기는 방안을 검토한 적이 있다.

안원구 말은 쉬운데 기획재정부로 인사권을 옮기면 국세청 직원들의 실상을 모르는 상태에서 어떤 기준으로 인사를 할 수 있나? 인사는 합리적 기준에 의해 원칙을 가지고 적재적소에 이루어져야 한다. 국세청 인사는 외부에서 새로운 인원을 투입하는 것이 아니라 내부에서 가용한 풀pool을 가지고 이루어져야 한다. 다시 말해서 국세청 직원들 중에서 적재적소에 인력을 배치하는 것이 기본이다. 그리고 인사원칙을 공개해서 직원들도 납득할 수 있어야 한다. 국세청 내부사정을 잘 모르는 기획재정부에 국세청 인사권을 넘긴다는 방안은 이명박 정부의 무지를 드러낸 것이다.

구영식 국세공무원법을 도입하자고 주장하는 이유는 무엇인가?

안원구 몇 가지 이유가 있다. 국세청 공무원들과 일반 공무원들이 다르다. 업무의 성격상 일반 공무원들은 정부의 예산을 집행하는 기관인데 반해 국세 공무원에게는 국민의 재산을 강제 수탈할 수 있는 권한이 주어진다는 것이다. 사실 재산을 박탈하는 권한이 주어진다는 것은 인신을 구속하는 것 못지않게 엄중한 일이다. 국세공무원에게 부여되는 권한의 특수성 때문에 권리와 의무를 일반 공무원과는 분리해서 부여할 필요가 있다. 또 하나의 차이는 일반 국민들의 재산정보는 물론이고 기업의 자산보유 현황과 거래 정보를 국세청이 다 파악할 수 있다는 점이다. 이것이 밖으로 유출될 경우 사회적 파장이 심각하기 때문에 절대적으로 보안이 필요하다.

이뿐만 아니라 국세 공무원은 기업들과 직접 대면할 기회가 많기 때문에 금전 유혹도 많다. 세무조사를 당하는 처지에서는 세금을 적게 내기 위해 수단과 방법을 가리지 않고 접근하려 한다. 현재는 공무원의 청렴의식에 호소하는 것으로 그치는데 강제성을 띄지 않고 과연

이걸 뿌리 뽑을 수 있을까? 참고로 특수직 공무원인 검찰과 경찰은 일반 공무원에 비해 급여가 높다. 국세공무원도 국세공무원법을 제정해서 급여수준을 높이고 책임과 의무도 강화해 금전으로부터의 유혹을 차단해야 한다. 국세청은 승진 구조가 종처럼 완만한 구조가 아니고 첨탑처럼 뾰족해 상위직으로 승진하는 것이 하늘의 별따기이다. 일은 많은데 승진도 어려워 불만이 쌓여 있다면 금전적 유혹에 빠지기 쉽지 않을까.

구영식　국세공무원법으로 특수성을 인정해주면 정치적 중립, 부조리 해소 등이 이루어질 것이라고 보나?

안원구　국세공무원법처럼 특별법을 만들어 승진구조를 개선하고 급여체계를 바꾸어 경제적 여건을 개선해주되 부조리에는 엄정하게 조치하는 것을 반드시 병행해야 한다. 그러면 우려되는 요소들이 상당부분 해소될 것이다.

구영식　청장이 고위간부 등의 인사에 많이 관여하나?

안원구　청장이 고위간부 인사를 하는 건 당연하다. 자신이 데리고 일할 사람을 다른 데서 결정하면 되겠나. 내 말은 고위인사는 청장과 청와대가 조율한다는 의미이다. 청와대에서 찍어서 내려온다는 얘기가 아니다. 내가 총무과장으로 근무했던 노무현 정부에서는 국세청에서 올린 인사안이 거의 원안 그대로 받아들여졌다.

구영식　고위간부들이 가장 선호하는 자리는 어디인가?

안원구　조사국과 정책기획관리관실일 것이다. 아무래도 조사국에 가면 능력 있는 사람으로 평가받기도 하고, 밖에서도 대단한 권한이 있는 자리로 보는 경향이 있다. 정책기획관리관은 국세청 업무의 전반을 파악할 수 있는 자리이기 때문에 선호하는 것 같다. 그렇다고 선호하는 자리가 고정불변은 아니다. 내가 국제조세관리관으로 부임하던 시기에는 국세청 내에서 '국제조세관리관실은 가서 쉬는 곳'이라고 인식되었었다. 그러나 나는 국내 기업활동이 글로벌화되면서 국제조세의 중요성이 커진 환경에서 국제조세관리관 경험이 절대적으로 중요하다고 생각했다. 꼭 경험하고 싶은 업무영역이었다.

그런데 막상 국제조세관리관으로 부임해 가니 직원들의 사기가 많이 떨어져 있었다. 국제거래가 거의 없던 시절에는 비선호 부서로 인식되어 인기가 없던 데다가 국제조세분야에 있던 직원들에게 편향된 인사가 이루어졌던 것이다. 또 국제조세관리관실에 근무하기 위해서는 영어 등 어학도 필요했기 때문에 영어 실력도 한몫을 했다. 그러한 시점에 내가 부임했고 나는 일을 할 줄 아는 것과 어학능력은 다르다는 것을 강조하며 '영어는 걱정하지 마라, 통역 쓰면 된다'고 직원들을 독려했다.

변화를 이끌기 위해서는 생각을 바꾸는 것이 중요하다. 국제조세 업무에 영어실력이 가장 중요한 것도 아니고, 국제조세는 미래의 블루오션 분야라는 것을 강조했다. 국제조세 업무에 정통하면 향후 국세청을 퇴직한 후에 기업과 관계되어 할 수 있는 일이 많을 것이라고 인식시켰더니 그 뒤부터 지원자가 많이 몰렸던 기억도 난다. 이런 계기가 있으면 선호부서가 바뀌기도 한다.

고위직 10명 중 7명이 행시 출신

구영식 국세청 인사에 영향을 미칠 만한 파벌이 있는가?

안원구 5급 이상 간부직에서 행정고시(행시) 출신과 군 출신(유신사무관)이 파벌을 형성했던 시절이 있었다. 일반직에서는 7급 공채 출신과 세무대학 출신(8급), 9급 공채 출신 등이 파벌을 형성하기도 한다. 고위직으로 가면 자리가 한정돼 있어서 그런 임용출신별 안배가 중요한 문제가 되기도 한다. 내가 총무과장 때의 일이 생각난다. 세무대학 출신들이 집단으로 막 사무관으로 승진할 시점이었다. 그런데 이들의 파벌 형성을 우려해 세무대학 출신자들의 사무관 승진을 지연시키려고 했던 일이 있었다. 그러나 능력이 있고 조직에서 중추 역할을 할 세무대학 출신들을 단지 파벌형성이 우려된다는 이유로 승진을 막는다면 조직에 전혀 도움이 되지 않는다고 판단했다. 그래서 청장과 상의해 세무대학 출신이 간부로 승진할 수 있는 길을 열었다. 지금은 세무대학 출신 간부들이 국세청 곳곳의 중요한 위치에서 일하고 있다. 당시의 결정이 중요한 결과를 가져왔다고 생각한다.

구영식 고위직의 경우 행시 출신들이 장악하고 있지 않나?

안원구 군 출신이 고위직을 장악했던 시기를 제외하면 옛날부터 지금까지 그렇다.

구영식 그 이유는 무엇인가?

안원구 행시 출신들은 사무관(5급)으로 시작한다. 시간적으로 고위직까지 가기에 유리한 조건이라고도 할 수 있다. 다시 말해서 대부분의 9급이나 7급 출신들이 사무관까지 오면 정년에 이르기 때문에 연령 문제로 승진할 시간적 여유가 없다. 그래서 고시 출신과 경쟁할 일반 승진자들은 거의 없는 것이 현실이다. 고시 출신들끼리 경쟁하는 셈이다.

구영식 행시 출신의 비율은 어느 정도인가?

안원구 전체 국세청 직원 가운데 행시 출신 비율은 약 1%에 달하는데, 고위직에서는 행시 출신이 약 76%를 차지한다고 한다. 그러니까 1%의 행시 출신이 고위직의 76%를 차지한다는 얘기다.

구영식　세무대학이 폐지된 것으로 알고 있는데, 세무대학 출신의 힘은 여전한가?

안원구　세무대학은 2001년도에 폐지되었지만 현재 세무대학 출신들이 대부분 국세청 중견간부로 올라와 있다. 그동안 서울청장과 조사국장도 배출했다. 세무대학 출신들의 숫자가 워낙 많다 보니 능력 있는 사람도 많고 학교를 매개로 한 유대감도 끈끈해 결속력이 강하다. 반면에 그들의 파벌 형성을 우려하는 목소리도 있다.

구영식　인사에서 '출신지역'이 미치는 영향은 어느 정도인가?

안원구　출신지역도 중요한 요인이었다. 지금까지는 영남 정권이냐, 호남 정권이냐에 따라서 그 지역출신이 인사에서, 특히 고위직 인사에서 결정적 영향을 받았다. 정권의 이동에 따라 국세청 내부 영호남 출신들의 극명한 부침이 일어났다.

구영식　어떻게 영호남 출신의 극명한 부침이 일어났나?

안원구　노태우 정부와 김영삼 정부 시절에는 국세청 간부 대부분이 영남 출신이었다. 김대중 정부가 들어서면서는 영남 출신들이 퇴진하고 호남 출신들이 그 자리를 대신했다. 나는 김대중 정부와 노무현 정부 때 청와대에서 근무했는데 두 정부를 비교하면 김대중 정부 시절에는 이전 정부 때 기용된 호남 출신이 많지 않아서 호남 출신 고위직들이 대부분 먼저 자리를 차지한 뒤 퇴직했다. 그러다 보니 노무현 정부에서는 그 뒤를 이어주는 호남 출신 고위직들이 충분히 형성되지 않았었다. 호남 출신 고위직 풀이 적은데 균형을 맞추려고 하니까 경력으로는 인사 대상이 아니지만 호남 출신이라는 것만으로 덕을 본 경우도 생겼다. 이렇게 출신지역으로 인한 인사상의 부침은 개선되어야 한다.

김대중·노무현 정부의 국세청

구영식　영남 출신으로 김대중 정부 시절 청와대에 있었는데 어땠나?

안원구　김대중 정부 때 청와대에 가게 된 계기는 김대중 대통령의 '동진정책'의 일환이었다. 대구·경북을 지역적 기반으로 대권을 준비하고 있던 김중권 당시 청와대 비서실장이 대구·경북 출신이고, 대구·경북 쪽 기업인들을 많이 알고 있던 나를 청와대로 스카우트해서 민정비서관실에 배치했다. 그렇게 호남하고 아무 인연이 없는 내가 김대중 정부에 들어가게 되었다. 당시만 해도 대구·경북에서는 김대중 대통령을 '뿔 달린 공산주의자'로 여기는 분위기였다. 하지만 청와대에 들어가서 내가 본 김대중 대통령은 아주 합리적이고 식견이 탁월한 지도자였다. 그때부터 내 생각에 많은 변화가 일어났다. 막연한 지역주의에 사로잡혀 편협한 생각으로 호남사람들을 바라보던 시각도 많이 바뀌었다. 그러면서 국세청이라는 작은 울타리를 벗어나 국정운영이라는 전체적 그림을 보고자 하는 넓은 시야도 가지게 됐다. 김대중 정부에서 시작된 청와대 생활은 내 인생의 두 번째 전환점이었다.

구영식   김대중 정부의 청와대에서는 어떤 일을 했나?

안원구   김대중 정부 때 청와대 민정비서관실에 있으면서 국세청과는 무관한 일들을 많이 경험했다. 의약분업 파동을 해결하고자 조율한 민정의 역할도 경험했고, IMF 직후에 아랫목의 온기가 윗목에 전달되었는지 파악하기 위해 현장도 많이 다녔다. 청년실업 문제를 해결하기 위해 구태의연한 대학 커리큘럼을 변화시킬 필요가 있다는 정책을 제언하기도 했다. 또 인천국제공항 개항을 앞두고 수하물처리 시스템 문제로 인천공항 개항을 6개월 연기해야 하는 상황에서 수하물에 태그Tag를 부착하는 방안으로 차질없이 개항시킨 경험도 있다. 만약 수하물 처리시스템 문제로 개항이 늦어졌다면 ICAO(국제민간항공기구) 등으로부터 국제적 망신을 당할 참이었다. 그 이후 건설교통부 기획관리실장에서 장관이 된 추병직 건설교통부 장관은 사석에서 '나를 장관으로 만들어준 사람'이라며 나를 추켜세우기도 했다. 그렇게 개항한 인천국제공항은 지금 세계 공항 중에서 서비스 부문 1위의 공항으로 평가받고 있다.

구영식   노무현 정부 때도 청와대에서 근무했는데.

안원구　민정비서관실에 근무하면서 그렇게 시야를 넓혀가다가 참여정부가 들어섰다. 사실 2002년에 부이사관(3급)으로 승진한 직후에 국세청으로 복귀하고 싶었지만 나는 고시도 대학 재학 중에 된 데다 청와대 승진까지 빨라서 고시 동기들과 4~5년 이상 차이가 났다. 그래서 선배 기수와 형평성이 너무 안 맞았다. 그런 사정 때문에 청와대를 나가 국세청에 복귀하는 것이 여의치 않았다. 그러던 차에 경북대 은사였던 이정우 교수가 청와대 정책실장으로 왔다. 그 덕분에 나는 정책실로 옮겨서 2005년까지 근무했다.

청와대 민정비서관실에 이어 정책실에 있으면서 각 부처의 정책들을 조율했고, 대통령 지시사항을 관리했다. 대통령 국무회의, 수석회의, 각종 회의에서 대통령이 한 말씀 중에 각 부처에 지시하는 사항을 정리하여 총리실에 보내고 총리실이 그 진행사항을 파악해 정책실에 보고하는 방식으로 시스템을 구축했다. 그러한 업무수행 과정에서 노무현 대통령의 생각을 많이 알게 됐고, 많은 것을 배웠다. 노 대통령이 주도한 회의는 늘 토론처럼 이루어졌다. 얘기하는 내용들이 많은 고민을 통해 다듬어진 생각이라는 것을 알 수 있었다. 인격적으로도 훌륭하고, 격식이 없이 소탈한 분이었다.

구영식　노무현 정부의 청와대에서 했던 일은 무엇인가?

안원구　정책실의 각 부처에서 파견 나온 공무원 중에 감사원을 맡을 사람이 없어서 국세청 출신인 내가 감사원을 맡게 됐다. 파악을 해보니 각 부처에서 감사원에 불만이 많았다. 감사원의 감사기능에는 법규와 회계감사, 정책감사가 있는데 법규와 회계감사는 감사원의 고유업무라 그런지 불만이 크지는 않았다. 그런데 정책감사를 두고는 불만이 많았다. 감사원과 청와대, 해당부처가 정책을 보는 시각이 달랐던 탓이다. 그래서 노무현 대통령은 감사원에 '정책감사 결과는 정책실과 충분히 토론하고 거기에서 결론이 난 것만 대국민을 상대로 발표하라'고 지시했다. 정책감사는 회계감사나 법규감사와 달리 정책을 보는 관점에 따라 다른 결론에 도달할 수 있기 때문이다. 감사원의 일방적인 관점으로 정책의 평가가 왜곡되지 않도록 하기 위해서였다. 그래서 법규·회계감사와 정책감사를 분리해서 관리하는 작업을 했다.

나는 정책감사의 청와대 창구와 관리를 맡았다. 그 정책감사 관리시스템은 여러 차례의 회의와 고민 끝에 감사원과 협의해 만들어진 것인데 이명박 정부에선 그것을 없앤 것으로 알고 있다. 내가 담당했던 정책감사와 대통령 지시사항 관리는 중요한 비중을 차지하는 일이었다. 대통령의 생각을 읽어야 하는 일이기도 하고 대한민국 정책을 다 검토해보는 기회였기 때문이다.

여성 국세 공무원

구영식 국세청에서 여성 인력이 차지하는 비율은 어느 정도인가?

안원구 2016년 기준 약 2만 명 중 36.6%라고 한다.

구영식 언제부터 여성 인력 비율이 높아지기 시작했나?

안원구 내가 국세청 근무를 시작했을 때 여성 세무공무원들의 역할은 서류 정리, 민원 접대 정도에 불과했다. 본인들도 보직기여도나 소명의식에 대해 큰 불만이 없었고, 승진할 생각도 없었다. 당연히 관리직 승진은 생각도 못했던 것 같았다. 퇴근 종이 땡 하고 울리면 시장볼 가방을 들고 퇴근하는 분위기였다. 하지만 2000년을 기점으로 여성 인력들이 점점 늘어났다. 초창기에는 여성 인력에게 조사나 세원관리 등의 중요한 업무를 맡기지 않았다. 그런데 여성 인력이 많아지면서 국세청 내부 인력구조도 바뀌었다. 여성 인력을 활용하지 않으면 일이 돌아가지 않게 된 것이다. 그러면서 여성 간부인력들을 양성해야 한다는 주장이 나왔다. 지금은 조사인력 상당수를 여성 인력이 차지하고 있을 거다.

구영식 하지만 조사국 등 핵심 부서의 여성 인력 비율은 극히 적던데.

안원구 예전에는 거의 없었다. 하지만 지금은 조사국 주요업무에 여성을 배치해서 운영하고 있다. 조사4국 같은 곳에서도 여성팀장이 일하고 있다. 조사국도 여성조사관이 20% 정도 차지하는 걸로 알고 있다. 그리고 앞으로 여성조사관 비율은 계속 늘어날 것으로 본다.

구영식 지금은 전체적으로 여성인력 비율이 상당히 높아서 인사정책에서도 변화가 불가피해 보인다.

안원구 그렇다. 내가 총무과장으로 있을 때 여성인력이 많이 들어오기 시작했다. 그런데 관리직에는 여성이 거의 없었다. 이래선 안 되겠다고 생각해서 여성인력이 고위직으로 갈 수 있는 길을 트기 위한 인사정책을 만들었다. 신입직원들의 반 정도가 여성인데 여성 관리직이 부족하면 여성 직원들을 지휘하는 데 애로가 있을 수 있었다. 그래서 여성 사무관이 많이 나올 수 있도록 여성우대 가점을 줬다. 그 인사정책으로 인해 여성 인력들이 관리자로 대거 진출할 수 있게 되었다. 그 무렵에 국세청에 오는 행시 출신 여성 사무관도 받기 시작했다.

안원구 불법 감금 사건

구영식 감사관실은 어떤 일을 하는 곳인가?

안원구 감사관실은 직원들의 업무수행이 법과 규정에 맞게 집행이 되었는지를 점검하는 업무감사와, 직무집행 과정에서 청렴의무를 준수했는지 감찰하는 복무감찰을 담당하는 곳이다.

구영식 지방청에도 감사관실이 있나?

안원구 지방청에도 물론 감사실이 있고, 감사와 감찰기능을 모두 가지고 있다.

구영식 감사관이 내부에서 발탁되면 제대로 감찰을 못하는 경우가 생기지 않나?

안원구 감사관은 최근까지 내부에서 임명되었다. 내부발탁이라 한통속이 되어 제대로 감찰하지 못할 거라고 보는 건가(웃음). 내부감찰이라고 해도 감사관은 엄정하게 한다.

구영식 감사관도 외부인사에 개방하는 방안은 어떤가?

안원구 2013년에 처음으로 부장검사 출신 변호사를 개방직으로 채용한 것으로 안다. 그 이후 다시 내부에서 감사관을 임용했다고 들었다.

구영식 국세청에도 청장 직속으로 특별감찰팀이라는 조직이 있지 않았나?

안원구 한상률 청장이 이명박 정권 초기에 재신임을 앞두고 상당히 초조해하고 있었던 것 같다. 당시 한상률 청장은 기존의 감사관실 조직과 별도로 특별감찰팀을 만들어서 청장 직속으로 두고 운영했는데, 그 실태가 참으로 가관이었다. 2011년 3월 경에 이루어졌던 '한상률 수사'에서 한상률이 국세청장에 유임된 직후 만든 특별감찰팀 직원의 참고인 진술서에 의하면, "전○○이 2008년 4월 경 특감팀에서 국세청 감찰담당관실 감찰계장으로 복귀한 후 한상률 청장님의 지시로 ○○○에 대한 미행을 했고 ○○○이 룸살롱에서 2차를 나가는 것을 확인하고 그 사실을 한상률 청장에게 보고한 다음 안○○ 특감팀장에게 위와 같은 사실을 말했다는 것을 안○○ 팀장으로부터 들었습니다"라고 한다. ○○○은 감찰 당시 이미 국세청을 퇴직한 민간인인데 국세청의 감찰 조직이 민간인을 감찰했다는 사실 자체가 불법이다. 한상률의 특감팀 참고인들 진술에 의하면 한상률 청장은 국세청 직원과 이미 퇴직한 선배들을 가리지 않고 감찰했다는 말이다. 한상률 청장이 민간인 신분의 선배들까지 불법감찰을 한 이유는 정권이 바뀌는 과정에서 새로운 국세청장에 발탁될 가능성이 있는 정적 제거 차원이라고 짐작이 된다. 아마도 그는 국가공무원을 사적인 심부름센터 요원 정도로 생각한 것 같다.

구영식　현직에 있을 때 국세청 특별감찰팀에 의해 강제감금 됐던 적이 있는데.

안원구　한상률 청장이 MB 측근 실세들과의 경주 골프회동으로 갑자기 낙마하게 되었는데 그의 퇴임식 날 출근하자마자 청장 직속 특별감찰팀 직원 4명이 내 방에 들이닥쳐 양쪽에서 나를 잡아서는 끌고간 일이 있었다. 내 직원들이 보는 앞에서 '상부의 지시'라며 나를 연행했고, 갑작스런 상황에 당황하는 직원들에게 나는 '경찰에 신고하라'고 했다. 국가기관에서 어떻게 이런 일이 일어났는지 지금 생각해도 믿어지지 않는다. 나를 감찰관실로 끌고 가서 휴대전화를 뺏고는 그 안에 있는 골방에 나를 가두었다. 밖에서는 직원 한 명이 나를 지키고 있었다. 그렇게 12시간 가량 외부와 단절된 채 감찰관실 내부의 골방에 갇혀 있다가 밤 8시가 넘어서야 풀려났다. 왜 나를 감금했는지는 2년이 지난 2011년 3월 한상률 청장이 검찰조사를 받았을 때 감찰직원들이 진술한 조서를 보고서야 알게 됐다.

구영식 한상률 청장 퇴임식 당일 감금한 이유가 무엇이었나?

안원구 이유는 지금도 알 수 없다. 다만 당시 나를 가두었던 특감팀장이 한상률 수사 때 진술한 내용을 보면 당시 청장 대행이었던 허병익이 '상부의 승인이 났으니까 내가 책임질 테니 안원구를 쳐라'고 했다는 것이다.

구영식 '상부의 지시'는 한상률 청장의 지시였나?

안원구 '상부'는 '국세청 외부기관'이었다고 한다. 한상률이 미국으로 도망갔다가 BBK 에리카 김과 같은 날 갑작스레 귀국하면서 미루어두고 있던 한상률 수사가 2011년 시작됐다. 그때 나를 감금했던 전○○ 특별감찰팀장도 검찰조사를 받아서 그의 참고인 진술을 볼 수 있었다. 나를 감금하라는 지시공문에는 허병익 당시 차장이 사인했으나 '상부'는 '국세청 외부기관'이라고 진술했다. 그러니까 국세청 상부기관의 누군가가 허병익 당시 차장에게 지시했고, 허병익 차장이 당시 전○○ 특별감찰팀장에게 지시해서 나를 연행하고 감금했다는 것이다. 그리고는 '허병익 차장이 휴대전화 통화내역을 보여주면서 상부에서 중단하라는 연락이 왔다고 했다'고 진술을 이어갔다. 그러니까 원래는 나를 감금해서 무슨 짓인가를 할 계획이었으나 '상부'의 지시가 바뀌면서 감금만 해 놓고 있다가 밤에 풀어줬다는 얘기다.

구영식 국세청 특별감찰팀은 직원을 강제로 연행할 수 있는 권한이 있나?

안원구 당연히 없다. 감찰은 기본적으로 문제가 있는 직원을 조사할 수 있는 것이지 강제로 연행하거나 몸을 수색해서 휴대전화를 뺏거나 장시간 가두는 행위는 명백한 불법이다. 수사권이 있는 검찰이나 경찰도 수색, 연행, 감금의 필요성이 있을 때에는 영장을 발부받아야 한다. 감찰 직원이 상사의 인신을 강제로 감금하고 수색하는 행위는 도저히 상상할 수 없는 범죄행위다. 더 황당한 일은 그 일에 동원됐던 감찰 직원 중 일부는 정상적으로 퇴직했고, 심지어 일부는 승진해 현직 세무서장 등으로 있다. 박근혜 정부에서 문화체육관광부 감사관은 부당한 상부의 지시에 좌천까지 감수하면서 저항했는데, 이명박 정부 국세청에서는 그러한 엄청난 불법행위를 저지르고도 자체 조사는 물론이고 처벌도 없었다. 심각한 불법감찰을 인지한 검찰도 그냥 지나갔다. 그날 그 특감팀이 내게 저지른 짓은 도저히 공무원으로서 할 수 있는 행동이 아니었고, 나는 말할 수 없이 큰 충격을 받았다. 그들은 처벌을 받지 않아서 감찰에 의한 불법감금이 얼마나 큰 범법행위인지 아직도 모르고 있을 것이다.

구영식 그럼 그 '상부'가 청와대인가?

안원구 국세청의 상부기관이면 기획재정부가 있고, 청와대도 있다. 기획재정부가 내 신상에 관심이 있을 리 있나. 나중에 들은 얘기로는 당시 청와대 민정수석이 나를 풀어주라고 해서 내가 풀려났다고 한다. 그 민정수석은 BBK 수사 당시 대검 차장이었다. 그러고 보니 이번 문화체육관광부 감사관 협박사건과 8년 전 국세청 불법감금사건은 청와대 민정수석실에서 직권을 남용해 벌인 일이라는 점에서 같다고 할 수 있겠다. 원래 민정수석실은 보고 들은 그대로 민심과 정보를 일점, 일획도 가감 없이 대통령에게 보고하고 제언을 하는 자리이다. 조선시대의 사간원과 같이 목숨을 건 직언을 해야 하는 자리인데 작금에는 권력의 심장부로 변해 있다. 민정수석실의 불법행위는 일벌백계로 다스려야 할 일임에도 불구하고 권력기관이라는 이유로 처벌되는 일이 없었다.

중하위직 우선 개방

구영식 국세청의 개방직으로는 어떤 자리가 있나?

안원구 내가 근무하던 시기에는 전산정보관리관, 서울청 개인납세국 장이 개방직이었다. 그 이후로 조금씩 늘리고 있는 추세로 알고 있다. 지금은 좀 바뀌었을 거다. 나는 전산정보관리관실을 개방하는 것에는 반대하는 의견이다. 전산정보관리관에는 국세청 업무에 정통하고 통 합적 사고를 할 수 있는 사람을 앉혀야 한다고 생각한다. 국세청의 모 든 전산정보를 다루는 중요한 자리임에도 과거에는 직원들이 선호하 지 않고 마치 유배 가는 것처럼 여기는 분위기가 팽배했다. 정말 개방 이 필요한 자리에만 개방을 해야 하는데, 내부인력이 선호하지 않는 자리를 개방직으로 채우는 방식은 바람직하지 않다.

구영식 개방직은 의미가 없는 건가?

안원구 노무현 정부가 새로운 시각으로 조직에 새로운 활기를 불어넣으려고 만든 게 개방직이다. 취지는 좋았으나 실효성이 없는 제도다. 부처 이기주의로 인해 중요한 자리는 개방하지 않고 국세청 내부 직원들이 선호하지 않는 자리만 개방되고 있다. 말뿐인 개방이다. 그리고 개방직으로 들어와서 국세청 내부 개혁에 실질적으로 역할을 할 수 있는 것도 아니다. 그냥 정책적으로 개방하라고 하니까 개방하는 것뿐이어서 원래의 정책의도와는 다르게 운영될 수밖에 없다.

구영식 국세청 고위직도 개방이 필요하다고 보는가?

안원구 현재도 고위직은 개방하고 있다. 그러나 나는 고위 개방직이 들어와서 국세청을 변화시킬 수 있다고 보지 않는다. 정책부서 같으면 개방직이 할 수 있는 일이 있겠지만 국세청은 '정책부서'가 아니라 '집행부서'여서 개방직이 와서 바꿀 수 있는 조직이 아니다. 특수한 전문적 조직이기 때문에 개방직 공무원이 들어와서 할 수 있는 일에 한계가 있을 수밖에 없다.

구영식 국세청 조직의 폐쇄성을 극복하기 위해서라도 큰 폭의 외부인사 개방이 필요하다고 보는 시각이 있다.

안원구 지금의 상황에서는 정체된 조직에 활력을 불어넣는 메기 역할을 할 수 있는 외부인사 수혈이 필요하다고 본다. 다만 관리자들보다는 중하위직 공무원들의 외부 수혈이 더 중요하다. 무엇보다 중하위직에서 실무가 이루어지기 때문이다. 중하위직이 외부에서 들어올 경우 세무사나 세무관련 분야에서 종사하던 사람이 들어올 텐데 이들은 납세자의 처지를 경험한 사람들이어서 과세만 하던 국세청 사람과는 사고가 많이 다를 것이다. 역지사지의 자세로 국세행정에 긍정적인 역할을 할 것이라고 생각한다. 또 국세청의 중하위직을 과감하게 기업의 경리직원으로 몇 년간 파견하고 교환해서 과세청과 납세자 상호간에 이해할 수 있는 계기를 마련하는 제도도 고려해볼 필요가 있다.

하지만 지금의 외부 수혈은 보여주기 식으로 고위직만 개방하고 있다. 단적인 예로 전산관리관 자리에 외부에서 전산업무만 했던 사람이 오는 식이다. 전산자료를 관리하는 부서라고 해서 전산만 아는 사람이 전산관리관으로 들어오는 것은 적절하지 않다. 하드웨어로서 전산기능은 기계적 수단일 뿐이다. 굳이 외부에서 영입한다면 국세청의 모든 정보가 집적되어 있는 전산실을 국세청 미래전략기획이나 세원관리, 조사관리정보 등으로 활용할 수 있는 사람이 와야 한다. 나는 국세청 전산실이 앞으로 확대개편해야 할, 국세청에서 대단히 중요한 조직이라고 주장해왔다. 우리나라의 모든 세원정보가 모여 있는 전산실에서 세원분석의 다양한 통계자료를 수집해 발전방향을 선도하고 전략도 짜야 한다. 국세청의 핵심기능을 맡게 될 부서를 이끌어야 할 책임자를 전산기능과 장비 관련 업무에 종사하던 하드웨어 분야의 전문가로 위촉하는 것은 근시안적인 사고다.

구영식 어떤 방식으로 개방(외부수혈)해야 하나?

안원구 외부수혈에서도 원칙을 정해야 한다. 첫째, 국세청과 대척점에 있는 납세자의 의견이 국세청에도 반영이 될 수 있어야 한다. 현행처럼 부처 간 인사교류나 대학교수 중심으로 수혈하는 것으로는 원래의 개방 취지를 살릴 수가 없다. 둘째, 국세청 공무원들보다 업무능력이 뛰어나야 한다. 우물 속에 메기를 풀어 물고기들의 활동성을 유도하듯이 현상유지 경향이 강한 조직의 경쟁력을 제고시킬 만한 인물에게 개방형 자리를 부여해야 한다. 셋째, 고위직에 비해 중하위직 개방을 늘려야 한다. 기업에서 국세청 직원을 받아주고, 국세청이 기업 직원을 받아주는 교차근무도 고려할 만하다. 이 경우에는 기업과 국세청이 유착될 만한 요소를 배제하는 방안도 동시에 마련해야 한다. 법적인 문제 등 세밀하게 검토해야 하겠지만 근본 틀은 납세자를 존중하고, 납세자들도 국세청의 애환을 이해할 수 있는 방향으로 개방제도가 활용되었으면 한다.

구영식 국세청장을 비국세청 출신 외부인사로 임명해야 한다는 주장이 있다.

안원구 오죽하면 그런 주장이 있겠나. 평생을 국세청에서 일했던 사람으로서 부끄럽고 가슴 아프다. 하지만 비국세청 출신이 성공적인 개혁을 과연 할 수 있을까. 국세청은 해병대 전우회, 호남 향우회, 고대 동창회와 더불어 4대 마피아의 하나로 불릴 정도로 내부결속이 강한 조직이다(웃음). 일반적으로 외부인은 내부와 유착이 없으니 내부개혁을 잘할 수 있다고 생각하는데 내 생각은 다르다. 제대로 된 개혁을 하려면 내부에서 자기반성을 통한 개혁을 추진해야만 한다. 외부인이 내부를 개혁하려고 하면 내부의 저항도 만만찮고 개혁대상이 누구인지도 모르기 때문에 겉돌 수밖에 없다. 국세청 내부를 잘 파악하는 인물의 지휘 아래 납세자를 진정으로 섬기는 자세를 바탕에 깔고 자기반성을 거쳐야 진정성 있는 개혁이 이루어진다고 믿는다. 이미 퇴직한 OB들을 활용하는 것도 방안이 될 수 있을 것이다.

구영식 이명박 정부에서는 국세청장을 외부인사(백용호)로 임명했는데 이것이 국세청을 개혁하는 데 효과가 있었다고 보나?

안원구 아마 군사정권 이후 순수한 외부인사가 청장을 한 사례로는 처음일 것이다. 백용호 청장은 MB와 매우 가까운 교수 출신인데 한상률 청장이 골프회동 사건으로 낙마하자 오랜 공석으로 있었던 국세청장 자리에 국세청을 개혁하라는 임무를 맡아 구원투수로 투입된 인물이다. 그러나 백용호 청장 체제는 완전히 실패했다고 볼 수밖에 없다. 국세청 내부를 전혀 모르는 사람이 외부에서 수혈되어 그 흔한 국세청 개혁 어젠다 하나도 제시하지 못하고 끝났다. 그 당시 국세청은 그야말로 아수라장이었다. MB정부가 출범하면서 국세청 내의 고위직들을 자기들의 정치적 이해에 따라 내 편과 네 편으로 구분해 정적을 솎아내는 등 '칼질'이 난무하던 시기였다. 당시 허병익 국세청 차장과 이

현동 서울청장은 서로 청와대에 잘 보여 국세청장이 되려고 편을 갈라서 반대편을 숙청하는 일들을 서슴지 않았다. 그런 아수라장에 백용호 청장이 투입되었는데 국세청 내부를 전혀 모르니 차장과 서울청장의 헤게모니 싸움 사이에서 아무것도 하지 못했다.

국세청에는 다양한 인적 구성으로 조직된 2만 여명의 직원이 있고, 전국에 산재된 세무서 조직을 가지고 있어서 정치권과도 밀접하다. 내부를 잘 아는 국세청장이 확고한 철학을 가지고 개혁하지 않는다면 국세청 개혁은 요원할 뿐이다. 그리고 단시간 내에 실적을 내겠다는 태도로 개혁하려 하지 말고 몇 대의 국세청장을 거치면서 지속적으로 개혁 어젠다를 제시해야만 개혁이 가능할 것이다.

구영식 　내부개혁의 동력이 생길 수 있을까?

안원구 　내부개혁의 동력은 내부에서 개혁의 필요성을 자각할 때 생긴다. 내부에서 스스로 만들어 나가야지 외부 사람이 들어온다고 개혁동력이 생기지 않는다. 군사정권 때 군인 출신이 들어왔고, MB정부에서 교수 출신이 들어와 한 개혁을 경험하지 않았나? 외형적으로 개혁의 모양새만 취했지 실질적인 개혁에는 실패했다.

구영식 　세무조사, 고위직 인사 등에 관련해 국세청을 감독할 수 있는 '국세청감독위'를 설치해야 한다는 주장도 있다.

안원구 　시민단체들이 국세청을 모르고 하는 얘기다. 기획재정부에

'국세청감독위'를 만들어도 결국 청와대에서 감독하게 된다. 감독위를 청와대가 감독하는 구조가 될 것이다. 어디에다 무엇을 만들든 고위직 인사는 청와대의 의지를 막을 수 있는 길은 없다. 통치권자의 의지와 국세청 스스로의 노력이 있어야 한다. 기재부에서 '국세청감독위'를 두어 인사권에 관한 감독권을 행사겠다는 것은 해묵은 기획재정부의 국세청 인사권 장악으로 오해받을 소지가 다분하다. 국세청은 관세청, 조달청과 같이 기획재정부 산하기관이면서, 관세청과는 달리 기획재정부가 인사권에 영향을 미칠 수 없었기 때문이다.

구영식　미국의 경우 재무부 안에 '국세청감독위'가 설치돼 있다.

안원구　미국 재무부의 '국세청감독위'는 국세청의 정치적 시녀화를 막기 위해 국회의 동의를 얻는 감독위원을 임명해 정치권으로부터 국세청 세무조사를 독립해야 한다는 취지로 만들어진 것이다. 세무조사와 관련한 감독위는 우리 국세청에도 있다. 다만 국세청 내부훈령으로 만들었었는데 지금은 유명무실한 것 같다. 우리 현실에서 감독위와 같은 조직을 만드는 것은 포장을 통해서 비난을 피하려는 것에 다름없다. 감독위는 비난을 가려주기 위한 병풍이라는 얘기다. 어떤 것을 만들어도 공무원들은 상부에서 지시가 떨어지면 따라야 한다. 그렇기 때문에 통치권자의 의지와 임명된 자의 올바른 사고가 중요하다. 이것은 한 번에 이루어질 수 없고 청장이 바뀌어도 장기간 일관되게 가야 한다. 올바른 사람이 대통령, 국세청장에 앉아야 정상화가 가능하다.

구영식 그동안 민간위원들이 중심이 된 '국세행정위원회'와 '국세행정개혁위원회'가 발족해 운영되었는데 국세청 개혁에 기여했다고 평가할 수 있나?

안원구 대부분의 위원회가 발족된 시기를 보면 청장이 바뀐 직후다. 청장으로 취임하면 위원회를 발족하고 이런저런 거창한 개혁안을 발표해 애드벌룬 띄우듯 이목을 끌다가 흐지부지되는 경우가 대부분이었다. 결국 위원회는 국세청의 병풍으로 작용했을 뿐이다. 청장이 새로 임명되어 내세우는 새로운 개혁 안은 실제 개혁보다는 대언론용이 많았다. 실제로 많은 내용을 발표했는데, 국민들의 기억 속에 인상깊게 남을 만큼 개선되고 달라진 것이 있나. 여론을 무마하기 위해 일시적으로 만들고, 시간이 지나면 유야무야되고 만다. 일반 국민들도 홍보용인지 국민생활에 도움이 되는지를 평가해야 한다.

공익법인관리 전담기관

구영식 공익법인을 전담해서 관리할 관리청을 신설해야 한다고 주장하고 있는데 왜 그런가?

안원구 공익재단을 전담해서 일관성 있게 관리할 전담기구가 필요하기 때문이다. 국무총리실 산하에 위원회로 둘 수도 있고, 별도의 관리청을 신설할 수도 있고, 국세청 내부에 별도 조직을 만들 수도 있다. 많은 재단법인이 공익법인으로 설립되고 있는데 공익이라는 미명 아래 변칙적으로 부를 세습하는 온상으로 변질되어 있다. 재단법인이 앞에서는 공익법인이라고 내세우고, 뒤에서는 편법으로 부를 세습하고, 원래 목적과는 달리 변칙적인 방법으로 부를 축적하는 도구로 악용하기도 한다.

공익법인은 고유목적사업에 필요한 자금을 수익사업체를 통해 조달하는 것이 일반적이다. 수익사업체는 국세청에서 관리하고, 재단은 고유목적사업의 성격에 따라 부처별로 나누어 관리하고 있다. 공익재단이라고 하면 아마도 많은 국민들이 장학재단을 가장 먼저 떠올릴 것이다. 원래 공익장학재단은 불특정 다수인에게 장학 혜택을 주어야 한다. 그러나 실제로 거의 대부분의 공익장학재단이 설립자와 관련된 특정소수에게 혜택을 주도록 운영하고 있다. 재단법인을 만드는 과정에서 재산가들이 상속세 없이 부를 대물림해 놓고 자기회사나 가족을 위해 공익이라는 이름으로 포장한다면 어떻게 공익법인이라고 할 수 있나?

해당 부처는 국세청이 수익재산(수익사업체)을 잘 관리하겠지 하면서 손을 놓고, 국세청은 해당 부처가 고유목적사업 사용을 잘 관리하겠지 방치하면서 공익법인들이 사각지대에 놓이게 된다. 이번 미르재단이나 K스포츠재단도 마찬가지다. 최순실·박근혜가 권력을 이용해서 재벌에게 체육·문화 육성의 기치로 포장한 재단에 출연금을 기부하게 한 다음, 그 재단을 통해 사익을 취하고자 했던 것 아닌가. 최순실·박근혜의 호주머니로 출연금이 몽땅 들어가는 범죄는 미수에 그쳤다. 하지만 미르재단, K스포츠재단의 허가취소 사태에 따른 재단의 잔여재산 청산은 원천자금이 뇌물이냐, 자발적 기부금이냐, 강제수금이냐의 성격에 따라 달리 처리되어야 한다.

구영식   국세청과 공정거래위원회에서 공익법인 관련 내용을 공시하고 있다. 이렇게 공시하는 것 말고는 보완할 점이 없나?

안원구 공익법인이 어떤 공익사업에 돈을 얼마나 썼는지 공시해야 하고, 현재 재산이 얼마인지 재무상황 공개기준도 명확히 마련되어야 한다. 공시내용의 주기적인 조사규정도 마련해 체계적인 관리 방안을 제시해야 한다.

구영식 재단법인을 전담할 관리청이 신설되면 어떤 효과를 볼 수 있다고 보나?

안원구 공익법인을 포함한 전체 재단법인을 관리할 관리청이 신설된다면 그동안 엄정하게 관리하지 못한 부분이 정상화될 것이라고 본다. 우선 비정상적으로 부를 변칙 세습하려는 재력가들의 불순한 시도에 제동이 걸릴 것이다. 상속세 등을 회피할 목적으로 무분별하게 재단법인을 설립하던 관행이 제어되는 효과를 얻을 수 있다. 관리청에서 엄격한 기준을 적용해 공익법인을 감시하고 평가하게 되면 이미 운영하고 있는 많은 공익법인들의 허가가 취소되는 사태가 빚어질 수도 있다. 고유목적사업이 공익에 맞지 않는다는 판단에 따라 공익법인을 국가가 관리하게 된다면 장학사업, 복지사업, 의료사업, 문화사업 등 다양한 공익사업을 해당 정부기관의 예산 설계와 연계할 수 있고, 예산도 효율적으로 집행할 수가 있다.

구영식 공익법인이 공익적이지 않은 사업에 자산을 쓰면 제재를 가하고 처벌할 수는 없나?

안원구 공익을 위한 고유목적사업에 자금을 지출하지 않는다면 세제 혜택은 물론 가산세까지 추징해야 한다. 횡령, 배임 등의 형사문제가 될 수 있는데, 이는 수사를 통해서만 확인할 수 있다. 보통 사람들은 공익법인을 만들 때 돈을 출연하는 사람이 공익법인의 소유자라고 생각한다. 당연히 그 돈을 낸 사람에게 처분할 권리도 있다고 믿는다. 법대로 사는 우리 일반 국민들은 재벌이나 재력가들이 공익법인을 설립해 좋은 일을 한다고 포장하면 박수를 쳐준다. 상속세를 피하기 위해 공익법인에 돈을 내놓는 편법·불법은 상상조차 하지 못할 것이다. 더구나 공익법인이라는 미명하에 이루어지는 많은 편법·불법들이 사회적 문제로 제기되지도 않는다. 국민들이 공익법인을 정확하게 이해하지 못했기에 문제의식을 가지지 않고, 이런 인식하에서 공익법인의 문제를 개선하려는 노력도 늦어지고 있다.

구영식 재벌들이 공익법인을 이용해 탈세하는 현실을 어떻게 잡아야 하나?

안원구 탈세를 목적으로 하는 변칙적인 공익법인은 설립 단계부터 엄격하게 관리해야 한다. 그리고 공익법인의 재산과 수익사업체를 관리하는 국세청에서도 공익성을 판단하면서 기부금 등의 비용 인정에 엄격해야 한다. 또 국민들이 공익법인을 제대로 알고 감시하는 사회적 감시체계의 시스템도 마련해야 한다. 특히 재벌의 공익법인 설립에는 더욱 엄격한 기준을 적용해 숨은 목적과 의도가 없는지 감시해야 한다. 누차 얘기하지만, 새 정부에서는 정부 차원에서 공익법인 관리체계를 새롭게 갖추기를 바란다. 공익법인 설립의 목적과 취지에 맞게 고유목적사업을 규정해서 고유목적사업에만 공익법인이 기여할 수 있도록 해야 한다. 공익법인을 전담해 관리할 기관도 만들고, 관련법도 제정해서 그동안 드러난 문제점들을 바로잡아야 한다.

구영식 공익법인을 고유목적사업이 아닌 기증자의 상속 회피 등 사적 목적으로 활용해온 문제점을 개선할 수 있다고 보나?

안원구 그렇다. 공익법인의 재산은 기본재산과 보통재산으로 나뉘는데 기본재산은 설립 시 출연금이나 기부금 등 정관에 기재해 주무관청의 허가를 받아서 사용해야만 하는 재산이다. 반면에 보통재산은 운영재산의 성격으로 이해하면 된다. 재단의 운영비는 기본재산인 건물의 임대료나 금융 이자, 주식배당수익 등으로 통상 사용한다. 이러한 수익사업을 통한 수익이 엄격하게 관리되고 보통재산도 기본재산처럼 감시된다면 굳이 공익재단을 만들어 회피하려고 하지 않을 것이다.

구영식 국세청에 법인정보시스템이 있지 않나?

안원구 국세청은 공익법인이 공시의무를 이행하고 일반국민이 공시된 재무정보를 열람할 수 있도록 '공익법인 결산서류 등 공시시스템'(http://npoinfo.nts.go.kr)을 구축하고 있다. 하지만 이 시스템에 공시되는 내용이 부실해도 시정조치를 하는 것 외에 제재할 방법이 없다. 그리고 법인설립 시 누수되는 상속증여세는 공시시스템과는 관계없이 세수에 누락된다.

구영식　노무현 정부 때 그런 문제점을 바로잡으려고 했다던데.

안원구　당시 노무현 대통령이 공익법인을 총체적으로 관리할 수가 없었던 문제를 정비하라고 국세청에 지시한 것으로 알고 있다. 그러나 국세청이 각 소관부처에서 규정해놓은 고유목적사업을 검토하고 집행한 결과를 들여다볼 수 있는 권한이 없었기 때문에 세법의 집행을 강화하는 방향으로 정비한 것으로 알고 있다. 하지만 수익사업에서 나오는 이익금이 제대로 고유목적사업에 쓰이는지 관리하는 것은 국세청의 업무영역이 아니다. 그래서 관리규정을 정비하는 선에서 마무리한 미완의 개선이라고 평가할 수 있다.

구영식　공익법인 문제를 해결하려면 국세청이 적극적으로 나서야 하나?

안원구　국세청뿐만 아니라 행정자치부, 교육부, 문화체육관광부, 보건복지부를 비롯해 소관부처가 같이 머리를 맞대야 한다. 관리부처가 다원화된 것을 일원화하고 국무총리실 산하에 일원화된 관리부서를 두고 국세청 직원들을 파견하는 방안도 검토할 수 있겠다. 부처를 만드는 것이 부담이 된다면 국세청에서 하고 있는 공익법인 관리 기능

에 고유목적사업 부합여부 판단기능까지 추가해 공익성 관리 기능을
부여하는 방법도 검토해볼 수가 있다. 또는 공익법인의 본래의 목적에
충실한지를 판단하는 주무부처의 감독권을 국세청에 이관하는 방법
도 있다.

참모조직과 현장조직

구영식   현재의 국세청 조직을 평가하면 어떤가?

안원구   현재의 국세청 조직은 부조리 예방을 위해 신고와 조사를 하나의 담당자가 맡는 지역담당제에서 1999년부터 신고와 조사기능을 분리한 기능별 조직 체제로 바뀌었다. 세원관리 기능보다는 부조리를 없애기 위한 조직으로 변화시켜왔다. 이러한 노력은 성과가 있었다. 일반납세자와 세무공무원의 접촉이 없어졌고, 그로 인해 부조리도 줄었다. 하지만 국세청이 갖고 있는 정보나 자료를 활용해 국가정책에 반영하거나 국세청이 변화를 선도하는 역할은 없었다. 그러나 이제는 재벌개혁이 국민적 여망이기 때문에 국세청 내에 재벌그룹을 전담해서 관리하는 조직을 신설하고 정보를 축적해 재벌들의 움직임을 현미경처럼 들여다보는 조직 개설이 필요하다는 생각이다.

구영식　국세청 조직개편이 필요하다면 어떤 방향으로 개편되어야 하나?

안원구　국세청은 신고관리와 조사관리 그리고 지원부서가 주된 기능인 집행기관이다. 그러나 집행기관이라 하더라도 집행전략을 기획하고 집행부서가 원활한 집행 기능을 수행할 있도록 뒷받침하는 기능이 있어야 한다. 국세청 전산실에 구축된 빅데이터를 활용하고 인터넷망을 연결해 신고관리나 조사행정에 활용할 수 있게 전산실의 확대 개편이 필요하다. 신고관리와 조사관리를 한 축으로 하고, 이를 뒷받침하면서 미래발전 방향을 기획하는 조직을 다른 한 축으로 하는 조직구도를 생각할 수 있다. 달리 표현하면 참모기능과 현장기능으로 나누어 조직을 그려볼 수 있겠다. 현재는 국세청장-차장-국장의 구조인데, 이것을 국세청장 휘하에 1차장, 2차장으로 조직을 구분할 필요가 있다고 본다. 1차장은 기획과 지원, 세원정보를 관리하고 2차장은 세원의 신고관리와 세무조사 집행으로 나누어 운영할 필요가 있다는 것이 내 생각이다.

구영식　6개 지방청에 대한 조직개편도 필요한가?

안원구　현 지방청의 중요한 기능은 조사국이 맡고 있다. 일선 세무서에도 세무조사와 세원관리 기능이 있지만, 실질적인 중요 조사는 지방청 단위로 한다. 그래서 세원관리는 세무서에서 하고, 세무조사는 지방청을 축소하여 지방조사청을 만들어 효율성을 높이면 좋을 것 같다.

국세청 조직 개편안

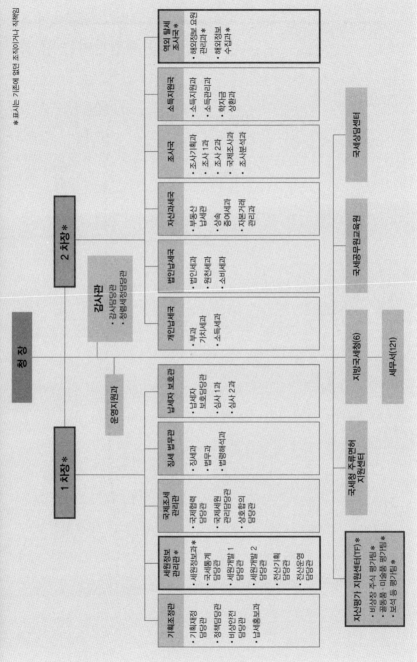

* 표시는 기존에 없던 조직이거나 직제임

청 장

1 차장*　　　**2 차장***

운영지원과　　　감사관
- 감사담당관
- 청렴세정담당관

기획조정관
- 기획재정담당관
- 정책담당관
- 비상안전담당관
- 납세홍보관

세원정보관리관*
- 세원정보계담당관
- 국세통계담당관
- 세원개발 1담당관
- 세원개발 2담당관
- 전산기획담당관
- 전산운영담당관

국제조세관리관
- 국제협력담당관
- 국제세원관리담당관
- 상호합의담당관

징세법무관
- 징세과
- 법무과
- 법령해석과

납세자보호관
- 납세자보호담당관
- 심사 1 과
- 심사 2 과

개인납세국
- 부가가치세과
- 소득세과

법인납세국
- 법인세과
- 원천세과
- 소비세과

자산과세국
- 부동산납세과
- 상속증여세과
- 자본거래관리과

조사국
- 조사기획과
- 조사 1 과
- 조사 2 과
- 국제조사과
- 조사분석과

소득지원국
- 소득지원과
- 소득관리과
- 환자금상환과

역외 탈세 조사국*
- 해외정보 요원 관리과*
- 해외정보 수집과*

국세상담센터

국세공무원교육원

지방국세청(6)

세무서(121)

국세청 주류면허 지원센터

자산평가 지원센터(TF)*
- 비상장 주식 평가팀*
- 골동품·미술품 평가팀*
- 보석 등 평가팀*

전산실과 세원관리는 한 몸

구영식　조직개편과 관련해 전산실의 기획 기능과 세원관리 기능을 강화해야 한다고 주장해왔는데 기획 기능과 세원관리 기능 강화를 구체적으로 설명하자면.

안원구　전산실에는 기업이나 개인의 재산과 거래내용이 데이터베이스화되어 있다. 모든 재산정보와 거래정보를 국세청에서 관리한다. 이런 자료를 활용하면 많은 정책자료를 만들 수 있고, 세원도 관리할 수 있다. 아직 내국인의 해외부동산자료와 해외금융거래 등은 데이터베이스화하지 못하고 있는데 앞으로 보완해 나가야 한다. 그리고 금융전산망과 주식시장의 각종 공시정보 등도 세원관리하는 데 중요한 자료들이기 때문에 연계 방안을 마련해야 한다. 금융거래위반 사실, 기업이나 경제범죄 등과 관련한 법원판결 등도 필요한 자료들이기 때문에 전산망으로 연계될 수 있도록 해 나가야 한다. 이런 모든 것들을 전산실을 통해 연계관리하면 세원 추적에 큰 도움이 될 것이다. 그뿐만 아니라 수출과 시설투자에는 부가가치세 영세율을 적용해주는데 부가가치세 신고내역을 보면 어떤 종목이 수출이 되는지와 시설투자는 얼마나 되는지 산업의 지표를 국세청 차원에서도 파악할 수 있다. 이렇듯 전산실에 있는 자료만 활용해도 산업동향과 호황인 업종 등을 분석해낼 수 있다.

세원관리 기능 강화 측면에서는 고소득자 중점관리를 더 강화해서 세금탈루를 막을 수가 있다. 통상 의사, 변호사 등을 고소득자로 분류해 관리하는데, 변호사의 경우에는 판사, 검사출신 등 경력 연차 등을 전산으로 파악해서 맞춤형 데이터를 가지고 탈루 여부를 확인할 수 있다. 또 의사는 병과별로 들여다볼 필요가 있다. 예를 들면 내과는 의료보험 자료에 다 나오기 때문에 탈세하기 쉽지 않다. 성형외과는 현금 거래가 많고 익명의 환자가 있을 수 있어서 다른 방법으로 자료를 수집하는 등 전략을 수립할 수가 있다. 그리고 요즘은 인터넷이 고도화되어 현장을 보지 않고도 부동산의 규모와 형태를 인터넷으로 확인할 수가 있고, 업체의 홈페이지를 방문하면 사업의 실태를 확인할 수 있다. 이런 기능들을 강화시킬 수 있는 조직으로 개편해야 한다.

구영식 전산정보를 활용한다는 것은 그만큼 세원관리를 효율적으로 할 수 있게 되었다는 얘기인가?

안원구   그렇다. 국세청은 집행기관이다 보니 지금까지 조사나 신고 관리를 위한 이른바 '야전군'을 집중적으로 양성해왔다. 그러나 이제는 세원정보 분석, 조사기법 개발, 각종 평가기준 마련 등 컨텐츠를 확충하는 '참모' 기능의 중요성이 점점 커지고 있다. 이에 부응하기 위해서는 전산시스템을 활용하는 것이 불가피하다. 모두 알다시피 우리나라는 인터넷망이 잘 발달되어 있어서 과거에는 발품을 팔아야 얻을 수 있는 정보들을 지금은 몇 배나 정확하고 다양하게 확보할 수가 있다. 그로 인한 세원관리도 쉬워졌고 다양한 정보를 한 군데서 집합해서 볼 수 있어서 효율성도 커졌다. 전산정보관리관실이 국세통합시스템TIS을 비롯해 홈택스시스템HTS, 국세정보관리시스템TIMS 등 내부 시스템을 구축한 것은 매우 고무적인 성과라고 생각한다. 앞으로 정보화전략계획ISP을 수립할 예정이라고 하니 기대된다.

구영식   세원관리와 관련해 금감원, 공정거래위, 검찰 등 유관기관과 연계활동을 벌이는 걸로 안다.

안원구   유관기관과의 연계활동은 세원관리에서 중요한 부분인데 잘 안 되고 있는 것 같다. 공정거래위에서는 특수 관계자에게 일감을 몰아주어 경영권을 넘기려는 대기업들의 행태를 감시한다. 과거엔 일감 몰아주기를 공정위의 감시 대상으로만 생각했는데, 이제는 국세청에서도 자녀에게 경제적 이익을 부당하게 증여하는 것으로 보고 과세한다. 또 주식거래시장 관리를 금감원 업무로만 생각하는데 국세청도 주식거래와 공시정보 등을 분석해 세원관리를 해야 한다. 그만큼 유관기관끼리의 유기적 움직임이 필요하다. 이런 측면에서 현재 조사국 소속인 세원정보과는 조사국보다 2차장 아래에 두는 것도 적극 검토해야 한다. 이는 국세청 일부 고위층들이 세원정보과를 조사국에 두고 세원정보를 정치적 목적으로 활용하는 것을 방지하는 대안이 될 수 있다.

구영식　전산실을 확대 개편해 그런 기능을 강화할 경우 어떤 효과를 볼 수 있다고 보나?

안원구　전산실에는 개인과 법인의 각종 거래내역, 기업의 재무제표, 보유재산 등이 다 보관되어 있다. 거기에 해외부동산과 금융내역 그리고 국내금융 전산망과 주식시장의 공시정보, 공정위 조사자료, 경제범죄 판결자료 등을 확보할 수 있다면 국세청의 세원관리 정보망은 엄청난 시너지 효과를 발휘하게 된다. 이런 정보를 가공하고 과세로 연결할 수 있는 인적 자원만 양성하면 사각지대에 놓여 누수되던 세금을 확보할 수 있다.

구영식　전산실에서 보유하고 있는 부동산, 금융, 소득 등의 통계자료를 활용하면 어떤 이점이 있나?

안원구　제대로 신고되어 있는지 성실도 분석 프로그램을 만들어서 관리할 수 있다. 그리고 신고된 소득 대비 소비지출 자료를 비교해서 성실도를 파악할 수도 있다. 원래 국세청 전산실은 신고된 부가가치세

매출, 매입계산서의 부합여부를 확인하기 위해 만들어졌다. 1977년 부가가치세를 도입하면서 수작업으로는 확인이 불가능해 전산실을 만든 것이지만 지금은 방대한 자료들이 축적되어 빅데이터로 활용할 수 있다. 각종 신고자료, 세무조사자료, 부동산 등기자료 등이 축적되어 있어서 프로그램만 개발하면 탈루하는 업종이나 종목을 집중적으로 확인하고 관리할 수 있다.

국세청에서 TIMS라는 프로그램을 개발해 조사에 이미 활용하고 있다. 예를 들어 건설업체가 인건비를 지출했는데 인건비 수령자가 군복무 중이라는 것을 알 수 있다거나, 기상악화로 공사를 할 수 없었는데 공사를 했다고 가공의 비용을 처리했다면 바로 확인이 가능하다. 국세정보관리시스템TIMS으로 날씨와 위치 정보를 다 집어넣어서 분석하면 실제로 공사장에서 일할 수 없는 조건의 사람들에게 가공인건비를 지급한 사실을 확인할 수 있다. 이렇듯 전산자료를 활용하여 국세청 업무에 적용할 수 있는 기능을 더 확장해야 한다.

구영식   전산실의 새로운 역할에는 어떤 것이 포함될 수 있나?

안원구   비상장 주식과 보석, 미술품과 골동품 등과 같은 자산은 공신력 있는 평가기관이 없다. 그런데 국세청이 과세하기 위해서는 이런 비정량화 재산도 평가하긴 해야 한다. 상장주식은 시장의 평가를 활용하지만 비상장주식은 평가할 방법이 없다. 그래서 법으로 평가방법을 정해 놓고는 있으나 현실과 괴리가 많다. 이것을 어떻게 실질에 가깝게 평가하느냐 하는 고민이 있다. 납세자와 과세관청이 모두 수긍하는 합리적인 평가방법을 찾아야 한다. 그림, 골동품도 마찬가지다. 전산실을 확대해 비정량 재산을 평가하는 태스크포스 같은 조직을 운영할 필요가 있다. 전문가들을 그룹핑해서 국세청이 필요시에 자문을 받을 수 있게 하자는 뜻이다.

구영식   지난해 국세청에 조사분석과가 신설됐고, 첨단 포렌식기법 개발, 빅데이터 분석·활용, Tax Gap 측정 등 조사행정 과학화를 시작했다.

안원구   내가 주장해온 방향으로는 가고 있다. 이 모든 것은 정보수집의 기초하에 분석기법을 확충하는 것이다. 전산실의 데이터를 활용하되 새로운 자료를 계속 확충하면서 분석기법을 개발하는 인재를 양성하여 조세행정에 활용할 어플리케이션을 많이 개발해야 한다. 전산전문 요원과 세무전문 요원의 업무를 동시에 수행 가능한 직원들을 양성해야 한다. 세법이나 회계지식을 가지고 있고 전산 프로그램도 개발할 수 있는 인재를 양성하는 것이 중요하다.

전가의 보도傳家의 寶刀, 국세기본법 제81조의13

구영식 국세청이 납세자정보 보호를 이유로 관련 정보를 국회나 언론 등에 공개하지 않고 있다. 어떻게 봐야 하나?

안원구 국세기본법 제81조의13(비밀유지)에 따르면 세무공무원은 세법에 정한 납세의무를 이행하기 위하여 제출한 자료나 국세부과징수를 위해 업무상 취득한 자료(과세정보)를 타인에게 제공 또는 누설하거나 목적 외의 용도로 사용해서는 안된다고 규정하고 있다. 그러나 국회는 자료제출 요구권이 있으니 이 둘이 항상 부딪혀왔다. 국세청은 납세자의 개별 정보를 보호해야 한다는 명분으로 정보를 공개하지 않고 있는데, 이제는 전향적으로 공개를 검토해야 한다. 개별기업 정보를 공개했을 때 얻을 수 있는 공공의 이익이 개별기업을 보호했을 때 얻을 수 있는 이익보다 크다면 당연히 정보를 공개하는 것이 맞지 않을까. 정보공개청구제도나 국회법에 의한 정보공개 요청 시 세무정보 비공개가 개별 기업 이익을 보호해야 할 정도로 실익이 있는지, 어디까지 정보를 공개하고 어디까지 정보를 공개하지 않을지에 대해서는 심도 있는 논의가 필요하다. 지금은 국회에서 자료제출을 요구해도 국세청이 제출하지 않으면 달리 제재할 방법이 없다. 현재 한 국회의원이 국세청 자료도 국회에서 요구하면 반드시 제출하도록 법안을 발의해놓은 것으로 안다.

구영식 국세청이 국회나 언론에 공개할 수 있는 정보에는 어떤 것들이 있나?

안원구 국세기본법 제81조의13(비밀유지)에 의하면 국회나 언론에 공개할 수 있는 정보는 없다. 성실하게 세금을 신고한 기업의 개별정보는 당연히 보호받아야 한다. 반면에 문제가 있어서 세무조사를 받고 명백하게 탈루가 확정된 기업들 중에 조세범으로 검찰에 고발까지 당하는 기업들은 사회에 알려서 경종을 울리는 차원에서 명단공개를 전향적으로 검토해야 한다. 그러나 법해석 차이로 다툼의 소지가 있거나 탈루의 정도가 경미한 경우와 고의적인 조세회피가 아닌 경우에는 명단공개에 신중해야 한다. 물론 국회에 자료를 제출하는 경우에도 국회의원이 다른 목적으로 외부에 노출하는 것을 방지하는 조항도 같이 적시해야 한다.

구영식　세무조사 결과도 제대로 공개하지 않는다.

안원구　세무회계와 기업회계의 차이점, 세법 해석의 견해 차이로 생기는 문제까지 공개하는 것은 타당하지 않다. 세무조사가 끝난 뒤에 소송이 제기돼 법원으로 갈 수도 있기 때문에 무죄추정의 원칙에 의해 법원이 세무조사 결과를 확정하기 전까지 공개하는 것은 맞지 않다. 다만 검찰도 국민이 알아야 할 정도로 큰 사건의 경우 법원의 확정 판결이 나기 전에 중요한 피의사실을 공표하지 않나? '박근혜·최순실 특검'도 매일 브리핑했지 않나? 국세청에서도 고의적이거나 지능적이며, 탈세 규모가 큰 경우에는 공개하는 게 국가이익에 부합한다고 본다. 세간의 관심이 집중될 만한 고의적 탈세사건은 공개하는 것이 맞다.

구영식　국세청에서 탈세 관련 내용을 발표할 때도 기업은 익명으로 한다.

안원구　국세기본법 제81조의13(비밀유지)를 근거로 그렇게 하는 것이다. 익명으로 발표해 개별정보는 보호하되, 탈루유형이나 국세청의 조사로 탈세가 적발될 수밖에 없다는 것을 알리는 것도 중요하다.

구영식　언론에는 물론이고 국회에도 제대로 자료를 제출하지 않는 것은 문제다.

안원구　국회에서 요청한다고 해서 무조건 제공할 수는 없다. 다만 그

목적이 공공의 이익에 부합하는 경우에만 제한적으로 자료를 제공해야 할 필요성이 분명히 있기 때문에 이 부분은 앞으로 논의해야 할 사안이다. 국정감사 때마다 국회의원들이 이 문제에 목소리를 높이지만 한 번도 해결된 적이 없다.

자본소득 과세강화

구영식　공정한 세무조사는 가능하다고 보나?

안원구　'공정하냐'는 상대적 개념이다. 대기업 세무조사가 중소기업에 비해 공정하냐고 물을 수도 있을 것이다. 또한 조사대상 선정과 조사범위, 조사기간 등이 과연 공정하냐의 문제도 있다. 상대적 개념이 아닌 절대적 개념에서 세무조사가 공정하냐를 묻는 것이라면 법에 의해 집행되는 모든 조사가 공정하게 이루어진다고 말할 수밖에 없다. 그러나 조사를 당하는 사람들은 상대적으로 공정하지 못하다고 생각할 수도 있다. 그런 지점에서 보면 일반 조사에서 조세범칙 조사로 전환되는 경우 공정하지 못하다고 평가하는 경우가 있을 수 있다. 이것은 법 규정에 따라 획일적으로 집행되는 경우가 아닌 해석의 여지가 많은 경우이기 때문이다. 법에서 정해진 대로, 국민들과 약속한 대로 제대로 처리하느냐가 공정성의 판단기준이 될 수 있다.

구영식 공정한 세무조사를 가능하게 할 방안은 무엇인가?

안원구 중요한 것은 법에 의한 집행이다. 법과 원칙에 따라 집행되어야 공정성을 담보할 수 있다. 국세청의 상황을 보면, 사실 법보다는 관행에 따르는 행정도 많다. 법보다 과거 선배들의 관행을 답습하고 있다. 새로운 시각이 부족하다. 법과 원칙을 최우선으로 해서 공정함을 담보하는 것이 제일 중요하다. 또 은밀하게 이루어지는 정치세력의 개입으로부터 공정성을 담보하기 위해서는 '내부고발자'를 양심세력으로 보호해야 한다. 현재 국세청은 이런 내부고발자를 '배신자' 프레임에 가두어 비난하는 분위기다. 상사의 지시라고 해도 잘못된 것을 지시하면 거부할 수 있고, 상사도 이를 받아들이는 분위기를 조성해주어야 한다. '배신자'로 낙인 찍는 조직문화는 바꾸어야 한다.

구영식 만약 국세청장이라면 내부고발을 어떻게 처리할 것인가?

안원구 내가 현직에 있을 때만 해도 국세청은 내부고발자를 인정하지 않는 분위기였다. 지금도 크게 다르지 않을 것이다. 내부고발자를 항명하는 사람으로 몰아가서 결국 인사상 불이익을 주거나 조직에서 배제시키는 것이 일반화되어 있었다. 국세청을 개혁하려면 첫걸음이 여기서부터 시작되어야 한다고 생각한다. 마피아라 불릴 정도로 폐쇄적인 국세청의 조직문화에서 기존의 분위기를 뒤집는 어떠한 시도도 쉽게 받아들여지지 않을 것이다. 그러나 불만과 의견을 공개적으로 소통하고자 한다면 내부고발이 아닌 활발한 의견교환의 장으로 발전시킬 수 있다고 본다.

내부고발은 은밀하게 이루어지는 지시체계와 소통이 없는 문화 속에서 발생하기 때문이다. 그럼에도 불구하고 내부고발자는 생길 수 있기 때문에 신문고를 만들어 익명으로 불만이나 제안을 접수할 통로를 열어주겠다. '신문고' 시스템은 총무과장 시절부터 생각하던 것인데, 2만 명이 넘는 대조직에서 실핏줄까지 직접 파악하기란 거의 불가능하다. 그래서 직원들이 직접 조직 내의 불만사항이나 그릇된 관행과 제언 등을 신고할 수 있도록 익명을 보장하는 창구를 만들어 주는 것이 필요하다.

구영식 국세청의 부패문제를 해결하기 위한 방안이 있나?

안원구 부패문제는 제도와 행태, 두 가지 측면에서 접근해야 한다. 부패 소지가 있는 요인을 제거해주는 것과 제도적으로 부패를 방지하는 방편을 찾는 것이다. 예전의 국세청은 지역담당제로 조직을 운영하면서 중하위직에서 부패의 소지가 많았으나 전산시스템의 발달로 납세자와 국세청 직원이 얼굴을 마주하는 대면행정이 사라지면서 많이 투명해졌다. 다만 조사국은 현장 조사를 해야 하는 특수성 때문에 납세자 대면이 불가피한 부서이다. 종전 지역담당제에서는 납세자와의 대면이 빈번하고 현장 결정이 중요하던 시기여서 중하위직이 부패 사슬이었다면, 기능별 조직으로 바뀐 현 체제에서는 현장에서 납세자 대면이 불가피한 조사국과 국세청 고위직에서 부패 소지가 생길 수 있다. 여전히 잔존하고 있는 부패의 소지를 없애기 위해 조사국 직원들이 자신의 명예와 승진에 목표를 두게 하여 부정한 유혹에서 벗어날 수 있도록 예측 가능한 기회를 제공하는 것이 방안이 될 수 있다고 본다. 국세청의 고위직의 경우에는 부패가 주로 조사와 관련한 청탁일 가능성이 높기 때문에 정치권과 유착될 소지를 원천적으로 차단하는 것이 필요하다.

구영식 김덕중 전 국세청장의 경우 100대 대기업 간부진과 식사하거나 골프 치는 것을 금지했다. 이런 것들은 효과가 있다고 봐야 하나?

안원구 아마 대국민용 멘트가 아닌가 싶다. 100대 기업은 안 되고 중소기업과는 된다는 건가?(웃음). 국세청과 대기업이 유착되어서는 안 된다는 경고성 발언으로 이해한다.

구영식 2016년 기준으로 상장주식 지분 1%나 시가총액 25억 원(코스닥은 5% 또는 50억원) 이상을 보유한 대주주에 한해서만 기업 규모와 보유기간에 따라 10~30%의 양도세를 부과하고 있다. 일반 투자자는 상장주식으로 수백억 원을 벌어도 한푼의 세금도 내지 않는다.

안원구 1968년 자본시장육성법을 만든 취지는 기업이 주식시장을 통해 원활하게 자금을 조달하기 위한 것이었다. 그래서 주식투자를 통해 얻어진 소득에는 세금을 물리지 않았다. 다만 대주주에게는 일반 소액 투자자와 구분해 이들의 양도차익에는 세금을 물리고 있다. 최근에 공평과세 차원과 복지재정 확충의 대안으로 자본소득에 과세하는 방안을 우선적으로 검토해야 한다는 의견이 많다. 이러한 의견이 시의적절하다고 생각한다. 자본소득에 과세해야 한다는 쪽으로 사회적 공감대가 형성되고 있다.

여기서 주식과 부동산의 투자개념을 생각해보자. 일반적으로 주식은 '투자한다'고 하고 부동산은 '투기한다'고 한다. 투자와 투기는 이익을 추구한다는 점에 있어서는 같지만, 그 방법에서 차이가 있다. 투자는 생산 활동을 통한 이익을 추구하지만, 투기는 생산 활동과 관계없는 이익을 추구한다는 면에서 차이가 있는 것이다. 그러나 사회통념상 이익회수가 단기면 투기, 장기면 투자로 보는 면도 있고, 이익회수에 리스크가 크고 이익도 크면(high risk, high return) 투기, 리스크가 적고 이익도 적으면 투자라고 분류하기도 한다. 이런 관점이라면 부동산은 투기로 보기 어려운 것 아닌가? 고위험을 감수하고 고수익을 노린다는 측면에서 보면 오히려 주식이 투기행위에 가까운데 우리는 '주식투자', '부동산 투기'라고 한다. 이런 현상은 개발경제시대의 자본시장 육성의 철학이 반영된 것이므로 이제는 용어의 정리가 필요한 것 같다.

지금의 주식시장은 더 이상 자기자금 조달의 역할만 하는 곳이 아니다. 시세차익을 노리는 상당수의 단기 투자자가 등장했고, 외국의 투기세력이 주식거래로 시장을 왜곡시키기도 한다. 우리나라는 아직도 자본시장을 바라보는 종전의 기조를 벗어나지 못하고 주식투자에 관대하다. 하지만 이제는 자본시장에서 옥석을 가릴 시점이 됐다. 미국은 1년 이상 보유와 1년 미만 보유로 나누어 장기자본 이득세와 단기자본 이득세로 구분해 과세한다. 우리도 이제는 자본소득에도 과세하여 건전한 투자가 이루어지도록 해야 한다.

구영식 　반면 비상장주식 양도차익에는 전부 세금을 부과하고, 상장주식 양도차익은 1% 이상 보유하는 대주주만 과세하고 있다.

안원구 　비상장주식의 양도차익은 모두 과세대상이다. 비상장주식을 과세하기 위해서는 양도자료 포착과 평가가 항상 문제가 된다. 비상장주식의 실체에 가까운 평가기준이 확립되어 있지 않기 때문이다. 예를 들어 건설업체의 경우 금융을 이용해야 하기 때문에 실제 이익이 나지 않아도 난 것처럼 분식하는 경우가 있다. 그래야 금융기관에서 돈을 빌려주기 때문이다. 이익이 없으면 세금을 낼 필요가 없는 것인데, 이익이 난 것처럼 하다 보니 이익금이 쌓여 자산이 많은 것처럼 보이고, 이 상황에서 매각이나 상속이 이루어지면 적지 않은 세금을 내는 일이 발생한다. 반면에 상장기업 주식을 보유하다 양도하는 경우는 대주주가 아니면 과세하지 않는다. 평가기준도 있고 거래도 포착하기 쉬운데 말이다. 과거 개발경제시대에 기업이 주식시장을 통해 원활하게 자금을 조달하기 위해 자본시장을 육성하자는 취지로 시작된 상장주식 양도차익 비과세가 아직까지 유지되고 있다. 하지만 상장주식이 건전한 기업자금 조달기능에서 시세차익을 노리는 투기의 장으로 변질되고 있고, 과세형평성 차원에서도 과세해야 한다는 지적이 많다.

구영식　상장주식은 주식거래를 통해 얻은 '자본소득'인데 왜 소득세를 부과하지 않나?

안원구　상장주식의 경우는 기업의 자기 자본을 쉽게 조달하기 위해 자본소득, 즉 불로소득임에도 특별법으로 우대하고 있다. 주식시장을 육성하기 위해서 초창기에는 대주주가 아닌 일반 투자자에게 비과세 혜택을 주었다. 만약 처음부터 과세했으면 자본시장이 지금처럼 활성화되지 못했을 것이다. 그러나 복지재원의 수요가 늘어나고 과세의 형평성 차원에서도 상장주식의 양도차익에 과세하는 것을 적극 검토할 시기가 되었다. 시장에 충격을 덜 주는 방법으로 공제제도를 활용해 진행할 필요가 있다.

구영식　상장주식 양도차익에 과세하지 않는 현행 제도가 자산 양극화를 초래한다는 지적이 많다.

안원구　상장주식을 보유하는 투자자들 대부분이 자산가들인데 이들의 주식양도 차익에 과세하지 않는 것은 없는 사람보다 가진 자에게 혜택을 주는 결과를 초래한다는 의미. 양극화를 초래한다는 게 가진 사람들이 더 갖게 된다는 것 아닌가? 주식에 투자하는 사람들은 돈을 가진 사람들인데 거기에는 과세하지 않으니까 그런 지적은 타당하다고 생각한다.

구영식   경제가 침체된다는 반박도 있다.

안원구   그런 논리 때문에 지금까지 과세가 이루어지지 않고 있다. 시장의 충격으로 외국 투자자들이 시장에서 이탈할 수 있다는 논리를 펴기도 한다. 외국자금은 이익이 된다면 어디에나 투자하는 세력이 아니던가. 세금이 겁나서 투자를 기피하는 일은 없을 것이다.

구영식   과세하려면 어떤 법을 개정해야 하나.

안원구   자본시장육성법과 세법이다. 법을 개정해서 과세 대상에 포함시키면 된다.

구영식   자본소득세를 신설하면 되나?

안원구   자본소득세는 말 그대로 자본에 과세하는 것이다. 이미 금융과 비상장주식, 부동산 양도소득은 과세되고 있다. 자본소득은 주식, 금융, 부동산 등인데 이것이 다 불로소득이다. 사업하는 것도 아니고 가만히 앉아서 자본이 돈을 벌어주는 거다. 이런 자본소득 과세를 강화해야 한다.

국세청 내부개혁

구영식 여전히 우리 사회의 중요한 화두 중 하나가 재벌개혁인데 국세청이 어떤 차원에서 대응할 수 있다고 보나?

안원구 재벌개혁은 현재 우리 사회의 중요한 화두다. 촛불집회에서도 탄핵과 함께 가장 많이 나온 구호가 '검찰개혁'과 '재벌개혁'이다. 재벌들이 그동안 국민들의 희생을 딛고 지금의 부를 형성한 사실을 망각하고 사회적 책임을 다하지 못했기 때문이다. 또 변칙적으로 경영권을 승계해 국민들에게 질타받고 있다. 재단법인, 일감 몰아주기, 실권주 등을 이용해 변칙적으로 부를 세습하고, 경영권을 2세에서 3세에까지 승계해왔다. 막강한 자금력을 바탕으로 문어발식 영업을 벌여서 골목상권까지 잠식해온 것도 재벌의 폐해다. 또 재벌들은 중소기업이 개발한 기술을 교묘하게 강탈하거나 계열기업 간 순환출자 방식으로 작은 지분을 가지고도 그룹을 지배하고 있다. K스포츠재단, 미르재단의 예에서도 보듯이 정경유착도 재벌개혁 필요성이 제기되는 이유이다.

국세청은 재벌의 병폐 중에서 상속증여세를 회피하고 경영권을 승계하는 일이 없도록 감시해야 한다. 비상장법인에 일감 몰아주기에 대해서는 증여세 과세로 막고 있기는 하다. 지배구조를 짜는 과정에서 계열사의 인수합병에 따른 세금문제도 국세청이 엄격히 관리해야 할 분야다. 그래서 현행 국세청이 재벌기업을 일반기업과 동일하게 관리하는 방식을 전면 수정해서 재벌기업 전담관리 부서를 상시설치하고 관리할 수 있도록 해야 한다. 또한 세원정보과를 확대 개편하는 것도 고려해볼 만하다. 반면에 골목상권을 잠식하는 재벌의 문어발식 확장이나 중소기업의 기술 강탈은 공정거래위원회와 중소기업청에서 해야 할 일이다.

국세청은 근본적으로 재벌기업의 2, 3세 승계와 관련된 부분에서 제 역할을 다해야 한다고 생각한다. 지금까지 국세청이 제대로 역할을 못했고, 재벌들이 법망을 최대한 악용해서 빠져나갔다. 우리 사회가 재벌에는 무한한 관용으로 눈감아온 것도 사실이다. 하지만 이제는 국민들의 의식이 많이 바뀌었고, 더 이상 재벌의 문제점들을 용납하지 않겠다는 사회적 분위기가 조성되었다. 재단법인을 이용한 변칙 승계, 일감 몰아주기, 비상장사의 상장차익 과세 등의 경우 미비한 법은 개정하고, 시효가 지난 것은 소급하는 특별법까지 제정해야 한다.

구영식 국세청이 재벌개혁에 기여할 수 있다는 건가?

안원구 재벌개혁의 주무부처는 공정거래위원회라고 할 수 있지만 국세청도 재벌개혁에는 중요한 당사자다. 현장의 움직임을 피부로 느끼는 기관은 국세청이기 때문이다. 사실 세법을 만드는 기관은 세제실이다. 그러나 법을 악용할 소지를 사전에 예측하고 재벌이 법망을 피해가지 못하도록 하기 위해서는 현장 경험이 많은 국세청이 세법개정시 세제실과 공조했어야 하는데 아쉬움이 많다.

구영식 국세청이 어떤 모습으로 태어나길 바라나?

안원구 일단 본연의 자리로 돌아가기를 바란다. 소위 '4대 권력기관'의 하나로 국세청을 인식한다는 것은 국세청이 잘못 자리매김했다는 반증이다. 국세청은 국가재원을 조달하는 중요한 국가기관일 뿐 그 이상도 그 이하도 아니다. 세금을 징수하는 기관으로 정부의 정책 목적을 달성하는 수단으로서 기능하고, 국가예산의 원천이 되는 세수 확보를 위해 납세의무자들의 성실신고를 선도하는 데 집중해야 한다. 더 이상 국세청이 정치권력의 도구나 시녀로서 악용되거나 스스로 그렇게 자리매김하는 일이 없기를 바란다.

구영식 국세청 출신으로 국세청에 들어가면 그런 식으로 개혁할 수 있다고 보나?

안원구 나는 졸업 전에 고시에 합격하는 바람에 졸업하자마자 국세청에 들어와서 30년 가까이 국세청에서 근무했다. 평생 국세청이 바람직하게 변화하기 위한 대안을 찾으려고 고민했다. 그리고 청와대에 파견 나간 후 7년 가까이 청와대 민정비서실과 정책실에서 근무한 경험은 국세청 밖에서 국세청을 바라보는 계기가 되었고, 나 개인의 시야를 넓히는 계기도 됐다. 그러나 이제 와서 내가 다시 국세청에 들어가는 것은 적절치 않고, 자기 철학과 가치관이 뚜렷한 역량 있는 후배가 나의 생각을 반영한 국세행정을 펼쳐준다면 그것으로 만족한다. 새 정부에서 국세청장이 될 나의 후배들이 국세청 개혁의 첫걸음을 역지사지에서 찾아야 한다는 점을 명심해주기를 바란다.

안원구

1960년 경상북도 의성에서 태어났다. 대학재학 중 1982년 제26회 행정고시 재경직에 합격하여 국세청 공무원 생활을 시작했다. 세무서와 지방청에서 총무과장, 부가세과장, 소득세과장, 법인세과장을 두루 역임하고 김대중 정부와 노무현 정부에서 대통령 비서실의 민정수석실과 정책수석실에서 근무했다. 국세청으로 복귀하여 국세청 총무과장, 서울지방국세청 조사1국장, 국세청 국제조세관리관, 대구지방국세청장을 거쳤다. 대구지방국세청장 재직시 포스코건설 세무조사 과정에서 우연히 보게 된 소위 '도곡동 땅 실소유주 문건' 논란으로 2년간 옥고까지 치렀다. 저서로는 억울한 옥고를 치르게 된 배경을 밝힌《잃어버린 퍼즐》이 있다. 19대 대통령선거에서 더불어민주당 대구공동선거위원장으로 활동했으며 활발한 방송활동과 함께 촛불혁명의 단초인 박근혜-최순실의 은닉재산을 추적하여 국민들에게 돌려주기 위해 동분서주하고 있다.

구영식

1996년부터 잡지와 인터넷언론에서 세상의 진실을 탐사해온 21년차 기자. 월간 〈사회평론 길〉과 월간 〈말〉에서 잡지 기자로 살다가 2001년 12월 인터넷언론 〈오마이뉴스〉에 입사했다. 이후 〈오마이뉴스〉에서는 정당팀장과 사회팀장, 대선후보사실검증팀장, 정치팀장, 대선기획취재팀장을 거쳐 현재 탐사보도팀장을 맡고 있다. '밀리언셀러《마시멜로 이야기》대리번역 의혹'과 '육사 출신 대위의 MB모욕죄 기소' 특종보도, '2012년 대선후보 사실검증' 기획보도, '19대 국회의원 정치자금 사용내역 분석' 기획보도로 한국인터넷기자상과 한국기자협회 이달의 기자상(2회), 온라인저널리즘어워드, 제1회 인터넷선거보도상 등을 수상했다. 저서로는《한국의 보수와 대화하다》,《검사와 스폰서, 묻어버린 진실》,《한 조각의 진실-30년 NHK 기자 천학범의 한국 현대사 증언》,《시민을 고소하는 나라》,《표창원, 보수의 품격》,《대한민국 진보, 어디로 가는가》등이 있다.